JN433015

주민발의제도론

-미국의 주와 지방정부를 중심으로-

김 영 기

도서출판 대영문화사

이 책은 2009년 경상대학교 연구년제의 연구교수로서
연구비 지원을 받아 출간되었음.

머리말

관찰할 지방자치 현상도 없는 가운데 극히 한정된 국내 문헌을 읽어서 공부하고 가르칠 때 나는 참 답답하였다. 외국 문헌을 떠듬떠듬 읽어서 가르칠 때도 답답하기는 마찬가지였다. 그러다가 1991년 지방자치가 제도로 부활되자, 국내 학자들은 지방자치 한 주제의 외국 문헌들을 읽고, 글을 써서 풀어내고는 또 다른 주제를 찾아가는 모습에서 썰물 같은 물결을 느꼈다. 그러다 보니 외국의 제도나 이론을 찬찬하게 소개하기가 어려웠고, 천착하는 연구도 드물었다.

우리 지방자치에 주민발의, 주민투표, 주민소환 등 직접민주제는 밀물처럼 다가온 연구 주제이다. 이 분야도 역시 제대로 된 외국 제도나 이론의 소개가 이루어지지 못하였다. 그래서 필자는 직접민주제에 남다르게 관심을 집중시켜 보자고 맘을 먹었고, 그 결과 2002년 번역서 『미국의 주민소환제』, 그리고 2006년 『한국의 주민소환제』에 이어서 이 책 『주민발의제도론: 미국의 주와 지방정부를 중심으로』를 출간하게 되었다. 앞으로도 직접민주제 분야를 맴돌며 연구를 계속할 생각이다.

그런데, 이 책의 출간을 위하여 문헌들을 읽던 중 우리나라에서 학자와 실무가들이 주민발의와 주민투표를 혼동하고 있는 안타까운 사실을 발견하였다. 우리 지방자치의 역사가 짧아서 생기는 오류라고 생각되지만, 학자들의 연구가 거듭거듭 이루어져서 시행착오를 줄이고, 또 직접민주제와 관련된 지방자치 현상에 관한 올바른 지식, 새로운 지식을 창출해서 이를 바탕으로 우리의 제도를 개선하고, 나아가 제도의 효과성을 높이는 선순환이 이루어지기를 기대한다.

이 책의 집필을 시작할 때 필자는 미국으로 한정하여 몇 개의 주에서 실시되고 있는 주민발의를 집중해서 정확하게 소개해 보자고 생각하였다. 그러나 집필을 끝낸 지금은 미진해서 부끄러운 부분이 많다. 내 능력은 감안하지 않고 의욕만 높게 가졌기 때문이라는 자책감도 든다. 다만, 한편으로는 내가 이 분야 공부를 할 때 접하고 싶었던 내용인지라 국내에 처음으로 정리하여 이 책을 내놓으므로, 뒤이어 공부하는 이들은 내가 공부할 때보다 한 걸음 더 나아간 곳에서 더 멀리 이 분야 연구를 이끌어 주기를 기대한다.

그간 공부하는 삶을 돌아보면, 특별히 고마운 분들이 있다. 1993년 객원교수로 가서 처음 뵌 후 지금까지 항상 연구에 전념하는 분으로서 나의 멘토가 되어 준 뉴욕주립대학교(올버니)의 짐머만(Joseph F. Zimmerman) 교수님과 부인 페기(Peggy) 여사, 뜻만 전하면 객원교수의 기회를 주셨던 록펠러대학(Rockefeller College)의 톰슨(Frank J. Thompson) 전 학장님과 비서 피나 스미스(Pina Smith), 그리고 현재의 스트로스만(Jeffrey D. Straussman) 학장님과 항상 친절한 비서 돈 귀난(Dawn W. Guinan)에게 심심한 감사를 드린다.

부족한 이 사람의 반려로 지금까지 인내와 사랑으로 함께해 준 아내 조정심(曺正心) 여사, 항상 동글동글한 성품의 큰딸이 연주, 사위 장재원 군, 항상 사려 깊고 배려가 큰 든든이 국진이와 예쁜 며느리 희연이, 그리고 시간이 쪼들리던 나에게 오리건 주와 캘리포니아 주의 헌법과 법률 초역을 도와 준 몬똘이 민주, 온 가족의 사랑에 고마움을 전한다. 한창 재롱이 넘치는 외손자 용준이와 용빈이, 사랑한다.

대학에서 필자와 공부하는 인연을 맺은 김영곤, 조경련, 문영동 박사, 그리고 박사과정 윤용근 경남도 의원, 이종식 선생, 최승제 선생에게 고마움을 전한다. 또 함께 지역활동하는 경남지역사회연구원 이사님들과 정봉화, 허태화 고문님을 비롯한 임원 여러분께도 진주포럼에 함께해서 항상 행복하다는 말씀을 드리고 싶다.

끝으로 이 책의 출간을 선뜻 허락해 준 도서출판 대영문화사 임춘환 사장님께 감사드린다.

2011년 1월
저자 수중(守中) 김영기 씀

차 례

머리말 / 3

제 1 장 서　론 ········· **9**

제 1 절　민주주의는 미완성품 ········· 9

제 2 절　대표민주제, 사이비 대표제 ········· 12

제 3 절　직접민주제, 그리고 주민발의제 ········· 14

제 4 절　이 책의 구성 ········· 18

제 2 장 주민발의의 이해 ········· **21**

제 1 절　주민발의란 무엇인가 ········· 21

1. 주민발의제의 개념 / 21
2. 주민발의의 본질 / 23
3. 주민발의에 대한 평가: 장 · 단점 / 24

제 2 절　주민발의 · 주민투표 · 주민소환의 비교 ········· 30

1. 주민투표와 주민소환의 개념 / 30
2. 주민발의 · 주민투표 · 주민소환의 비교 / 31

제 3 장 직접민주주의: 대표민주제의 보완제 ········· **36**

제 1 절　제도로서 민주주의의 이해 ········· 37

1. 제도의 개념과 기능 / 37
2. 민주주의의 이해 / 38

3. 대표민주제와 직접민주제의 혼합 / 46

제 4 장 주별 주민발의의 채택 과정 ······ 48

제 1 절 사우스 다코타의 주민발의제 ······ 48
1. 사회문제와 피해집단의 대응 / 49
2. 개혁운동의 주도자 / 50
3. 헌법개정운동의 경과 / 52

제 2 절 오리건의 주민발의제 ······ 54
1. 보스 지배와 대표제 정부의 타락상 / 55
2. 농민과 노동자의 고충과 결집 / 56
3. 개혁운동의 주도자 / 57

제 3 절 캘리포니아의 주민발의제 ······ 58
1. 사회집단의 불만과 연대 형성 / 59
2. 개혁운동의 주도자 / 60
3. 주민발의제의 채택 경과 / 61

제 4 절 콜로라도의 주민발의제 ······ 65
1. 사회경제적 문제 / 66
2. 개혁운동의 주도자 / 67
3. 헌법개정운동의 경과 / 68

제 5 절 노스 다코타의 주민발의제 ······ 72
1. 피해집단의 대응 / 73
2. 개혁운동의 주도자 / 74
3. 개헌운동의 경과 / 76

제 6 절 애리조나의 주민발의제 ······ 81
1. 사회문제와 피해집단의 대응 / 82
2. 개혁운동의 주도자 / 83
3. 개헌운동의 경과 / 84

제 7 절 워싱턴의 주민발의제 ······ 86
1. 사회문제와 피해집단의 대응 / 86
2. 개혁운동의 주도자 / 87

3. 개헌운동의 경과 / 88

제 5 장 주민발의 채택 과정의 고찰 91

제 1 절 주민발의 채택의 배경: 대표민주제의 문제 91
1. 헌법 제정과 대표민주제 / 91
2. 대표제의 그늘: 엽관제와 보스 지배 / 95

제 2 절 직접민주제의 제도화 103
1. 피해집단의 결집 / 104
2. 개혁운동의 주도자: 양심적 지식인들 / 107
3. 주민발의제의 채택과 전개 / 110
4. 주민발의의 범위와 유형 / 110
5. 주민발의제의 내용: / 114

제 6 장 헌법과 법률 114

제 1 절 사우스 다코타의 헌법과 법률 114
1. 헌법 제3장의 내용 / 114
2. 법률의 내용 / 115
3. 주민발의의 활용 / 123

제 2 절 캘리포니아 주의 주민발의 관련 헌법 125

제 3 절 애리조나 주의 주민발의 관련 헌법 129

제 4 절 오리건 주의 헌법과 법률 134
1. 오리건 헌법 제4장 입법권 / 134
2. 법률의 내용 / 136

제 5 절 주민발의 절차의 비교: 6개 주를 중심으로 164
1. 주민발의의 절차 / 164
2. 주민발의 절차의 비교: 6개 주를 대상으로 / 166

제 7 장 주민발의 추진 절차와 활용 176

제 1 절 주민발의의 기본 절차: 오리건과 캘리포니아 사례 176
1. 오리건 주의 사례 / 176

2. 캘리포니아 주의 사례 / 178

제 2 절 지방정부의 주민발의 절차: 오리건 주 카운티 …………… 180
1. 주민발의 청구의 접수 / 180
2. 헌법상의 절차 요건 / 183
3. 투표 발의안의 제목 / 184
4. 주민발의 청구안의 표지와 서명 용지 / 187
5. 주민발의안 청구를 위한 서명활동 / 188
6. 주민발의 청구의 접수 / 189
7. 서명 자료의 검증 / 190
8. 주민투표의 회부 / 191
9. 주민발의안의 철회 / 192

제 3 절 주민발의 활용의 영역과 활용도 ………………………………… 192
1. 영역별 주민발의 활용 / 192
2. 주민발의 활용의 전체적 경향 / 198

제 8 장 주민발의의 한·미 간 비교와 제도적 시사점 …………… 203

제 1 절 주민발의의 핵심적 절차 및 핵심 요소 비교 ……………… 203
1. 주민발의의 핵심적 절차 / 204
2. 주민발의의 핵심 요소 / 207

제 2 절 우리나라 제도에 대한 시사점 ……………………………………… 213
1. 우리나라 주민발의제의 문제점 / 213
2. 주민발의제도의 개선 방안 / 215

부록: 핵심 용어의 정리 / 219

참고 문헌 / 224
찾아보기 / 231

Chapter 01

서 론

제 1 절 민주주의는 미완성품

민주주의는 하나의 제도이고, 제도는 가족, 시장, 정부 등 모든 단위를 망라하는 반복적이고 구조화된 모든 형태의 인간 상호작용을 조직하는 규칙이다(Ostrom, 2005: 3). 정치제도로서 민주주의는 헌법 등에 규정된 대로 정치 영역에서 인간의 상호작용을 조직하고 있다. 군주 1인의 지배와 만인 복종의 상호작용 방식으로서 절대군주제에 대하여 민주주의는 인민이 주권자가 되어 상호작용하는 내용의 규칙이다.

그러면 정치제도로서 민주주의는 완성품인가? 민주주의는 과거에도, 또 현재에도 결코 완성품이 아니다. 인간이 완성된 존재가 아니듯, 인간이 만들어서 사용하는 모든 제도는 완성품이 될 수 없다. 그것은 민주주의 개념의 내포와 외연, 유형 등을 두고 수많은 학자가 계속 논설을 전개하고 있는 점을 보아도 알 수 있다. 리파트(Arend Lijphart)는 원칙상 민주주의를 조직하고 운영하는 방법은 여러 가지이며, 실제 현대 민주주의는 공식적으로 정부제도 면에서 정당, 이익집단, 의회, 법원 등 다양하지만, 이러한 제도들의 규칙과 실행을 다수제의 관점과 합의제의 관점에서 보는 경우, 그 유형과 규칙성이 분명하게 드러난다(Lijphart, 1999: 1)고 지적하고, 그는 민주주의를 다수형(majoritarian model)과 합의형(consensus model)으로 분류하였다. 국내 학자들은 리파트의 유형을 출발점으로 삼아서 분분한 논의를 펼치고 있다.[1] 이렇게 보면, 정치제도로서 민주주의는 논의가 종결된 것도 아니고, 결코 완성된 제도도 아니다. 민주주의는 오로지 좀 더 충실한 제도를 이루기 위하여 논의와 시행착오를 거듭하고 있는 것이다. 그러므로 민주주의는 영원히 미완성품이다.

이 책이 다루고자 하는 주제가 직접민주제의 한 장치로서 주민발의라는 점에서 이와 연관된 상위 개념으로서 민주주의를 필요한 최소한으로 논급할 필요가 있다. 그래서 정치학자가 일생을 두고 연구하는 민주주의라는 주제를 그런 깊이와 넓이로 이 책에서 다룰 필요는 없지만, 보편적으로 사용되는 개념으로서 널리 알려진 대로 민주주의는 고대 그리스 용어로 'rule by the demos'이며,[2] 이것은 'rule by the people or the mob'으로 번역되기도 한다. 그래서 오늘날 민주주의는 "다수에 의한 지배 또는 통치(rule by the many)"라고 정의한다(Lancaster & Roberts ed., 2004: 37). 이렇게 민주주의를 이해하는 경우, 여기서 '다수'라고 할 때 절대군주 1인이 아닌 다수인 인민을 지칭하는 것으로 이해하는데, 거기서 더 구체적으로 따지자면 다수에 관한 논의는 매우 복잡해진다. 거기다가 '지배'도 다수 못지않게 추상적이고 포괄적인 개념이어서 논의가 쉽지 않다. 실제로 세계의 많은 국가에서 운용되는 정치제도로서 민주주의는 다종다양하게 펼쳐지고 있다.

민주주의는 기준에 따라 다양하게 갈래지을 수 있는데, '다수의 참여 방식'을 기준으로 직접민주주의와 간접민주주의 또는 대표민주주의로 나눈다는 것은 잘 알려진 사실이다. 즉, 다수가 직접 참여하여 투표로써 정책을 결정하느냐, 아니면 다수가 선거(투표)로써 대표를 뽑고, 대표가 정책을 결정하느냐에 따라 전자를 직접민주주의(direct democracy)로, 후자를 대표

1) 2010년 우리의 정치학 관련 학술지에서는 다수제 민주주의 대 합의제 민주주의 논의가 전개되었다(홍재우, 2010; 최태욱, 2010). 민주주의 대 공화주의 논의도 활발하게 이루어졌다(최정욱, 2009).

2) 민주주의 논의에서 demos를 '다수(majority)'나 '인민(people)'으로 해석하는데(최정욱, 2009: 47), 그 해석에 따라 민주주의의 유형도 달라진다.

민주주의 또는 간접민주주의(representative or indirect democracy)로 분류한다.[3] 이 책의 제3장에서도 다루지만, 직접민주주의는 고대 아테네의 도시정치에서 사용하던 방식으로서 노예, 어린이, 여자를 제외한 시민들이 참석하여 직접 법률을 제정하였다. 오늘날 직접민주주의는 미국 뉴잉글랜드 지역의 주민총회(Open Town Meeting)로 잔존하고, 직접민주주의의 장치로서 스위스의 연방과 주에 해당하는 캔턴(Canton), 그리고 지방정부인 게마인데(Gemeinde), 그리고 미국의 사우스 다코타, 오리건, 캘리포니아 등 24개 주가 채택하고 있는 주민발의, 주민투표, 그리고 26개 주에서 허용하는 주민소환 등이 있다. 그 밖에 최근 유럽연합에서는 법률을 제정할 때 빈번하게 사용하는 주민투표도 있다.

한편 대표민주주의는, 시민 또는 유권자가 직접 참여하여 다수결 투표로써 정책을 결정하는 것이 아니라, 유권자는 대표를 선출하고, 대표들이 시민을 위하여 필요한 정책을 결정하는 방식이다(Lancaster & Roberts ed., 2004: 37-38). 마넹(Bernard Manin)은 "미국 헌법의 기초자 매디슨(James Madison)이나 시에예스(Emmanuel Joseph Sieyes)와 같은 후대 학자들이 아테네 도시국가의 직접민주주의를 민주정이라 부르고, 이에 대하여 대표민주주의를 공화정으로 지칭하였다"고 지적한다. 매디슨은 "대표정부에서 선택된 시민집단이라는 매개를 거치면서 대중의 견해가 정제되고 확대되는 효과를 가진다. 선출된 집단의 현명함은 나라의 진정한 이익을 잘 분별할 수 있을 것"이라고 강조하였고, 시에예스는 "상업사회에서 시민들은 공공업무에 지속적으로 참여하기 위하여 필요한 시간을 누릴 수 없으며, 공공업무를 위하여 모든 시간을 헌신할 수 있는 사람들에게 정부를 위탁하는 선거를 이용하여야 한다"고 강조하였다. 그리고 이들은 아테네 직접민주주의(또는 민주정) 체제에서도 일정한 업무가 행정관에게 위임되었고, 행정관은 민회(民會)와 함께 정부의 한 기관이었다"(Manin, 곽준혁 역, 2004: 13-

3) 주권자의 시민의 직접 참여냐, 아니면 대표를 통한 간접 참여냐에 따라 직접민주주의와 간접민주주의로 나누고, 대표를 통하여 참여하는 현상을 드러내 대표민주주의라고 부르는 바, 이 책에서는 간접민주주의와 대표민주주의를 교호적으로 사용한다. 또 민주주의가 정치제도의 하나라는 점에서 직접민주제 또는 간접민주제, 대표민주제를 함께 사용한다.

14)고 보고 공화정의 뿌리를 논의한다. 매디슨과 시에예스 등이 아테네의 민주정, 즉 직접민주주의와 다르다고 간주하였던 18세기 공화정(republic)은, 왕이나 유사한 지배자에 의하여 통치되는 것과 달리, 국민과 국민이 선출한 대표 또는 공직자가 권력을 갖는 국가이며, 여기서 두 가지 요소 개념은 '권력이 국민과 국민이 선출한 대표에게 있는 국가'와 '왕이 지배하지 않는 국가'이다. 매디슨 등은 앞의 요소를 중요하게 간주하였다(Malcom, 2002: 47). 그리고 마넹에 따르면, 대표민주제는 네 가지 원칙을 바탕으로 운용되는데, ① 정기적인 선거로써 통치자를 뽑는 것, ② 통치자의 정책결정은 유권자의 요구와 일정한 독립성을 갖는 것, ③ 피통치자는 그들의 의사와 정치적 요구들을 표현할 수 있고, ④ 공공 결정은 토론을 거친다는 것이다(Manin, 곽준혁 역, 2004: 19).

제 2 절 대표민주제, 사이비 대표제

오늘날 세계 정치에서 대종을 이루는 대표민주주의(government by the representative of the people) 역시 결코 완성된 제도가 아니어서 일찍부터 많은 결함을 드러내었다. 대표민주주의는 다수를 구성하는 유권자가 투표로써 대표를 선출하고, 선출된 대표가 유권자의 이익이나 선호를 실현하고, 그 결과에 대하여 유권자에게 책임지는 상호작용의 방식 또는 절차라고 하지만, 고래로 대표민주주의에서 '다수'를 어떻게 규정하는가, '선거와 투표'는 다수의 의사를 얼마나 정확하게 드러내는가, 그리고 대표가 되기 위한 절차는 어떠한가, 중간조직으로서 정당의 구성과 역할은 어떠한가, 대표에게 어느 정도의 권한을 부여하며, 상응하는 책임을 어떻게 확보하는가에 따라 매우 다른 결과를 만들어내었고, 비판을 받기도 하였다. 마넹의 지적대로 대표민주주의는 200년 간 선거권의 확대 등 지속적으로 변화해 왔다(Manin, 곽준혁 역, 2004: 16). 그러므로 대표민주주의는 결코 완성품이 아니라 불비한 점이 많았다는 점은 대표제를 채택한 19세기 미국의 정치에서 증명된다.

현재 민주주의 선진국이라고 지칭되는 미국에서 독립 후 미국 정치제도를 기초한 매디슨(James Madison), 해밀턴(Alexander Hamilton) 등은 당대 최고의 지식인이었지만, 그 시대 불가피한 무지와 그들의 편향된 인간관[4]에 의하여 편향된 내용의 헌법을 제정하는 데 그쳤다. 달(Robert A. Dahl)에 따르면, 헌법제정회의는 애초에 13개 주 연맹의 규약의 문제를 논의를 거쳐 고치기 위하여 모인 것이다. 여기에는 11개 주의 대표가 주관하였고, 불과 55명의 보편적 한계를 지닌 사람들이 기초하였으며, 또 당시 13개 주에서 2천 명도 안 되는 사람들이 투표하여 비준한 문서가 바로 미국의 헌법이다(Dahl, 박상훈·박수형 역, 2004). 이렇게 불완전한 헌법에 근거하여 수립된 불완전한 정치제도가 바로 미국의 대표민주주의였다.

이처럼 불완전한 정치제도와 사악한 대표들이 결합되어 큰 해악을 남긴 사례가 바로 19세기의 미국 대표민주주의이다. 이 시기에 산업화와 도시화의 와중에 미국 각 주, 특히 서부의 주에서는 동부 자본가들이 독점적으로 운영하던 철도회사, 광산 등을 관리하는 대리인(agent) 또는 특정 사회 세력의 권력 지향적 인사가 한 주나 대도시 정치조직의 보스(boss)가 되어 주지사 후보, 주의원 후보, 연방 의원의 후보를 결정하였으며, 이들은 주민의 이익보다 자본가의 이익을 관철시키는 도구였다. 대표제 주정부나 지방정부에서 주권재민(主權在民)도 또 다수 지배도 실종된 것이다. 보스와 그 추종 세력들, 그리고 선출된 공직자, 그리고 그들에게 충성하며 엽관제의 혜택으로 공직을 차지한 자들로 구성된 주정부나 지방정부는 주민에게 절실히 필요한 법률이나 조례는 제정하지 않고 '무의사결정(non-decision making)'으로 일관하면서 보스와 자본가의 이익을 위해서라면 주민의 이익을 해쳐 가며 서슴없이 법률이나 조례를 제정하는 일탈을 자행하였다. 그러므로 그 당시 미국의 대표민주주의 정부는 무법의 비민주적 정부(extra-legal unpopular government), 사이비 대표제로 비난받았다(Zimmerman,

4) 헌법제정회의 대표 중 일부는 노예 소유주였으며, 또 헌법이 여성참정권을 허용하지 않았던 점, 거기다 일반 시민, 즉 다수 또는 민중의 역량을 불신하였다(Dahl, 박상훈·박수형 역, 2004).

1997: 11). 오죽하면, 보스와 정치적 대표들에 의하여 온갖 해악을 겪던 미국 농민과 노동자들은 서로 말하기를 "미국이 변하지 않으면, 너희는 단지 세 가지 권리, 즉 일해야 하는 권리, 굶주릴 권리, 그리고 죽을 권리밖에 없을 것이다"[5]라는 자조적 절규를 외쳤을까.

제 3 절 직접민주제, 그리고 주민발의제

사이비 대표제의 적폐가 쌓이자 미국의 전문가집단, 양심적 지식인, 그리고 피해를 입거나 소수집단으로서 농민, 노동자, 여성 등이 결합하여 혁신운동 또는 개혁운동 조직을 구성하여 다양한 개혁 프로그램을 창안하였고, 그 가운데 무의사결정의 문제를 해결하기 위하여 주민발의, 해악적 법률이나 조례의 시행을 막기 위하여 주민투표, 일탈을 일삼는 선출직 공직자를 해임하기 위한 주민소환제를 채택한 것이다. 이른바, 주권재민을 실천하는 직접민주주의 장치들을 채택한 것이다. 이 책의 주제로서 주민발의는 위와 같은 배경과 맥락을 가지고 등장하였으며, 비록 주민발의의 가치에 대하여 논란이 없는 것은 아니지만, 미국은 전체 주민의 70%가 주민발의를 비롯하여 직접민주주의 장치를 채택한 정치 체제 속에 살고 있다 (Bowler & Glazer, 2008: 2). 제7장에서 살펴보겠지만 오히려 21세기 들어 미국의 시민은 주민발의의 활용도를 더욱 높이고 있다. 이렇게 해서 미국은 대표민주주의의 결함을 직접민주제의 장치로써 치유하며 그들의 정치를 강한 민주주의로 지향케 하고 있다. 비단 미국뿐만 아니라 스위스 국민은 1년에 1인의 평균적 유권자가 공직자 선거에서 6회의 투표를 실시하고, 30회의 법률안이나 조례안 등을 위하여 주민투표를 실시할 정도(Kaufmann, Büchi, & Braun, 2007: 12)로 오늘날 세계에서 직접민주주의의 활용도가 높아지고

5) 원문은, "They told each other that unless America changed, you will have only three rights to work, to starve, and to die"(Goodwyn, 1978: 53).

있다.

대표민주주의를 중심으로 중앙정부나 지방정부를 구성하여 운용하는 우리도 직접민주주의 장치들을 채택하였다. 그런데, 19세기 미국의 상황과는 시간의 간격이 있고, 시민의 역량이 다르지만, 우리나라 공직자의 일탈행동이 우려할 정도로 높고,[6] 지방의회의 역량은 낮아서 걱정이다.[7] 즉, 우리는 조례개폐 청구제도를 2000년 지방자치법 제15조에 규정하였고, 주민투표법을 2004년에 제정하였으며, 주민소환법을 2006년에 제정함으로써 직접민주주의 장치 세 가지를 제도화하여 형식을 갖추었다. 그러나 우리의 직접민주주의 장치는 그 명칭에서 보듯 미국이나 스위스의 주민발의를 그 원형이라고 볼 때, 핵심 단계는 단지 청구만 허용하고 있으며, 그렇게 발의된 조례안의 제출 여부는 자치단체장의 재량 사항이며, 지방의회 역시 조례의 제정 여부는 재량 사항이어서 미국이나 스위스의 주민발의와 너무 다르고, 따라서 제도의 실효성이 극히 낮다.[8] 거기다가 우리의 경우, 주민발의와 주민투표는 동의어로 문헌에 소개되고 있고, 또 중앙정부의 자치제도 실무책임자조차 두 제도를 혼동하는 상황이므로 문제가 심각하다.

세계는 대표민주주의의 결함 또는 문제를 발견하고, 그것을 치유하기 위하여 직접민주주의 장치들을 채택하였을 뿐만 아니라 21세기 들어 그 활용도를 높여서 민주주의의 완성도를 높여가고 있으며, 우리도 지방자치를 실시한 이후 직접민주제의 장치들을 채택하였음에도 제도적 허점으로 인하여 효과성이 매우 낮은 상황에서 우리 모두 그 맥락과 제도의 정확한 이해의

---

6) 제1기 단체장 23명, 제2기 단체장 59명, 제3기 단체장 56명, 그리고 제1기부터 제3기까지 지방의원 599명이 비리사건으로 사법 처리의 대상이 되었다. 이 수치는 범법 사실이 드러나 사법 처리의 대상이 된 사례이고, 드러나지 않은 일탈행동으로써 주민소환의 대상이 되는 사례는 훨씬 더 많을 것으로 추정된다(김영기, 2006: 16; 조경련·김영기, 2008; 조경련, 2009: 3).

7) 2006년부터 2008년까지 2년 동안 우리나라 광역의회 의원들이 발의한 의원 1인당 건수를 보면, 전라북도 의원 0.39건, 부산광역시 의원 0.40건, 경기도와 경상남도 의원 0.49건, 경상북도 의원 0.53건, 충청남도 의원 0.68건, 전라남도 의원 0.71건, 강원도 의원 0.73건, 서울특별시 의원 0.87건 등이다(김선아, 2009: 226).

8) 우리나라 조례개폐 청구제도와 미국, 스위스의 주민발의와 자세한 비교 내용은 김영기(2008)를 참고할 것.

필요성이 있다고 생각되어 필자가 이 책, 『주민발의제도론』를 집필하게 되었다. 집필 동기를 좀 더 구체적으로 정리하면 다음과 같다.

첫째, 세계 각 정치 선진국들이 그들의 불비한 대표민주주의를 보완하는 제도로서 직접민주주의 장치－주민발의, 주민투표, 주민소환제－를 채택하여 문제를 치유하고, 나아가 그들의 민주주의를 강화, 발전시키고 있으므로 이러한 배경과 맥락을 우리나라도 정확하게 이해할 필요가 있다는 점이다. 미국이나 스위스라면 정치 선진국으로 평가되는데, 그들은 대표민주주의를 주로 사용하면서 직접민주주의 장치들을 부가하여 활용하게 되었으며, 21세기에 들어 그 활용도가 더 높아지고 있다. 그것은 이렇게 해서 결국 그들의 민주주의의 완성도를 높이기 위한 필연적 방안으로 간주하고 있기 때문이다. 우리의 미숙한 민주주의를 완성도가 높은 것으로 만들기 위해서는 타산지석으로 삼을 필요가 있고, 그러기 위하여 유용한 지식을 정리하여 소개하는 문헌이 필요하다고 생각한 것이다.

둘째, 우리나라도 대표민주주의를 중앙정부와 지방정부에서 채택하여 운용하고 있으나, 이 역시 불비한 제도라는 것은 이미 지적하였고, 그래서 우리 민주주의의 문제를 찾아서 치유할 필요가 있으며, 그 유용한 대안이 직접민주주의 장치라고 본다. 국회든, 지방의회든 우리나라 의결기관이 주권자인 국민과 주민을 위하여 제 역할을 충실하게 다하지 못하는 것은 불문가지이다. 국회는 지역주의에 바탕을 두고 짜인 판에서, 지역가치와 정파적 이익을 위하여 몸을 던지고 주먹을 날려 의장석을 점유하고, 의사봉을 빼앗는 모습을 보이다가 수백 개의 법률안을 일괄 상정하여 날치기로 통과시키곤 한다. 이는 의회(parliament)의 어원이 대화(talk)라는 점과 너무 거리가 있고, 또 무릇 정책이란 이해의 대립, 비용 부담자와 편익 수혜자를 반드시 만들어내므로 신중에 신중을 기해야 한다는 점에서 3독회를 거쳐 법률을 제정하도록 절차화한 취지가 무색하다. 그러므로 국회에서 법률이 제때, 제대로 제정되기 어렵다. 이러한 양상은 지방의회라고 다를 바 없다. 이는 2세기 전 미국의 주의회나 지방의회의 모습으로서 주권자 실종과 지배자 폭거를 21세기 우리의 국회와 지방의회에서 그대로 목격하다니, 매우 안타까운 상황이다. 그러므로 우리 모두가 주민발의제도의 정확한 이해를 바탕으로 국회와 지방의회의 문제를 해결하고, 우리나라 민주주의를 발전시키기 위하여 이 책이 그 도구가 되기를 감히 기대하며 집필하게 되었다.

셋째, 앞서 지적한 대로 우리나라에서는 어찌된 영문인지 일부 학자와 실무 행정가들이 직접민주주의 각 장치들의 배경과 목적을 정확하게 이해하지 못하는가 하면 오히려 주민발의와 주민투표를 같은 것으로 오해하고 있는 안타까운 실정이다. 그래서 필자는 우리 학계와 실무계가 주민발의제도 자체를 주민투표제도와 구별하여 정확하게 이해하는 것이 1차적인 과제이고, 이러한 이해를 바탕으로 제도의 개선을 지향하고, 그 결과 지방정부 역량을 증진시키며, 또 지방민주주의를 발전시키는 것이 2차적인 과제라고 생각하였다. 19세기 미국에서 자본가와 자본가의 대리인이자 한 지역의 정치적 보스, 보스의 지명과 후원을 받는 지역 정치인들이 농민과 노동자들에게 자행하던 해악과 참상을 목격하고, 그러한 사회문제를 풀기 위하여 고민하였으며, 스위스 직접민주주의를 직접 관찰·학습한 결과를 집필하여 1912년 『직접입법(*Direct Legislation by the Citizenship through the Initiative and Referendum*)』을 출간하여 그 당시 미국 사회에 절실히 필요한 지식을 제공한 양심적 지식인 설리번(James William Sullivan), 단일세제도(single tax system)의 이론을 정립하고 주창한 조지(Henry George)[9] 등의 공헌을 감히 흠모하며, 우리 학계의 인사들이 나름대로 책무를 다해야 한다는 사명감도 이 책을 집필하는 동기가 되었다.

이 책은 애초부터 수준 높은 이론서를 지향하지 않았다. 그러므로 이론화는 필요한 최소한에 그친다. 사실, 필자가 지방자치에 도입된 직접민주주의를 좀 더 정확하게 이해하고 싶어서 이런저런 문헌들을 수집하여 읽고, 강의 자료로 활용하였던 것인데, 필자가 그랬던 것처럼 외국의 제도를 문헌으로나마 접하며, 제도의 내용을 알고 싶었던 적이 있었고, 그런 필요에 따르고자 쓰는 책이다. 그간 읽고 정리한 내용들을 혼자 간직하고 묵혀두기보다는 나날이 세계에서 주민발의 등의 활용도가 높아지고 또 우리의 불

9) 조지의 단일세제도에 관한 이론과 주장을 담은 책, *Progress and Poverty*를 1879년 간행하였으며, 이 책은 김윤상의 번역으로 『진보와 빈곤』이라는 이름으로 비봉출판사에서 1997년 초판이 출간되었다.

비한 제도의 개선이 절실한 마당에 지식을 공유하는 것이 사회적 효용을 높이는 것이라 생각하여 출간을 결심하였다. 그러면서, 이 책은 미국에 한정하여, 그것도 활용도가 높은 주를 중심으로 주민발의제의 배경과 채택 과정, 그리고 제도의 구체적 절차와 내용 등을 정리하여 소개하려고 하였다. 이렇게 해서 이 분야 초학이던 시절 필자가 소구하였던 지식을 부실하게나마 정리하면, 후학들은 한 걸음 더 나아간 자리에서 주민발의 연구를 쉽고 빠르게 시작하기를 기대하며 썼다. 필자가 그렇게 징검다리가 될 돌 하나를 놓게 된다면 얼마나 행복하겠는가.

제 4 절 이 책의 구성

이 책은 제2장에서 주민발의를 정확하게 이해할 수 있는 지식을 정리하였다. 그리고 개념의 혼동을 겪고 있는 우리의 현실을 고려하여 주민투표, 주민소환 등 세 가지 직접민주주의 핵심 장치들의 개념, 배경, 목적 등을 비교하여 그 차이점을 명료하게 제시함으로써 정확한 이해를 돕고자 하였다.

제3장은 대표민주주의가 대종을 이루며 운용되는 마당에 왜 민주주의 중심 국가에서 새삼스럽게 직접민주주의가 채택되었고, 또 더욱더 그 활용도가 높아지는가를 이해하는 것, 즉 직접민주주의 장치의 채택 논거를 대표민주주의 자체의 문제에서 찾고자 하였다.

제4장은 미국에서 맨 처음 주민발의제를 채택한 사우스 다코타 주, 그리고 오늘날 주민발의와 주민투표를 가장 많이 활용하고 있는 오리건 주와 캘리포니아 주 등 6개 주의 채택 과정을 사회문제의 내용과 피해집단의 대응, 정책주도자(policy entrepreneur)의 역할, 헌법 개정의 과정 등을 소개하였다.

제5장은 제4장의 내용을 토대로 미국 전체적인 주민발의 채택 과정을 좀 더 포괄적으로 정리하여 보았다. 이 부분은 공부하는 사람으로서 구체적인

현상이나 사실들의 세계에서 읽고 관찰한 바를 가지고 규칙성을 발견하여 정리함으로써 지식의 생성을 시도한 부분이라고 볼 수 있다. 지금도 어느 사회든 사회문제가 존재하고, 사회문제를 동일하게 겪거나 고통받는 구성원들이 그러한 문제 해결을 갈구하고, 공감을 확대하고, 연대하여 쟁점으로 만들고, 마침내 공중의제로 만들고, 그것을 정치행정권이 공공의제로 채택하게 하는 경로, 즉 의제설정의 과정은 이제 지식이다. 그리고 정책주도자가 주도하고, 또 반대자가 방해활동을 전개하는 가운데 정책결정의 과정을 거치게 되는 경로도 지식이다. 그런데, 필자는 1860년대 이후 미국 사회의 주민발의제 채택 과정에서 그러한 경로를 읽을 수 있었다.

제6장은 주민발의제를 채택하고 있는 미국의 24개 주 가운데서도 맨 처음 헌법을 개정하여 주민발의와 주민투표 조항을 규정한 사우스 다코타 주, 미국에서 주민발의를 가장 많이 활용하는 오리건 주의 헌법과 법률, 캘리포니아 주의 헌법 내용을 중심으로 소개하였다. 필자가 이 분야 공부를 할 때도 사실 이 부분을 정확하게 읽고 싶었던 기억이 난다. 그러나 필자는 법학 전공자가 아닌데다 부족한 영어 능력으로 제대로 법률 내용을 소개한 것인지 솔직하게 다소 걱정이 되기도 한다. 이 부분에서는 미국 조지아대학교(University of Georgia at Athens)에서 공부한 막내딸 민주가 법률을 읽어 번역의 초안을 만들고, 필자가 대조하며 번역을 마무리함으로써 시간을 절약할 수 있었다.

제7장은 미국 각 주의 헌법과 법률 또는 카운티 정부나 지방정부의 헌장이나 조례 등을 바탕으로 주민발의가 진행되는 절차를 소개하였다. 이러한 내용에 더하여 미국 오리건 주 총무성에서 카운티 정부의 주민발의 업무를 위하여 간행한 매뉴얼을 소개하였다. 또 미국 24개 주별로 주민발의가 연대별로 활용된 경향과 내용을 정리하여 보태었다.

제8장은 이 책의 내용이 우리나라 직접민주제에 의미하는 바를 정리하여 제시하였다. 사실 우리의 조례개폐 청구는 절차의 결손과 핵심 요건 등에 큰 차이가 있다는 것을 알 수 있으며, 제대로 된 주민발의를 만들기 위하여 갖추어야 할 직접 참여의 단계와 필수적인 요건 등을 정리하였으며, 이를 바탕으로 우리 제도 개편의 방향과 내용을 모색하였다.

지금까지 이 책을 집필하면서 미리 밝혀 두고자 하는 것은 책의 내용을 구성하면서 특히 워터스(M. Dane Waters)의 책(*Initiative and Referendum Almanac*, 2003)과 파이엇(Steven L. Piott)의 책(*Giving Voters a Voice: The Origin of the Initiative and Referendum in America*, 2003)을 참고하여 단순한 인용 이상의 도움을 받았다는 사실이다.

Chapter 02

주민발의의 이해

제 1 절 주민발의란 무엇인가

1 주민발의제의 개념

오래 전 먼로(William Bennette Munro)는 주민발의를 "주나 지방자치단체에서 정해진 수의 유권자들이 헌법이나 법률안을 발의하고, 전체 유권자에게 승인을 위하여 투표에 부칠 수 있는 권리"(Munro, 1912: 1)라고 정의하였다. 다양한 학자들이 주민발의를 정의하고 있는데, 매글비(David B. Magleby)는 주민발의(initiative)를 "유권자들이 정책문제를 발의안(proposition)으로 청구하여 투표로써 직접 결정하는 과정"(Magleby, 1984: 1)이라고 정의한다. 크로닌(Thomas E. Cronin)은 또 "일정한 서명을 통하여 검증된 청구에 의하여 유권자들이 법률안을 제안하는 것"(Cronin, 1989: 2)이라고 정의한다. 짐머만(Joseph F. Zimmerman)은 "유권자들이 하나 이상의 제안을 투표(vote)에 부치기 위하여 청구하는 과정"(Zimmerman, 1999: 1)이라고 정의한다. 그리고 주민발의 및 주민투표연구소(The Initiative & Referendum Institute: IRI)[1]는 주민발의를 "시민들이 청구하는 서명을 수

---

1) 이후 이 연구기관은 IRI로 줄여서 표현하기로 한다.

집하여, 어떤 문제에 자문하거나 기념일 지정, 법률안 또는 헌법수정안 등을 시민이 승인하거나 거부하도록 투표에 부치는 경우”(홈페이지 자료)라고 정의한다.

필자는 위의 내용을 바탕으로 이 책에서 주민발의를 “유권자가 주체가 되어 지역의 공공문제와 관련하여 서명을 통하여 법률이나 조례안의 개정이나 제정을 위한 발의를 청구하고, 캠페인을 거쳐 유권자의 투표로써 법률이나 조례를 개정하거나 제정하는 정치적 절차”라고 정의한다.

주민발의의 개념을 좀 더 충실하게 이해하기 위하여 주민발의의 핵심 요소들에 관하여 덧붙여 논의할 필요가 있다.

첫째, 주민발의는 유권자가 직접 주체가 된다는 점에서 유권자가 선출한 공직자, 즉 대표를 통한 법률 및 조례의 제정과 다르다.

둘째, 서명을 통하여 청구하고, 캠페인에 참여하며, 투표로써 결정한다는 점에서 유권자 주도성을 드러내고 직접 참여를 실천한다. 주민발의는 이러한 요소가 가시적이고 집합적으로 보장되어야 주민발의다운 것이다.

셋째, 앞에서 학자들이 ‘정책문제’, ‘법률안의 제안’ 등을 지적하였는데, 주민발의의 기능은 유권자들이 겪는 공공문제를 해결하기 위한 정책 과정이며, 무릇 정책은 시작부터 종료까지 시간과 결합되는 필요한 활동이 전개되는 과정이요, 절차이다. 법률이나 조례는 주민생활과 관련된 다양한 영역을 망라한다.

넷째, 주민발의는 정치적 절차라는 점에서 실체적 진실을 규명하는 사법절차와 다르다. 정치적 과정은 정부가 하거나 하지 않으려는 일, 즉 정책에 의하여 이익이나 손해를 보거나 그렇게 예상하는 사람들이 그 정책에 대하여 호오(好惡)를 판단하여 표현하고, 다수로써 선택하는 절차이다. 그러므로 다수라고 해서 반드시 진리를 독점하거나 대표하는 것이 아니다.

독자들은 필자의 주민발의에 관한 정의와 우리의 조례개폐 청구제도가 다르다고 생각할 것이다. 이러한 의문의 제기는 당연하다고 생각된다. 왜냐하면, 우리의 지방자치법은 벌써 용어부터 ‘조례개폐 청구’라고 달리 표현하고 있기 때문이다. 미국이나 스위스의 주민발의를 서명, 캠페인, 투표 등 직접 참여와 법률 제정의 완결을 이루는 하나의 원형(原型)이라고 볼 때 우리의 그것은 직접 참여의 본질 가운데 오로지 서명활동을 통한 청구 단계만 허용하기 때문에 원형에 비하여 매우 불비한 제도에 머물고 있다.[2)]

이 밖에도 다소 지엽적인 것이기는 하지만, 덧붙여 지적할 것은 먼저, 주민발의와 주민발안은 동일한 용어라는 점과 주민발의와 국민발의는 주체도 다르고, 그 지역적 포괄성이 다르므로 구별하여야 한다는 점이다. 즉, 주민발의는 지방자치와 관련하여 주민인 유권자가 발의하는 것이고, 국민발의는 곧 국민인 유권자가 발의하는 것이므로 그 주체가 다르다.

2 주민발의의 본질

주민발의의 본질은 주민발의를 주민발의답게 만드는 요소들이다. 학자들(Magleby, 1984; Zimmerman, 1999; Smith & Tolbert, 2004)은 대개 주민발의를 달리 시민입법(citizen law-making) 또는 직접입법(direct legislation)이라고 부른다. 또 다른 학자들은 주민발의를 병렬적 의회(parallel legislature)라고 표현하기도 한다(McCuan & Stambough, 2005).

주민발의의 이러한 별칭을 통하여 그 본질, 즉 주민발의가 반드시 갖추어 드러내어야 하는 모습이 확인된다. 시민입법과 직접입법이라는 별칭이 주민발의의 본질을 가장 잘 드러낸다. 대표에 의한 간접 입법이 아니라, 시민에 의한 직접 입법, 즉 법률 제정이라는 것이다. 주민발의를 병렬적 의회라고 일컫는 것은 주민발의를 "의회와 더불어 법률을 제정하는 장치"로 간주한다는 뜻이다. 그러므로 주민발의의 본질은 시민의 '직접 참여'와 '법률 제정'이다.

그러므로 주민발의는 "유권자인 시민이 주체가 되어 일정한 절차를 거쳐 직접 법률이나 정책을 결정하는 민주제도라는 점"에서 "대표들로써 구성되는 대표기관이 시민을 대신하여, 간접적으로, 정책을 결정하는 민주제도"와

2) 우리나라 조례개폐 청구와 미국, 스위스의 주민발의를 비교한 연구는 김영기(2008)를 참고할 것.

구별하여 전자를 직접민주제(direct democracy)라 하고, 후자를 대표민주제(representative democracy) 또는 간접민주제(indirect democracy)라 부르는 근거가 된다.

주민발의는 시민의 직접 참여에 의한 정책결정의 본질을 지닌 주민투표, 주민소환과 함께 직접민주제의 삼각대(tripartite mechanisms)를 이룬다(Smith & Tolbert, 2004).

3 주민발의에 대한 평가: 장 · 단점

1) 주민발의의 가치

오리건 주 출신으로서 연방 의원인 번 2세(Jonathan Bourne, Jr.)는 주민발의의 기능 또는 장점으로서 인민 주권을 실현하고, 시민을 교육하고 발전시키며, 의회를 다수 시민복지의 실현기관으로 만들고, 또 의회가 시민복지에 반하지 못하게 하며, 의회에서 뇌물 제공 등을 제거할 수 있다는 점 등 다섯 가지를 들었다(AAPSS, 1912: 2).[3)]

매글비는 직접 입법에 관련된 논의를 정리하여 주민발의 지지자들은 정당과 그 보스의 권력을 제한하고, 독점기업 등 특수 이익을 제한하며, 정치적으로 시민 여론 투입구 역할을 하고, 시민교육을 통하여 그 덕성을 함양케 하며, 소수 의제의 경우 다량의 안건을 다루는 의회보다 시민의 판단이 더 정확하게 표현될 수 있으며, 시민의 무관심과 불만을 줄일 수 있고, 결과적으로 민주적 정부를 강화시킨다며 일곱 가지 장점을 들었다(Magleby, 1984: 27-28).

한편 슈미트(David D. Schmidt)는 주민발의의 장점으로서 정부의 책임성을 높이고, 시민 참여를 확대시키며, 유권자 교육을 실현하고, 소수의 손에 권력이 집중되는 것을 방지하며, 새로운 아이디어를 정책의제로 만들어

---

3) 이 내용은 American Academy of Political and Social Science(AAPSS)가 고전적 내용을 묶어서 간행한 자료에서 인용한 것이다.

주는 점 등 다섯 가지를 지적하였다(Schmidt, 1989: 25-30).

또 짐머만은 주민발의 지지자들은 인민 주권을 실현하며, 특수 이익의 지배를 벗어나 의결기관을 좀 더 대표성 있게 하고, 의결기관으로 하여금 중요한 개혁 조치들을 실현하게 하며, 시민 참여의 기회를 넓혀 주고, 공공문제에 관해 시민들의 관심을 제고하며, 시민을 교육시키고, 헌법이나 헌장의 내용을 간결하게 해 주는 등 일곱 가지를 지적하였다(Zimmerman, 1999: 132-138).

이상의 내용을 통하여 주민발의는 다음과 같은 기능의 수행 또는 가치를 실현한다고 정리할 수 있다.

첫째, 인민 주권을 실현한다. 사실, 루소가 영국의 선거에 의한 대표제를 두고 "유권자는 선거 기간에만 자유롭고 선거가 끝나는 순간부터 그들은 다시 노예가 되어버린다"(Manin, 곽준혁 역, 2004: 13)고 비판한 바를 기억할 필요가 있다. 유권자들은 대개 선출직 공직자들이 표를 구할 때만 유권자와 악수하고 포옹할 뿐, 당선된 후에는 쉽게 만날 수 없으며, 만나는 사람들도 주로 한정되어 있다. 거기다가 미국의 경우, 1800년대~1900년대 초까지 엽관제와, 특수 이익과 결탁한 보스를 중심으로 한 정당조직이 지배하는 주와 지방의 공직사회는 마치 그들이 주권자가 된 것처럼 주권자 또는 유권자를 핍박하였다는 점을 상기하면, 그래서 주민발의가 필요하게 되기도 하였지만, 이것을 통하여 주권자로서 시민의 위치를 회복시켜 준다는 것이다.

둘째, 시민교육의 효과가 있다. 이는 일찍부터 주창되던 가치로서, 그 이유는 대표제 지지자들이 계속해서 유권자의 능력에 의문을 제기하였기 때문이다. 주민발의 지지자들은 비록 애초에 정책의제에 대하여 잘 모르거나 관심이 적었던 유권자일지라도 주민발의의 서명활동과 반대운동의 과정을 통하여 해당 정책문제에 관심을 갖게 되고 또 알게 되어 의원들 못지않게 오히려 다수의 안건을 한꺼번에 다루는 의원들보다 더 잘 알고 투표의 결심을 할 수 있다는 것이다. 나아가 이러한 과정을 되풀이하면 시민들은 정책문제를 알기도 하고, 공공문제에 관심이 높아지며, 마침내 민주시민의 덕성을 갖게 된다는 것이다.

셋째, 시민 참여가 확대된다. 시민교육의 효과와 결합되어서 주민발의가 직접 참여에 의한 정책결정이라는 본질상 당연히 시민 참여의 확대로 나타나는 현상이다. 이미 소개한 대로 스위스의 보통 시민이 주민투표, 주민발의, 선거 참여 등 1년에 평균 36회의 투표에 참여한다는 사실을 상기할 필요가 있다. 시민 참여의 확대는 곧 주권재민의 실현과 맞닿아 있다.

넷째, 의결기관을 견제하고 또 의원의 활동을 촉구한다. 주민발의가 애초부터 보스와 특수 이익의 포로가 된 의결기관이 주민의 공익보다 특수 이익을 위한 정책을 마구잡이로 결정하는 폐해를 극복하기 위한 장치라는 점에서 의결기관의 견제가 이루어지고, 또 주민의 공익을 위하여 제때에 필요한 정책을 결정하지 않고 버티거나 아예 묵살하는 현실을 타개하기 위한 장치라는 점에서 의원들의 활동을 촉구하는 효과가 있다.

다섯째, 정부의 책임성을 제고한다. 바로 위의 현상과 연관되기도 하는데, 직접민주제의 채택을 강조하는 개혁주의자들은 선출된 공직자들의 낮은 대응성 또는 무대응성을 비판하였다. 주민발의를 통하여 유권자가 정책을 발의하고 최종 결정까지 하게 되는 상황은 그 자체가 바로 책임의 실현이기도 하고, 또 의결기관을 포함하여 선출된 공직자들이 특수 이익의 매수대상이 되어 정책 거부를 할 수 없게 만든다. 결과적으로 정부의 대응성이 높아지고, 또 그런 만큼 책임성도 높아지게 된다.

2) 주민발의의 문제

주민발의제는 만능약도, 요술방망이도 아니다. 주민발의는 장점들이 있으나 역시 단점 또는 극복하여야 하는 문제도 있다. 처음, 주민발의와 주민투표, 그리고 주민소환제의 채택을 놓고 대표제 지지자들은 대표제의 근간을 흔드는 제도라며 반대하였고, 반대자들은 그 단점들을 제시하였다.

먼저, 서덜랜드(George Sutherland) 등은 유권자들은 의회의 의원들처럼 발의안에 대하여 정확한 정보를 갖기 어렵고, 또 의회만큼 신중한 절차를 거칠 수 없다는 점, 그리고 주민발의는 기껏 한 개인, 또는 소수, 또는 한 조직이 부실하게 기초한 법률안이 될 수밖에 없으며, 결정 절차도 간략한 팸플릿에 찬성과 반대 의견을 적어서 그렇게 적은 정보에 바탕을 두고 투표로써 결정한다는 점에서 의회의 법률안 심의에 미치지 못한다는 것이다. 이들은 또 미국이 스위스의 제도를 모방하려고 하지만 두 나라는 연방제라는 점에서 유사하나 구체적으로는 상황이 다르며, 또 헌법과 법률의 주민발의는 다르다는 점을 들어 반대하였다(National Economic League, Boston, 1912: 33-46).

직접민주제에 비판적인 해스켈(John Haskell)은 대표민주제와 직접민주제 간의 쟁점은 유권자의 정보 수준이 충분한가, 어느 쪽이 더 특수 이익 지향적인가, 대표제와 비교할 때 사법부에 의하여 어느 정도까지 민중 영합이 허용되는가, 대표민주제보다 직접민주제가 소수자 권리를 위협하는 것은 아닌가, 어느 쪽이 더 책임 있는 통치인가 등 다섯 가지 쟁점을 중심으로 비판적 지적을 제시하였다. 즉, 유권자는 겨우 한 가지, 즉 텔레비전을 통하여 결정에 필요한 정보를 취득하는 경향이며, 또 대표들 못지않게 유권자들도 특수 이익에 의하여 조종될 수 있으며, 의결기관이 제정한 법률에 대한 사법적 심사에 비하여 주민발의로써 제정한 법률에 대한 사법적 심사가 어려운데다 약하고, 주민발의는 의결기관보다 더 소수자 권리를 위협하며, 단편적인 쟁점에 함몰된 유권자의 법률 제정은 정치 체제 전체의 가치를 망각하므로 오히려 책임성이 낮아진다고 비판하였다(Haskell, 2001: 97-120).

직접민주제 가치를 신봉하는 매글비는 반대론자들의 비판을 정리하여 주민발의로 인하여 오히려 특수 이익이 수혜자가 되고, 복잡한 의안을 경솔하게 법률로 제정할 수 있으며, 유권자들은 복잡한 쟁점들을 충분하게 이해하기 어렵고, 의회의 과정이 오히려 정책결정에 좋은 방법이며, 시민교육 효과도 기대하기 어려운데다 공익에의 관심을 제고하기 쉽지 않고, 오히려 민주주의를 위협하고 대표제를 약화시킬 것이라고 소개하였다(Magleby, 1984: 29-30).

슈미트는 주민발의의 문제점으로서 법률의 부실한 기초와 위헌성이 제기되고, 돈의 힘이 승리하며, 좌파든 우파든 특수 이익에 이용당하며, 오히려 참여하지 않는 다수로 인하여 소수 지배를 초래하고, 다양한 발의로 인하여 혼란이 조성되며, 다수의 독재를 초래하고, 의결기관을 옥상옥(屋上屋)으로 만들며, 유권자의 이기적인 투표를 조장하고, 유권자는 복잡한 현안에 대하여 이성적 투표를 하기 어렵다는 점을 들었다(Schmidt, 1989: 34-40).

짐머만은 또 주민발의는 오히려 비민주적 절차가 될 수 있고, 기본법인 헌법과 일반 법률의 구별을 허물어 오히려 시민의 권리 보호에 위험하고, 의회와 달리 지속적 책임을 지지 않는 입법기관을 두는 셈이며, 법률안 기초는 쉽지 않은데도 부실한 법률안을 기초하게 되고, 다른 법률과의 연계가 흔들리며, 단일 쟁점에 치중하여 과도한 단순화의 문제가 생기며, 캠페인은 유권자를 오도할 수 있고, 특수 이익에 이용될 수 있으며, 소수자나 빈곤층, 비참여자에 역효과를 낼 수 있고, 신축적이지 못한 법률 제정의 과정이며, 비용 부담이 만만치 않고, 오히려 의회의 법률 제정 기능이 우월하다는 점을 제시하였다(Zimmerman, 1999: 138-156).

이상의 내용을 종합하여 정리하면, 주민발의는 첫째, 유권자의 쟁점에 대한 지식과 정보의 제약이 있다. 유권자의 평균적 지식이 늘어난 오늘날 유권자의 지식이 부족하다는 전통적 비판은 이제 수용되기 어렵지만, 보편적으로 유권자들은 특정한 주민발의안에 대한 지식과 정보가 부족한 가운데 투표할 개연성은 높다. 그것은 오늘날 공직자를 선출하는 투표에서도 유권자는 충분한 시간을 투입하지 않는 경향 때문이다. 거기다가 유권자들은 지식과 정보가 부족한 경우 조종될 우려도 없지 않다.

둘째, 부실한 법률안을 기초할 위험이 있다. 법률안의 기초는 법률 전문가에게도 쉽지 않은 일이며, 따라서 일반 유권자에게는 벅찬 일이다. 그렇지만, 이런 문제를 해결하기 위하여 캘리포니아 주와 같은 경우는 법률안 아이디어만 제시하면 법률안 기초 작업을 주정부의 담당 부서가 도와 준다. 그러나 그런 서비스를 제공하지 않는 경우, 부실하게 법률안을 기초할 개연성이 높다.

셋째, 기금의 동원력이 큰 세력의 발의안이 승리할 가능성이 크다. 주민발의의 과정은 법률안의 기초와 발의, 서명활동, 찬성과 반대 캠페인을 거쳐 투표까지는 선거를 치르는 것과 마찬가지로 엄청난 노력과 비용이 투입된다. 이 과정에서 돈이 많은 회사의 이익을 지향하는 발의안의 경우 텔레비전 등 전파매체를 이용한 홍보활동에서 우세할 것이고, 해스켈의 지적대로 텔레비전을 주로 시청하고 투표하는 유권자들에게 돈의 영향력이 지배할 위험성은 충분하다.

넷째, 책임성 문제가 있다. 의회는 적어도 2년의 임기를 가지며, 또 재선을 통하여 임기를 확대할 수 있고, 따라서 잘못된 법률 제정에 대하여 선거를 통하여 심판받을 수도 있다. 그러나 한 쟁점을 중심으로 입법을 추진하는 주민발의는 유권자의 투표를 통하여 법률 제정을 완료하면 그것으로 활동은 종료된다. 그렇지만 그 법률이 문제가 있거나 다른 법률과의 문제를 생성시킬 경우, 일단 주민발의 주도자들은 공식적 책임을 물을 수 없는 구조이다. 더구나 주민발의는 한 가지 주제만 다루도록 규정하고 있어서 다른 법률과의 충돌이 발생할 우려도 없지 않다.

다섯째, 다수독재의 우려도 있다. 주민발의의 절차는 물론 서명활동, 찬성과 반대활동, 대안적 발의안의 제출 가능성을 열어놓고 있지만, 여전히 한 주제에 강한 관심을 가진 유권자들이 주도하는 가운데 주제에 관심이 적고 또 소극적인 유권자들이 다수이며, 이들이 불참하는 가운데 단순다수결 규칙은 위험성이 없지 않다. 그러나 주민발의의 과정은 서명과 발의 및 청구→찬성과 반대→투표는 일관된 절차이지만, 의회의 법률 제정 과정은 비교적 순환이 유연하다. 그래서 주민발의 반대자들은 진정한 다수의 방관 속에 '작은 수의 다수'가 절차를 경직적으로 주도하여 법률 제정을 종결하는 메커니즘의 위험을 지적하는 것이다.

여섯째, 특수 이익에 이용될 위험이 존재한다. 기금 동원력과 일부 상관되기도 하는데, 좌파든 우파든 적극적 소수가 충분한 재정력을 동원하여 주민발의의 과정을 주도하는 경우 다섯째 문제점과 결합되어 이용될 개연성이 크다. 사실, 주민발의 초기에는 부실한 제도로 인하여 농민과 노동자, 여성 등 사회적 소외집단의 피해와 고통이 가시적이었고 또 분명하였으므로 문제 해결의 목표도 명료하였다. 그러나 오늘날 누가 돈을 많이 동원하느냐, 누가 전문성을 잘 활용하느냐에 따라 주민발의의 결과가 달라질 수 있다는 문제가 분명히 존재한다.[4]

4) 매쿠언(David McCuan)과 스탬버(Steve Stambough)는 캘리포니아 주민발의 현상을 분

제 2 절 주민발의 · 주민투표 · 주민소환의 비교

바로 앞에서 주민발의의 개념과 본질을 소개하였으므로 여기서는 주민투표와 주민소환의 개념을 소개하고, 현대 직접민주제의 핵심 장치로서 이들 세 가지를 간략하게 비교함으로써 주민발의의 좀 더 정확한 이해를 돕고자 한다.

1 주민투표와 주민소환의 개념

1) 주민투표의 개념

주민투표(referendum)는 "선출된 공직자들이 발의한 법률안을 시민들이 승인하는 절차"(Waters, 2003: 3) 또는 "의결기관이 새로 제정한 법률안을 유권자가 최종 승인 여부를 결정하는 절차"(Schmidt, 1989: 3)이다. 정리해 본다면, 주민투표는 "의결기관이 제정한 법률안을 유권자의 서명을 통하여 의결기관이 의결한 법률이나 조례안을 투표에 부치도록 청구하고, 캠페인 등을 거쳐서 유권자 투표로써 시행 여부를 최종 결정하는 정치적 절차"라고 정의할 수 있다. 그런데 주민투표는 좀 더 유념해서 이해가 필요하다.

석하기 위하여 볼러(Shaun Bowler), 도노번(Todd Donovan), 톨버트(Caroline J. Tolbert)의 분석틀을 보강하여 주민발의 과정에 누가 주로 활동하는가, 즉 편익과 비용부담자, 전문가를 참여자(player)로 보고 네 가지 유형의 주민발의에 의한 정치를 설정하였다. 이들에 따르면, 주민발의 과정은 이익집단의 좁은 범위 이익이 대결하고, 여기에 전문가의 활용이 극대화되는 이익집단의 정치(Interest Group Politics), 좁은 범위의 이익집단에 대하여 넓은 범위의 주민발의 주도자들이 경쟁하는 유형으로서 '창업자적 정치(Entrepreneurial Politics)', 좁은 범위의 이익을 지향하는 세력이 광범위하게 분산된 집단을 대상으로 주민발의를 추진하는 '고객정치(Client Politics)', 광범위한 이해와 또 다른 광범위한 이해가 주민발의 과정에서 충돌하는 '다수결 정치(Majoritarian Politics)'로 유형화할 수 있다는 것이다(McCuan & Stambough, 2005: 51-75).

미국에서도 이러한 의미의 주민투표, 즉 주민이 의결기관이 제정한 법률이나 조례를 그 시행 전에 유권자들이 발의하여 유권자 투표에 부치는 경우를 따로 주민발의의 주민투표(popular referendum)라 부른다. 이 책에서 사용하는 주민투표는 이런 의미이다. 그리고 미국의 주나 지방정부에서는 의결기관도 그들이 제정한 법률이나 조례를 유권자의 투표에 부치는 경우가 있는데, 이것은 입법부 발의의 주민투표(legislative referendum)라 부른다(Magleby, 1984; Schmidt, 1989; Cronin, 1989; Zimmerman, 1999).

2) 주민소환의 개념

주민소환(recall)은 "공직의 정해진 임기가 끝나기 전에 해당 공직자를 유권자의 고발이나 청구, 그리고 투표로써 해임하는 절차"(Zimmerman, 김영기 역, 2002: 11) 또는 "유권자가 일정 수의 서명을 통하여 청구와 투표로써 임기가 남은 공직자를 해임하는 제도"(Cronin, 1999: 2, 125)라고 정의한다. 필자는 주민소환을 "유권자가 해당 공직자를 임기 중에 서명을 통하여 해임 여부를 투표에 부칠 것을 청구하여, 캠페인, 그리고 투표를 거쳐 해임 여부를 결정하는 정치적 절차"(김영기, 2006: 73-74)라고 정의한 바 있다.

2 주민발의 · 주민투표 · 주민소환의 비교

직접민주제의 장치는 이들 세 가지 외에도 주민감사청구나 주민소송 등이 있다. 주민감사청구는 대표에게 청원하고 실행 여부를 대표에게 의존한다는 점에서 본질이 다르고, 주민소송은 사법절차를 지향한다는 점에서 다르므로 비교 대상으로 삼지 않는다. 직접민주제로서 미국 매사추세츠 등 뉴잉글랜드 주민총회(Open Town Meeting)도 있으나 이것은 정부 형태라는 점에서 비교 대상으로 삼기 어렵다.[5] 그래서 여기서는 주민발의와 주민

5) 미국 뉴잉글랜드 주민총회에 관한 자세한 내용은 김영기(2003), "뉴잉글랜드 타운미팅에 관한 고찰," 한국지방자치학회, 『하계학술대회 발표논문집』 참조.

투표, 그리고 주민소환 등 세 가지만 비교한다.

1) 공통점

(1) 유권자의 서명과 청원

대표가 아니라 공동으로 해결할 필요가 있는 문제를 함께 인식한 시민 또는 유권자가 주체가 되어 직접 서명활동을 전개하여 공공 의사를 결집하고, 청원하는 과정을 세 가지 장치는 동일하게 갖는다.

(2) 캠페인 활동

세 가지 장치 모두 정책이든 공직자 해임이든 발의하여 청구된 사안을 놓고 찬성과 반대의 공개되고 보장된 절차를 거친다는 점에서 동일하다. 이러한 활동을 통하여 유권자의 참여가 보장되고 실현된다.

(3) 투표가 결정 수단

주민발의, 주민투표, 주민소환 어느 장치이든 유권자가 결정권을 행사하고, 결정권의 행사 수단으로 유권자의 투표(vote)를 사용한다는 점을 들 수 있다. 직접민주제의 장치로서 당연한 것이지만, 시민의 집합적 결정 도구로서 투표를 최종 단계로 삼는다. 특히 주민발의와 주민투표가 투표를 도구로 삼는다는 점에서 혼동을 일으키는데, 이에 관해서는 차이점을 다룰 때 소개하기로 한다.

2) 차이점

(1) 서로 다른 목적

개념에서도 알 수 있겠지만, 주민발의와 주민투표, 주민소환은 각각 다른 목적을 위하여 사용하는 직접민주제 장치이다. 비록 주민발의와 주민투표는 둘 다 직접 입법의 장치로 분류되는 정책결정(법률안 제정)과 관련된 절차라는 점(Gerber, 1999: 3-4)은 공통점이지만, 구체적 목적이 다르다. 주민발의는 의결기관이 유권자를 위하여 필요한 법률이나 조례를 제때 제정하지 않거나 거부할 때, 유권자들이 직접 나서서 서명과 청구, 발의→캠페인→투표까지 일관되게 주도하여 법률이나 조례의 제정을 완결할 수 있도록 허용하는 도구이다.

그렇지만 주민투표는 일단 의결기관이 결정한 정책(법률이나 조례)이 주민 이익이나 공익(public interest)을 외면하거나 침해하면서 특정한 기업이나 단체의 이익, 이른바 특수 이익(special interest)을 편드는 내용일 경우, 그 법률이나 조례의 시행에 앞서 유권자들이 서명과 청원, 발의→캠페인→투표를 실시하여 해당 법률이나 조례의 시행을 최종적으로 승인하거나 거부할 수 있도록 허용하는 절차이다.

그래서 학자들 간에는 주민발의를 일컬어 "결정이 누락된 법률이나 조례를 시민들이 결정하는 장치"로, 주민투표는 "잘못 결정된 법률이나 조례를 교정하는 장치"로 그 특성을 지적하기도 한다(Magleby, 1984; Cronin, 1989; Dubois & Freeney, 1998; Bowler, Donovan, & Tolbert, 1998). 또 주민발의를 가속기(accelerator)에, 주민투표를 브레이크(handbrake)에 비유하며 그 차이점을 지적하기도 한다(Kaufmann, Büchi, & Braun, 2007: 7). 이러한 표현은 주민발의제가 유권자의 요구나 선호를 입법기관이 외면하거나 주춤거릴 때 정책결정을 촉진하는 장치로서 역할을 수행하며, 주민투표는 의결기관이 엉뚱하고 잘못된 정책을 결정하였을 때 그것에 제동을 거는 역할을 수행하는 특성을 드러낸 것이라고 본다. 그러므로 거버(Elisabeth R. Gerber)는 "주민발의를 시민이 발의하여 시민의 투표에 부치는 장치"로, 주민투표는 "의회가 발의한 것을 시민이 승인할 것인가, 아니면 거부할 것인가를 결정하는 장치"로 규정한 것이다. 이렇게 보면, 주민발의와 주민투표의 차이가 확연하다.

끝으로 주민소환은 정책(법률이나 조례)을 다루는 것이 아니라 유권자를 위하여 필요한 정책을 결정하지 않거나 지연시키는 공직자 또는 유권자의 이익에 반하는 법률이나 조례를 제정하는 공직자, 윤리나 도덕적으로 흠이 있어서 유권자의 대표로서 덕성을 잃은 공직자를 통제하는 인적 통제장치라는 점에서 차이가 있다.

(2) 서로 다른 배경

주민발의와 주민투표, 그리고 주민소환은 목적이 다르기도 하거니와 각

각 다른 배경을 가지고 있다(제3장 대표민주제와 직접민주제의 관계와 대두 배경에서 자세하게 소개할 것이다). 19세기 미국에서 엽관제를 악용하는 정당 보스, 그리고 계층적 정당조직은 주정부와 지방정부를 장악하고 보스와 그 수하의 정치적 이익에 부합되지 않는 법률이나 조례는 무의사결정으로 일관하였다. 이런 경우, 속수무책이던 유권자들을 위하여 창안된 제도가 주민발의이다.

정당 보스와 그 수하들은 주민의 이익에 부합되는 정책은 외면하다가도 그들에게 이익이 된다고 판단되는 정책은 벼락치기로 통과시켰다. 여기서 그들에게 이익이 되는 정책이란 정당 보스의 권력을 유지하는 데 도움이 되거나 그를 부당한 방법으로 후원하는 당시의 운하건설회사 또는 철도건설회사에 특혜를 부여하는 법률이나 조례를 가리키며, 이러한 정책은 곧 주민 이익을 침해하거나 외면하기 일쑤였다. 그래서 이러한 법률이나 조례에 의한 주민 피해를 방지하기 위한 대항 수단으로 유권자들에게 법률이나 조례의 최종 승인권이 필요하게 되었고, 이것이 주민투표이다.

주민소환은 필요한 정책을 결정하지 않으며 직무를 유기하거나 태만한 선출직 공직자, 좀 더 적극적으로 뇌물을 수수하고 공익을 배반 또는 배임하는 선출직 공직자를 통제할 수단이 필요하게 되자 그 방안으로 창안된 장치이다.

〈표 2-1〉 주민발의 · 주민투표 · 주민소환의 비교

	차이점	공통점
주민발의	의결기관이 법률 제정을 미루거나 회피할 때, 시민이 직접 주체가 주도하는 정책결정 장치, 결정이 누락된 법률이나 조례의 제정 장치 별칭: 액셀레이터	1) 시민이 직접 참여하여 발의함 2) 찬성과 반대 등 캠페인 활동을 전개함 3) 유권자의 투표를 최종 결정의 장치로 사용함
주민투표	의결기관이 의결한 법률일지라도 확정 · 시행 여부를 시민이 최종적으로 결정하는 정책통제 장치, 의결기관이 잘못 결정한 법률이나 조례의 교정 장치 별칭: 브레이크	
주민소환	잘못을 저지른 선출된 공직자를 시민들이 임기 중에 해임하는 인적 통제 장치	

지금까지 주민발의와 주민투표, 주민소환의 공통점과 차이점을 살펴보았는데, 이러한 내용을 정리하면 <표 2-1>과 같다.

지금까지 주민발의를 정확하게 이해하기 위하여 그 개념과 본질, 그리고 주민투표와 주민소환과의 차이점 등을 살펴서 정리하였다. 그러나 주민발의를 충분하게 이해하기는 쉽지 않을 것이라고 생각된다. 다음에 장을 달리하여 주민발의의 배경을 이루는 역사적 맥락, 유형, 활용 등을 더 살펴보면 이해가 넓어지고 깊어질 것이다.

Chapter 03

직접민주주의: 대표민주제의 보완제

현대 민주주의는 긴 시간에 걸쳐 시행착오를 거치며 오늘에 이르렀다. 그렇다고 하여 민주주의가 완성된 제도라고 주장하는 학자는 없다. 현대 민주주의는 여전히 완성태가 아니라 많은 문제나 한계를 지닌 하나의 정치 제도일 뿐이다.

대표제를 근간으로 삼는 미국의 정치제도는 독립 후 200년 넘어 오늘까지 많은 시행착오를 거쳤다. 즉, 헌법 기초자들이 창안한 미국의 대표민주주의는 그 본질적 한계와 함께 제도 참여자들의 인간적 한계가 결합되어 심각한 문제를 드러내었으며, 이러한 문제를 해결하기 위하여 직접민주제의 장치, 즉 주민발의·주민투표·주민소환제를 채택하였다. 그래서 현재 미국 민주주의를 대표민주제와 직접민주제가 결합된 혼성 민주주의(hybrid democracy)라고 부른다(Bowler & Glazer, 2008).

다음에 먼저 대표민주제를 살펴보고, 그 보완적 장치로서 직접민주제가 채택된 배경 등을 살펴보기로 한다.

제 1 절 제도로서 민주주의의 이해

1 제도의 개념과 기능

1) 제도의 개념

제도는 "한 사회의 게임 규칙이나 좀 더 공식적으로 인간의 상호작용을 제약하기 위하여 인간이 고안한 규칙들"(North, 1990: 3)이다. 또 제도를 "가족, 이웃, 시장, 회사, 스포츠 리그, 교회, 사적 회합, 정부 등 모든 규모의 인간 모임에서 모든 형태의 반복적이고 구조적인 상호작용을 조직하기 위하여 사용하는 규칙"(Ostrom, 2005: 3)이라고도 한다.

2) 제도의 기능

노스(Douglass C. North)에 따르면, 제도는 헌법, 법률, 재산권 등 공식적 규칙과 도덕적 구속, 금기, 관습, 전통, 행동강령 등 비공식적 규칙들을 통하여 정치, 경제, 사회적 상호작용을 구조화하여 질서를 이루고, 불확실성을 감소시켜 예측이 가능케 한다. 즉, 제도는 사회에서 할 수 있는 일과 할 수 없는 일을 규정함으로써 행동의 범위와 방향을 설정하고, 일탈행위에 제재를 가한다 (North, 1990; 정진영 역, 2003: 344).

인간 사회는 어느 곳이든, 또 어느 영역이든 제도가 필요하고, 존재한다. 정치 권력을 획득하고 행사하는 현상으로서 정치의 영역도 예외가 아니어서 제도가 필요하게 되고, 그래서 다양한 제도가 존재한다. 그것이 대표민주제든 직접민주제든 제도로서 민주주의도 정치 영역 관련자들의 상호작용에 질서를 확보하고 예측할 수 있게 하려는 상호작용 규칙이다.

2 민주주의의 이해

우리는 누구나 민주주의를 잘 안다고 생각한다. 그러나 "민주주의의 개념은 200가지 이상"(Salvadori, 이상구 역, 1984: 18)이고, "독재정치도 원한다면 민주주의로 포장할 수 있을 정도로 이것이 지시하는 대상물이 다양한 정의로 인하여 흐려졌고, 그래서 베커(Carl Becker)는 민주주의의 개념을 여행용 가방(gladstone bag) 같다"(이극찬 편, 1983: 7-8)고 꼬집었다. 그래서 민주주의를 말할 때 그 뜻매김을 정확하게 하여야 하는 이유가 된다.

이 책은 그 주제로서 1898년 미국 사우스 다코타 주에서 처음 채택되어 21세기에 들어서도 활용도가 더 높아지고 있는 직접민주제의 한 장치인 주민발의제도를 다루기 때문에 민주주의의 개념과 역사적 맥락을 이해할 필요는 있지만, 필요한 만큼 아주 간략하게 살펴본다.

1) 민주주의의 개념

제1장에서 민주주의는 또 'rule by the demos'이고,[1] 이것은 'rule by the people or the mob'으로 번역될 수 있으며, 그래서 오늘날 민주주의는 "다수에 의한 지배 또는 통치(rule by the many)"라는 정의를 소개하였다(Lancaster & Roberts, ed., 2004: 37). 또한 정치학사전은 민주주의를 그리스어로 '국민에 의한 지배(rule by the people)'이며, '국민'은 거의 만장일치가 불가능하므로 '다수에 의한 지배(majority rule)'와 동의어로 간주한다고 풀이하였다(MacLean & MacMillan, 2003: 139). 리파트도 민주주의를 국민에 의한 정부라고 정의하는 경우, 누가 통치할 것이며, 누구의 이익에 정부가 반응해야 하는가라는 중요한 문제가 제기되며, 그 대답은 다수에 의한 정부라고 지적한다(Lijphart, 1999: 2-3). 그러므로 민주주의는 국민

1) 민주주의 논의에서 demos를 '다수(majority)'나 '인민(people)'으로 해석하는데(최정욱, 2009: 47), 그 해석에 따라 민주주의 유형도 달라진다.

보다 더 명료한 개념인 '다수에 의한 지배'로 이해한다.

2) 대표민주제와 직접민주제

역시 제1장에서 민주주의는 '다수의 참여 방식'을 기준으로 직접민주주의와 간접민주주의 또는 대표민주주의로 나눈다는 것, 즉 다수가 직접 참여하여 투표로써 정책을 결정하느냐, 아니면 다수가 선거(투표)로써 대표를 뽑고, 대표가 정책을 결정하느냐에 따라 전자를 직접민주주의(direct democracy)로, 후자를 대표민주주의 또는 간접민주주의(representative or indirect democracy)로 분류한다.[2] 이처럼 민주주의는 기준에 따라 다양하게 유형화할 수 있겠지만,[3] 직접민주제의 장치인 주민발의가 핵심 주제이고, 그 채택 배경이 대표민주제의 결함에 있다고 보기 때문에 이 책의 필요에 따라 대개 시민 참여의 직접성과 간접성을 기준으로 직접민주제와 간접민주제에 관하여 간략하게 살펴본다. 역사적 연원을 따진다면 고대 아테네의 직접민주주의가 앞서지만, 현대 정치에서 대종을 이루는 대표민주제를 살펴보고, 그 문제를 치유하기 위한 수단으로 채택된 직접민주제를 살펴본다.

(1) 대표민주제

① 개념

원래 representation의 동사 'to represent'는 연극에서 배우가 어떤 인물을 연기하는 현상으로부터 시작되었다. 그러다가 16세기부터 represent는 변호사처럼 "다른 누구를 위하여 행동하다"라는 의미가 되었고, "어떤 집단을 대신하여 행동하는 법적 대리인"의 의미를 갖게 되었다(MacLean & MacMillan, 2003: 461-462).

---

2) 리파트는 다수에 의한 정부, 즉 민주주의는 원칙상 조직하고 운영하는 다양한 방법이 존재한다고 지적하며, 다수를 확보하는 방법과 합의를 이루는 방법에 따라 다수결 모형(majoritarian model)과 합의제 모형(concensus model)으로 나누고, 전자는 정치 권력을 단순히 다수의 손에 집중시키는 데 반하여 합의제 모형은 다양한 방법으로 권력을 공유하고, 분산시키고, 제한하는 특성을 갖는다고 지적하고 여러 유형의 민주정부를 제시하였다(Lijphart, 1999)는 것은 이미 제1장에서 소개하였다.

3) 민주주의는 직접민주주의, 대표민주주의, 참여민주주의, 자유민주주의, 의회민주주의 등으로 나누기도 한다(Lancaster & Roberts ed., 2004: 37-40).

대표제(representative system)는 국민주권론에 근거한다. 이경주(2005: 21-72)는 이와 관련된 주장들을 정리하여 소개하고 있다. 주권이론의 창시자 보댕(Jean Bodin)은 주권을 국권의 개념으로 파악하였고, 주권을 대내적 최고성, 대외적 독립성을 의미하는 단어로 사용하였다. 그 후 보댕의 주장에 비판적인 루소(Jean-Jacques Rousseau)는 『사회계약론』에서 개인은 자연권을 전면적으로 양도하는 사회계약을 통하여 '정신적이고 집합적 단체로서 국가'를 만들고, 초월적 공권력을 창설하며, 이 초월적 공권력을 주권이라고 주장하였다. 그러므로 국가는 계약 참여자인 인민이 주인이며, 국가의 의사력으로서 주권은 인민의 포괄적 지배력을 의미한다는 것이다.

프랑스혁명 때, 헌법제정국민회의의 다수를 점한 부르주아 계급은 "모든 국적 보유자의 통일 단체로서 국민"의 개념을 설정하고, 국민은 단일·불가분의 양도할 수 없는 관념적 존재이고, 주권은 이러한 개념의 국민에 속한다고 주장하였다. 그래서 국민 주권이라고 표현하지만, 여기서 관념적 존재로서 국민은 직접 권력을 행사할 수 없고, 오로지 대표자를 통해서만 권력을 행사할 수 있다는 것이다. 이런 논의를 바탕으로 근대민주주의의 중요한 개념과 제도의 근거가 마련된 것이 프랑스혁명기의 헌법이다.

근대민주주의에서 대표는 유산자(有産者)와 남성 등 특정한 사회계층의 대표로 규정되었으나 노동자와 여성에게 참여가 확대되면서 더 이상 한정된 계층의 대표라는 의미로 사용하기 어렵게 되었다. 거기다가 대표자가 행사할 수 있는 재량을 기준으로 선거구민의 의사나 선호를 엄격하게 반영하여야 한다는 기속적 대표자(agent)와 대표의 양심과 판단에 따라 대표의 역할을 수행하는 재량적 대표자(trustee) 등 대표의 두 가지 유형론이 제기되기도 하였다.

사실 대표에 관한 논의는 책 한 권으로도 정리하기 어려울 정도로 복잡한 개념이며,[4] 이 책에서는 대표민주제가 결코 완벽한 제도가 아니므로 보완 장치로서 직접민주제가 필요하다는 논거를 구하려는 필자의 의도에 따

4) Pitkin(1967), *The Concept of Representation*, Berkeley, California, University of California Press가 그러한 예이다.

라 여기서는 대표민주주의(representative democracy)는 시민 또는 유권자가 직접 참여하여 다수결 투표로써 정책을 결정하는 것이 아니라, 유권자는 대표를 선출하고, 대표들이 시민을 위하여 필요한 정책을 결정하는 방식(Lancaster & Roberts ed., 2004: 37-38) 또는 "유권자가 정치공동체의 정책 과정을 담당할 대표를 뽑아서 이들이 유권자의 선호를 정책에 반영하고 실현하며 책임을 다하는 정치제도"라고 이해한다. 다수에 의한 지배라고 하더라도 다수의 참여와 지배가 간접적으로 이루어진다는 점에서 간접민주주의(indirect democracy)라고도 한다.

② 대표민주제의 한계

밀(John Stuart Mill)은 대의민주주의, 의회민주주의, 간접민주주의라는 용어를 섞어서 사용한다. 그는 "국민이 자신의 주권을 자신들이 선출한 대표를 통하여 행사하는 정부"가 대의민주주의이고, 좋은 대의제 정부는 그 구성원들, 즉 대표들의 자질에 달려 있다고 보며, 지식 · 도덕성(정직, 성실) · 행동성(용기와 적극성)을 대표의 자질을 구성하는 요소라고 보았다. 그에 따르면, 대의정부는 정부가 능력이 부족하여 정부의 기본 기능을 다하지 못하는 소극적 결함(negative defects)과 대표기구인 의회의 지적 능력 부족, 의회의 이익집단화 등 적극적 결함(positive defects)이 있다고 지적하였다(이근식, 2006: 211-247). 밀의 이러한 지적은 대부분 오늘날 사실로 확인된다. 즉, 각급 정부의 의회는 선거제도의 결함 등으로 최상의 후보를 대표로 선택하기 어렵다. 거기다가 의회와 그 구성원으로서 의원들은 특수 이익의 유혹이나 로비에 약하며, 심지어 각종 사회악과 결탁함으로써 악마에게 영혼을 팔고, 공익을 저버리는 경우도 허다하다.

대표민주제의 문제는 선거제도의 결함으로 인한 문제 외에도 대표에 의한 정치와 행정의 문제들이 1930년대에 시작되어 1980년대 뷰캐넌(James M. Buchanan) 등 일군의 학자들에 의하여 집대성된 공공선택론(public choice theory)에서도 여실히 분석되었다.[5] 즉, 시장이 아닌 정부에서 이루

5) 공공선택론은 정치행정 현상을 경제학의 관점에서 접근하는 일련의 지식이다. 소병희(2004: 13)는 공공선택론의 기본 가정으로 ① 교환으로서 정치, ② 방법론적 개인주의, ③

어지는 대표들에 의한 집합적 결정은 정치적 대표의 표극대화론(票極大化論)과 관료의 예산극대화론 등을 통하여 선출직과 관료는 자신의 사익 또는 집단이익을 선치시키는 행태를 드러낸다는 사실을 확인한 것이다(Mueller, 1979, 배득종 역, 1992; 나성린·전영섭, 1995; 하연섭, 2002; 소병희, 2006). 그러므로 인간의 제도는 결코 완벽할 수 없다는 명제는 진리이며, 다음에 살펴보게 될 미국 대표제의 문제들은 그 증거가 된다.

(2) 직접민주제

① 개념

직접민주주의(direct democracy)는 대표민주주의의 개념에 대비하여 "대표에 의한 정치나 정부 형태가 아니라 주권자인 유권자 시민이 직접 정책을 결정하고 집행하는 정치 양식"이라고 하겠다. 직접민주제의 원형은 고대 그리스의 도시국가 아테네(Athens)에서 찾는다.

② 아테네 직접민주제

기원전 5세기 일종의 직접민주제가 아테네에서 등장하였다. 아테네의 이러한 정치 체제에는 시민으로 간주하지 않는 여자, 어린이, 노예를 제외한 모든 시민이 출석할 권리를 갖는 민회(meeting of the citizen body)에 참석하여 토론을 거쳐 법률을 제정하였다. 아테네에서는 500명으로 구성되는 평의회(council of 500), 그 내부에 운영위원회(presiding committee)를 구성하였다. 이들이 민회에 의안(agenda)을 제출하였으며, 사법기관으로서 배심원과 법원을 구성하였다. 특히 아테네는 거의 대부분의 공직자를 선거가 아니라 추첨으로(by lot) 뽑았고, 단지 장군들(Lancaster & Roberts ed., 2004: 37-38)과 일부 행정관들은 선거로 뽑았다(Manin, 곽준혁 역, 2004: 31).

마넹은 아테네에서 사용하던 추첨제도 등을 선거와 비교하여 상세하게

경제적 인간을 든다. 그러므로 공공선택론은 정치와 행정을 시장과 같은 교환 또는 거래의 장으로 보고, 개인의 선호가 모여 집합적 선호를 이루며, 이러한 선택행동 또는 결정을 내리는 인간, 즉 정치가와 행정가도 합리적·이기적 존재로 간주하여 정부에 의한 경제활동 등을 분석한다. 공공선택론에 의해 정부의 적자재정 등을 설명할 수 있게 되었다.

소개하고 있는데, 그 내용을 추려보면 다음과 같다.

아테네에서 민회가 수행하지 않는 대부분의 업무가 추첨을 통해 선발된 시민들에게 위임되었다. 아테네 행정부를 구성했던 700명가량의 행정직 중에서 600명 정도가 추첨을 통해 충원되었고, 이들의 임기는 1년이었다. 행정직 추첨은 30세 이상의 아테네 시민으로서 행정직 후보를 지망한 자들을 대상으로 이루어졌다. 사법기관으로서 헬리아스타이(hēliastai)는 매년 30세 이상의 지원자 중에서 6,000명을 추첨하여 이들이 이후 1년 동안 배심재판소를 구성하며, 법정이 매일 열리고 출석한 배심원들 가운데서 다시 추

[그림 3-1] 아테네의 직접민주제

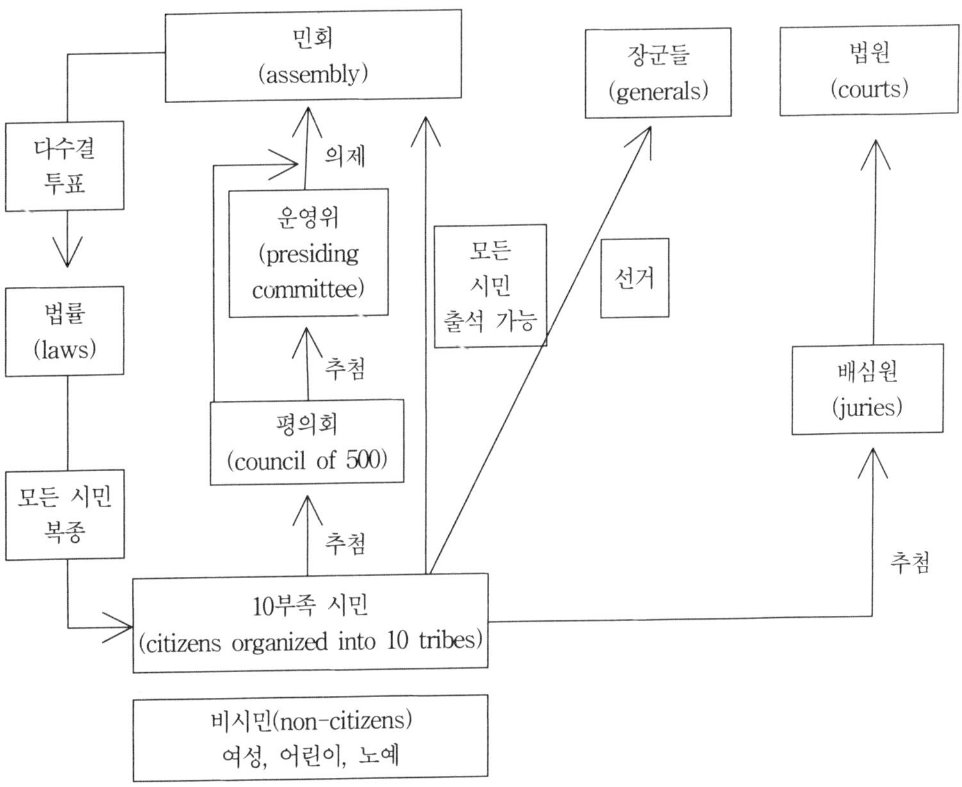

출처: Lancaster & Roberts ed., 2004: 37 box 3.1.

첨으로 필요한 재판관과 배심원을 뽑았다. 여러 법정이 동시에 열리므로 다시 어느 법정에 들어갈 것인지를 추첨으로 가렸고, 사안의 중요성에 따라 배심원은 501명, 1001명, 1,501명 또는 더 많은 수를 배정하기도 하였다(Manin, 곽준혁 역, 2004: 21-64).

이렇게 보면, 아테네의 직접민주제는 "모든 정치와 행정을 시민들이 직접 참여하고 결정하며 시행하는 방식"은 아니었다는 것을 알 수 있다. 그러므로 우리가 직접민주제라고 할 때, 모든 과정에 시민이 참여하여 모든 것을 직접 결정하고 집행하는 것을 지칭하는 것이 아니라는 점을 새겨둘 필요가 있다. 아테네의 직접민주제를 앞의 [그림 3-1]과 같이 나타낼 수 있다.

③ 현대의 직접민주제

아테네의 직접민주제 이후 12~13세기 스위스의 캔턴(Cantons)에서는 다양한 형태의 직접적인 형태의 통치 방식이 사용되었고(Butler & Ranney, 1994: 4; Cronin, 1999: 41), 종교적 자유를 찾아서 신대륙에 온 뉴잉글랜드 타운의 주민들은 1640년대 이후 주민총회(town meeting)라는 직접민주제를 실천하며 오늘에 이르고 있다(Zimmerman, 1967).

1776년 7월 4일 독립선언 후 미국은 1787년 5월 14일 필라델피아 헌법제정회의를 거쳐 공화제 또는 대표민주제 헌법을 제정하였다. 그 후 미국의 연방, 주, 지방정부에서 대표제는 오늘까지 대종을 이루고 있다. 무릇 인간의 모든 제도가 그러하듯 미국의 정치제도로서 대표민주제 역시 결코 완벽한 것이 되지 못하였다.

달(Robert A. Dahl)은 미국의 헌법은 노예제 존속, 여성과 원주민 등의 참정권 누락, 대통령 선출 방법 문제, 연방 상원의원의 주의회 간선제, 상원에서 각 주의 동등한 대표권, 사법부의 법률 위헌심사권, 입법부의 권한 제한 등 일곱 가지 비민주적 요소를 비판하였다. 그는 또 미국 헌법을 기초한 매디슨 등은 당대 최고의 지식이었음에도 미래의 변화를 예측하는 데 한계가 있었을 것이라고 지적하였다(Dahl, 박상훈 · 박수형 역, 2004: 95-100).

거기다가 이들은 대중의 정치 참여에 대한 우려와 정치적 대표가 될 엘리트에 대한 과도한 신뢰 등 편향된 인간관에 근거하여 정치제도를 기초하였다. 그러나 엽관제(spoils system)[6]와, 보스가 지역의 계층적 정당조직(political machine)을 통하여 선거를 좌우하는 정당정치(machine politics)가 결합되어 부작용을 낳았다. 즉, 정당조직과 이것을 후원하는 기업이 결탁하여 유권자에게 필요한 법률이 제정되지 않거나 주민의 이익에 반하는 법률이 마구 제정되기 일쑤였으며, 이런 일탈행위를 선출된 공직자들이 서슴없이 자행하였다.

이러한 정치제도의 피해를 겪는 사회집단, 즉 농민과 노동자, 여성, 그리고 이들의 참상을 지켜보던 각성된 양심적 지식인들이 정치와 사회문제를 해결하기 위하여 개혁을 지향하게 되었고, 그러한 개혁 장치 가운데 하나가 직접민주제였다. 즉, 주민을 위하여 필요한 법률을 제정하지 않는 의회를 대신하여 유권자가 직접 법률을 제정하는 주민발의제, 주민 이익을 외면하고 특수 이익을 위하여 악법을 제정하는 의회를 통제하기 위하여 의회가 의결한 법률이나 조례의 시행에 앞서 시행 여부를 유권자가 결정하는 주민투표제, 그리고 일탈을 일삼는 공직자를 통제하기 위하여 주민소환제를 채택한 것이다. 그러므로 아테네의 직접민주제와 현대의 직접민주제는 배경, 절차 등에서 차이가 있다.

④ 직접민주제의 한계

직접민주제도 결코 완벽하지 않다. 직접민주제는 두 가지 문제를 지적할 수 있는 바, 하나는 아테네의 직접민주제도 모든 절차와 내용을 직접 시민들이 주도하고 참여하여 결정하고 집행한 것이 아니라는 점(Manin, 곽준혁 역, 2004; Lancaster & Roberts ed., 2004)이다. 아테네의 정치와 행정의 많은 부분에 시민들이 추첨과 선거를 통하여 직접 참여하고 결정하지만, 평

6) 제7대 대통령 잭슨(Andrew Jackson)에 의하여 도입된 인사제도로서, 그는 대통령에 당선되자 선거를 도와 준 사람들을 대거 연방정부 공무원으로 채용하였으며, 이것은 마치 전쟁에서 승리한 장수가 부하들에게 전리품(spoils)을 나누어 주는 것과 유사하다고 하여 붙여진 명칭이다. 그러나 이 제도는 그 후 가필드(James Abram Garfield) 대통령의 선거를 도운 자가 공직을 주지 않는 데 불만을 품고 저격하여 사망한 사건이 발생할 정도로 문제가 되었다.

의회와 운영위원회 등을 구성하는 대표들을 통하여 정책 과정의 일부가 이루어졌다는 것이다.

직접민주제의 또 다른 문제는 참여가 확대된 현대 민주주의에서 직접민주제로써 모든 정치의 문제를 다루는 것은 거의 불가능하다는 점이다. 오늘날 직접민주제의 장치들을 주창하는 학자나 정치가들일지라도 직접민주제의 장치들을 대표제의 대체물로 간주하는 것이 아니라 보완제로 간주한다. 그리고 대표민주제 주창자들과 직접민주제 주창자들 간에 두 제도의 장점과 단점 또는 가치 논쟁은 여전히 진행 중이며, 여기서 직접민주제 장치의 많은 문제점을 지적한다.

3 대표민주제와 직접민주제의 혼합

가렛(Elizabeth Garrett, 2005, 2006)은 "미국인들이 직접민주제와 대표민주제 과정이 공존하는 주정부의 관할 속에 살고 있다"고 지적하였고, 슈라그(Schrag, 2008: 194-230)는 캘리포니아의 민주주의를 혼성 민주주의(hybrid democracy)로 표현하며, 볼러와 글레이저(Bowler & Glazer, 2008: 2-3)는 "인구의 70%를 넘는 미국인들이 살고 있는 24개 주가 직접민주제, 즉 주민발의, 주민투표, 주민소환제를 허용하고 있다는 점을 들며, 대부분의 미국인은 잡종 또는 혼성 민주주의 체제에 살고 있다"고 지적하였으며, 이런 표현은 이제 익숙하다. 이처럼 미국 민주주의는 대표민주제가 보편적 정치제도로 채택되고 있는 가운데 직접민주제가 채택되어 함께 운용되고 있어서 정당과 후보가 활동하는 방식, 이익집단들이 채택하는 전략, 정부의 통치 방식 등에 영향을 미치고 있다.

매디슨, 해밀턴, 제퍼슨 등 헌법 기초자들은 인민 주권을 인식하기는 하였지만, 인민에 의하여 직접 권력이 행사되는 것을 두려워하였고, 엘리트 대표들의 역량을 과신하면서 공화제 또는 대표제 정부를 채택하였으나 곧바로 권리장전을 보완해야 하였다. 또 100년 뒤에는 직접민주제를 채택하여 대표민주제의 문제를 치유하지 않으면 안 되었다. 미국의 사례를 보면서 인간의 제도가 완벽할 수 없다는 명제를 각성하면서 대표민주제와 직접민주제를 상호 보완적으로 결합시켜 정치제도로서 민주주의를 완성시키는 도정에 있다는 것을 알게 된다.

Chapter 04

주별 주민발의의 채택 과정

미국은 현재 24개 주가 주민발의제를 채택하고 있으며, 이 가운데 가장 먼저 채택한 사우스 다코타, 활용도가 가장 높은 오리건을 비롯하여 캘리포니아, 콜로라도, 노스 다코타, 애리조나, 워싱턴 주의 주민발의제 채택 배경과 과정을 살펴본다.

제 1 절 사우스 다코타의 주민발의제

주의 이름 다코타(Dakota)는 수(Sioux)족의 말에서 따온 것으로 친구(friend) 또는 동맹(ally)이라는 뜻이다 (Dye & MacManus, 2009: 30). 사우스 다코타(South Dakota)는 1898년 미국에서는 처음으로 시민들에게 주민발의와 주민투표를 허용하기 위하여 헌법을 개정하였다 (Piott, 2003: 16). 그래서 이 책에서도 사우스 다코타의 주민발의제를 먼저 소개하기로 한다. 참고로 미국 각 주의 주민발의제에 관한 내용은 슈미트(Schmidt, 1989), 파이엇(Piott, 2003), 워터스(Waters, 2003), 그리고 IRI의 자료들을 매우 중요하게 참조하였으며, 그 외 미국의 문헌들을 보충적으로 인용하였음을 밝혀둔다.

대표제 주정부에 직접민주제를 채택하여 제도를 개편하기 위해서는 상응하는 이유가 있었을 것이다. 여기서는 사우스 다코타 주가 주민발의제를 채택하게 된 배경과 과정 등을 살펴본다.

법률이 정책의 전형이라면, 무릇 정책은 목표를 갖게 되고, 대개 정부 정책의 목표는 문제의 해결 또는 새로운 상태의 실현이다. 주민발의는 대표가 아니라 시민이 직접 정책결정권을 행사하는 정치적 상호작용의 규칙 즉 제도인데, 왜 이러한 제도가 필요하게 되었는지 그 배경을 이해할 필요가 있다. 주민발의의 채택 배경은 미국 사회 전체가 당면하고 있던 사회적 상황과 사우스 다코타 주에 특유한 조건이 결합되어 있었다고 본다. 여기서는 구체적으로 사우스 다코타 주에 특유한 조건으로서 주민발의의 채택 배경을 소개한다. 주민발의 채택 배경은 주민들이 겪는 문제의 내용과 문제를 겪는 구성원들의 결집, 주도적 참여자, 법률 제정 등의 내용 등으로 정리할 수 있다.

1 사회문제와 피해집단의 대응

사우스 다코타를 미국의 통계청은 중서부로 분류하고 있으나 미국의 북중부로 보기도 한다. 1889년 11월 2일 미국의 주가 되었다. 1873년 양크타운(Yanktown)까지 철도가 개설되고, 1874년 블랙 힐(Black Hills)에서 금광이 발견되면서 형성된 골드 러시로 사우스 다코타에 정착하는 인구가 급증하였다.

사우스 다코타는 대개 세 개 지역으로 나누는데, 미주리 강을 경계로 남부와 서부로 나누고, 이들과 따로 블랙 힐 지역이다. 그런데 대평원(Great Plains)이 사우스 다코타 주 전체의 2/3를 차지하며, 농업은 역사적으로 경제의 핵심 요소이다. 지금도 농업은 이 주의 경제에서 큰 비중을 차지하는데, 소와 옥수수, 콩, 밀, 돼지 등 다섯 가지가 주산물이다. 그래서 농촌형 삶이 대종을 이룬다. 이러한 요인이 사우스 다코타 주민들의 문화에 강한 영향을 미친다(http://en.wikipedia.org/wiki/South_Dakota).

1800년대 후반 당시 사우스 다코타에서 농민들은 철도의 개설에 의한 박탈과 차별을 겪었고, 거기다 금광 종업원들의 열악한 노동 조건, 그리고 여성의 참정권 제한 등 사회문제가 제기되었다. 특히 농민들의 고통이 가장 핵심적 요소였다(Piott, 2003: 16-32).

사회문제의 원인으로 가장 비중이 크고 중요한 요소로서 1890년대 불경기는 농민을 비롯하여 노동자, 소비자와 납세자 등의 구성원들에게 심각한 피해와 불공정 사례를 낳아 집단 저항의 분위기를 불러일으켰다. 농민뿐만 아니라 도시 산업사회에서 소비자요 납세자인 주민들은 당시 불경기 때문에 산업자본주의의 실패에 놀라고 분노해서 그 해결책을 정치 체제에 요구하였다. 이 당시 농민들은 생산비에 크게 못 미치는 밀값과 불공정한 등급으로 손해가 발생하는데다 시장의 불경기가 계속되고, 또 곡물의 운송과 관련된 문제까지 발생하는데도 정부는 그러한 문제를 방관하는 인상을 줌으로써 농민들의 분노는 점점 더 커졌다. 그런데도 주정부 공직자들은 철도의 무료 통행증을 발급받아 특혜를 누렸다. 고통을 겪는 농민들이 철도 규제 등 문제 해결을 요구하였으나 부패, 수뢰 등에 연루된 정부의 대표들은 무대책으로 일관하며 이들의 고통을 외면하였다. 따라서 분노한 농민들은 농민보호연맹이나 농민클럽, 농업 관련 잡지 『서부의 농민(*Western Rural*)』의 발행인 조지(Milton George)가 조직한 북부농민연맹 등에 가입하였다. 이렇게 해서 고통받던 농민들은 그들의 피해를 막고 이익을 지키려면 결합된 힘이 필요하다는 점을 알고, 단체를 구성하게 된 것이다.

2 개혁운동의 주도자

사우스 다코타에서 주민발의를 규정하는 헌법의 주민발의, 즉 헌법개정 운동은 고통을 겪거나 피해를 입던 농민들이 문제 해결의 방안을 찾는 데서 시작되었다. 즉, 그 당시 미국 사회의 전반적인 불경기 속에서 철도 개설로 인하여 피해를 겪거나 차별을 당하던 농민들, 그리고 열악한 조건 속에서 빈곤을 겪는 기업가에 비하여 매우 불리한 처지의 노동자들, 참정권을 갖지 못한 여성 등이 각각 차별과 소외 등 문제를 안고 있었다. 이러한 문제를 해결하기 위하여 개별·집단별로 주정부, 특히 의회에 문제 해결을 요구하는 방식이었다. 그러나 기업과 결탁하고, 부패한 정치적 대표들이 이들 집단의 요구, 즉 문제 해결을 위한 정책결정은 외면하면서도 오히려 철도 승차의 공짜 혜택을 누리거나 선거에 후원금을 내거나, 아니면 뇌물을 제공하는 철도회사 등 기업을 편들며 특혜를 제공하는 법률 제정 등의 해악을 저질렀다.

이렇게 해서 사우스 다코타에서는 사회문제가 이제 공중문제(public problem)가 되었고, "철도와 독점기업들이 공화당과 공화당이 주도하는 주의회를 통제하며 해악을 자행함으로써 격발되었고"(Henry Loucks를 Piott, 2003: 25 재인용), 이제 공공의제(public agenda) 내지 쟁점(public issue)이 되었으며, 정책주도자(policy entrepreneur)가 필요한 상황이 되었다.

마침내 조지(Milton George), 룩스(Henry Loucks), 헤어 신부(Father Robert W. Haire), 키드(Walter E. Kidd) 등이 이러한 역할을 충실하게 수행하였다(Piott, 2003: 16-36). 이들의 헌신적인 노력에 힘입어 사우스 다코타의 헌법 개정을 통한 주민발의 및 주민투표 채택운동은 "미국에서 유일하게 지역 내에서 자생적인 역량에 의하여 성취한 사례"(Schmidt, 1989: 268; Waters, 2003: 391)로 평가되었다. 조지는 1880년대 초 농민단체를 조직하여 문제 해결을 주도하였으며, 1885년 2월 휴런(Huron)에서 확대된 농민단체가 결성되면서 룩스는 새로운 지도자가 되어 헌법개정운동을 주창하여 인도하였다. 그렇지만, 사우스 다코타의 직접민주제를 채택하기 위한 주민발의, 즉 헌법개정운동은 헤어 신부의 열정적이며 성공적인 노력과 키드의 노력을 중요하게 평가한다.

헤어 신부는 사우스 다코타의 헌법개정운동을 성공으로 이끌면서 미국에서 전국적으로 이 분야의 저명 인사로 부각되었고, 또 경험과 지식을 전파하였다(Cronin, 1989; Schmidt, 1989; Zimmerman, 1999). 헤어 신부는 종교적으로는 로마 가톨릭 신부이지만, 노동자단체인 Nights of Labor[1) 회

1) Knights of Labor는 1869년 펜실베이니아 주 필라델피아에서 창설된 미국에서 가장 크고, 가장 중요한 노동자단체로서 1일 8시간 노동, 어린이 노동 금지, 동일 노동에 동일 금임, 철도와 체신사업의 공유화 등을 주창하였다(http://en.wikipedia.org/wiki/knights of Labor).

원이며, 진보운동가요 사회주의자였다. 파이엇(Piott, 2003: 20- 36)에 따르면, 헤어 신부는 1870년대 초반 벨기에의 루뱅대학교에 3년간 머물렀으며, 이 시기에 스위스의 주민투표제를 공부하였을 것으로 본다. 그는 1874년 미시간에서 목회를 하다가 6연 후 다코타가 오늘의 사우스 다코타와 노스 다코타로 분리되어 미국의 주로 편입되기 바로 전에 다코타 영토(Dakota Territory)로 이주하였고, 1880년대 중반 그의 담당교구가 사우스 다코타의 애버딘(Aberdeen)으로 정하여졌다. 헤어 신부는 애초 '인민의회(People's Legislature)'의 설치를 지향하였으나 1885년이나 1886년 무렵 직접 입법(direct legislation)의 변화에 관하여 토의를 갖기 시작하였다. 그리고 이후 그는 사우스 다코타의 직접민주제를 채택하는 헌법개정운동이 완료될 때까지 온갖 노력을 다하였다.

3 헌법개정운동의 경과

농민단체, 노동자단체와 헤어, 록스 등 지도자들은 공화당이 주도하는 주의회를 대상으로 철도 등 독점기업을 규제하고 농민과 노동자의 피해를 방지하는 대책을 요구하였으나 1890년까지 주의회는 이들의 요구를 외면하였다. 그래서 당시 공화당 소속이던 록스는 공화당을 이탈하여 농민 및 노동자단체 등과 함께 휴런에서 7월 6일 독립당(Independent Party)을 창설하였으며, 독립당은 1개월 후 록스를 만장일치로 주지사 후보로 지명하였고, 11월의 주지사 선거에서 공화당 후보에 이어 2위의 득표를 차지하여 민주당 후보를 앞섰다. 1891년 주 의회가 개원하자 독립당과 민주당은 연대를 형성하였으나 개혁 법안을 전혀 통과시킬 수 없었다.

결국 피해를 겪던 주민과 개혁지도자들은 정당이 주도하는 주정부에서 할 수 있는 일이 없으므로 유권자 교육이 우선되어야 한다는 점을 알게 되었다. 따라서 사우스 다코타 주 내의 40여 개 신문의 편집자들은 '개혁을 위한 언론협회(Reform Press Association)'를 결성하였다. 농민-개혁언론의 선봉 『다코타 농민들(*Dakota Ruralist*)』은 록스와 헤어 신부의 개혁론을 갈파하였고, 이 때 스위스 제도를 본떠서 유권자들이 주의회가 제정하는 법률의 거부권을 행사하는 제도, 즉 주민투표도 포함하여 헌법개정운동을 전개하기 시작하였다. 이 신문은 1892년 5월과 6월 사이 3개 면 전부를 할애하여 주민발의와 주민투표를 소개하는 내용을 게재하였다. 주 내의 모든 신문이 주민발의와 주민투표 해설 문안과 팸플릿을 배포하였다. 이러한 노력을 통하여 주 내의 노동자들, 즉 철도 노동자, 석탄 및 금속 광부들, 전신전보 노동자, 인쇄 노동자, 건설 노동자 등의 주민발의와 주민투표에 대한 지지가 확산되었다. 이들 노동자들이 소속된 노동자단체의 지도자 파우덜리(Terence V. Powderly)는 설리번의 책, 『직접입법』을 읽도록 권장하고 또 주민발의와 주민투표를 지지하는 연설을 하였다. 이들의 가세로 1892년 처음으로 사우스 다코타 주민발의 및 주민투표 연맹(first Initiative and Referendum League)이 결성되고, 드디어 다양한 개혁 세력들이 결집되어 1896년 헌법개정운동을 전개하게 되었다. 주민발의 및 주민투표 연맹의 사무총장으로 노동자단체의 카우프만(W. H. Kaufmann)이 선임되었다. 그 해 주 선거에서도 개혁 세력들은 의회에서 주도 세력이 되지 못하였고, 독립당 주지사 후보 오즈델(A. L. Van Osdel)은 공화당 후보에게 패배하였다. 이번에도 공화당은 주의 모든 공직을 독식하였다. 이것은 곧 유권자들이 정치적으로 여전히 무력하고 경제적으로 착취당한다는 것을 의미하였다.

1894년 주의 선거도 앞 선거의 반복에 불과하였다. 그러나 농민과 노동자, 여성 등 피해집단의 불만과 요구는 증가하고, 개혁 세력은 확대되면서 1896년 주의 선거는 공화당의 독주를 장담할 수 없었다. 공화당은 연방 상원의원 페티그루(Richard F. Pettigrew)를 중심으로 하는 은 본위파 공화당원들(silver Republicans) 20명이 개혁 세력에 합류하였기 때문이다. 개혁 세력들은 금 본위파도 아니고 은 본위파도 아닌 절충 노선의 리(Andrew E. Lee)를 지사 후보로 선출하였고, 선거 결과 공화당의 링스루드(A. O. Ringsrud)를 이겼으며, 절충주의 노선에서는 주의 검찰총장, 철도위원회, 의회의 중요한 두 직책을 차지하는 등 주의회의 다수를 점하게 되었다.

의회의 개원을 앞두고 가장 중요한 쟁점은 철도 규제와 직접 입법이었다.

그리고 철도를 주의 평등실천위원회(State Board of Equalization)의 통제 아래 두는 파머-윌러 법안(Palmer-Wheeler Bill)을 제정하였다. 그러나 철도회사(Chicago, Milwaukee, and St. Paul Railroad)가 법원에 소송을 제기하였고, 법원은 이 법을 헌법 불합치로 판시하였다.

그럼에도 불구하고 이 법의 제정은 직접 입법운동을 고무시켰다. 개혁파의 하원의원 벤슨(Lars M. Benson)은 1897년 1월 15일, 주와 지방정부에서 법률안의 주민발의와 투표를 허용하는 헌법개정안을 발의하였고, 개혁파, 민주당, 공화당 등의 가세로 하원과 상원을 통과하였다. 남은 과제는 1898년 총선에서 이 헌법개정안을 유권자들이 투표로써 승인하는 것이었다. 총선을 앞두고 공화당 당직자들은 내키지 않았다. 결과는 오랜 공화당 지지의 정치문화로 인하여 유권자들은 상반된 선택을 하여 주지사 리를 제외하고는 개혁파들을 낙선시켰으며, 그 대신 헌법개정안은 주민투표에서 23,816 대 16,483으로 승인하였다.

그러나 개정된 헌법의 시행은 어렵게 보였다. 그것은 헌법개정안 속에 공공 평화, 보건, 안전, 주정부의 지원, 그리고 기존 제도의 보호를 위하여 필요한 경우 특정한 법률에 관해서는 주민투표를 적용할 수 없다는 조항이 포함되었기 때문이다. 이 조항으로 인하여 의회가 주민발의와 주민투표의 적용에 폭넓게 개입할 수 있었다. 필자가 보기에 사우스 다코타 주는 미국 역사상 처음으로 주민발의와 주민투표제를 허용하는 헌법 개정을 이루었지만, 그 활용도가 낮은 것은 바로 위와 같은 조건 때문이었다.

제 2 절 오리건의 주민발의제

오리건(Oregon) 주의 명칭에 관련된 정확한 유래는 알려져 있지 않으나 그 이름이 위스콘신 강의 일부로서 프랑스 지도에 있는 'Ouaricon-sint'라는 단어에서 유래하였다는 설이 있다(Dye & MacManus, 2009: 31).

역사적으로 16세기까지는 배녹(Bannock), 채스타(Chasta), 치눅(Chinook)

등 인디언의 영토였으나 17세기 후반 스페인계 유럽인들이 탐험하였고, 1778년 영국인 쿡(James Cook)의 북서로(Northwest Passage) 탐험 등을 거쳐 더 많이 알려지게 되었다. 그 후 1811년 영국계 탐험가 톰슨(David Thompson)의 탐험, 애스터(John Jacob Aster)가 컬럼비아 강 입구에 포트 아스토리아(Fort Astoria)를 세워서 그의 Pacific für Company의 서부 진출 거점으로 삼으면서 오리건 주에 유럽인들의 첫 정주지가 되었다. 그리고 1812년 영국과 미국 간의 전쟁 이후 양국 간 조약을 통하여 1848년 8월 14일 미국 관할지역을 오리건 영토(Oregon Territory)라고 불렀다. 이런 경로를 거쳐 1859년 2월 14일, 미국의 33번째 주가 된 오리건 주는 1880년대에 철도의 개설로 이 지역에서 생산되는 목재와 밀의 시장이 형성되어 발전하였고, 도시들도 빠르게 성장하였다. 오늘날 포틀랜드(Potland) 서쪽 실리콘 포리스트(silicon forest)에 위치한 인텔(Intel)의 공장이 최대의 고용을 이루고 있지만, 여전히 오리건 주의 중요 산업은 기름진 땅에서 생산되는 감자, 박하, 홉(hops), 사과 등을 주로 하는 농업이다. 물론 축산도 상당한 산업이다. 특히 오리건 주는 세계 4대 헤이즐넛(hazlnut) 생산지 가운데 하나이고, 미국 헤이즐넛의 95%를 생산한다. 인구는 2008년 현재 약 350만 명 정도이다. 이 주의 주도는 세일럼(Salem)이며, 가장 큰 도시는 포틀랜드로서 인구는 2009년 현재 582,130 명이다(http://en.wikipedia.org/wiki/Oregon #During_U.S._westward_expansion).

1 보스 지배와 대표제 정부의 타락상

오리건 주의 직접민주제 채택 배경은 사우스 다코타나 그 외 미국 서부 지역 각 주의 그것과 크게 다르지 않다. 각종 제도의 부작용이 불러온 사회 문제가 제도 개편의 출발점이다.

사우스 다코타 주의 주민발의 채택 과정에서도 소개된 대로 산업화와 도시화로 인한 사회 변화의 소용돌이가 일었고, 1890년대 초 불경기는 농민과 노동자들을 더욱 어렵게 만들었다. 이러한 사회경제적 문제는 대표제를 채택한 미국 각 주의 정치 체제, 즉 엄격한 계층적 정당조직과 이것을 장악한 지역정치의 보스, 그에게 충성하는 정당원, 이들에게 포섭된 유권자들, 그리고 뒷전으로 이들과 결탁하여 정치적 자금이나 뇌물을 제공하거나 아니면 보스를 대리인으로 삼은 철도회사 등 기업가, 즉 특수 이익은 정책을 통하여 공공문제를 해결하는 제도로서 기능하는 것이 아니라, 오히려 정치 영역뿐만 아니라 경제와 사회 등 각 분야에 연쇄적으로 문제를 일으켜 농민과 노동자, 여성 등 소외와 피해집단을 만듦으로써 지탄과 개혁의 대상으로 떠올랐다.

이러한 보스 지배 체제의 문제는 오리건에서도 예외가 아니었다. 파이엇에 따르면, 오리건 주정부도 사우스 다코타처럼 역시 정치적 신뢰의 위기를 맞고 있었다. 정당의 보스와 정당조직이 후보 지명과 선거 과정을 통제함으로써 선거는 타락하였고, 돈을 더 받으려는 유권자의 반복 투표가 일상화되었다. 사건 수임이 없는 변호사, 농사도 짓지 않는 농민, 사업 실패자, 술집 놈팽이, 독립기념일만 되면 열변을 토하는 웅변가들, 정치적 폭로자들로 의회를 채웠고, 보스를 지배하거나 후원하는 기업들이 의원의 후보 지명과 위원회 배정을 통제하면서 그들의 이익을 지키는 도구로 만들었다. 거기다가 제도상의 허점도 있어서 주의회가 연방 상원의원을 선출하는 간접선거제가 빚는 문제도 심각했다. 그 당시 7회의 연방 상원의원 선출 가운데 5회는 주의회의 전 회기를 전부 소진하였고, 그 중 2회는 아예 선출도 하지 못하였으며, 한 차례는 주의회를 구성하지도 못하였다고 주지사 기어(T. T. Geer)가 지적하였을 정도이다. 그래서 대표제 정부는 주권자인 주민의 수치가 되었고, 개혁의 대상으로 지탄받았다(Piott, 2003: 32-33).

2 농민과 노동자의 고충과 결집

파이엇은 "1880년대 크리지(A. D. Cridge)가 세일럼의 전위 및 독점반대론자 모임에서 직접 입법을 주창하고, 1884년 『전위(*the Vidette*)』의 편집인이 되어 직접민주제에 관하여 글을 발표하였으며, 실제적인 오리건 주의 직접민주제운동은 1892년 밀워키(Milwaukie)에서 열린 농민연맹(Farmer's Alliance) 회의에서 설리번의 책 『직접입법』을 읽고, 토론한 활동으로부터 시작되었다. 1892년 가을, 농민연맹의 지도자로서 과수원을 경영하던 정치 활동가 리웰링(Seth Lewelling)의 집에서 회의가 열렸고, 이 자리에서 터무니없는 철도 요금, 화폐의 품귀 현상, 재벌들에 의한 의회의 통제 등이 토론의 주제가 되었다. 리웰링 등은 확고하게 고충 상황을 인식하였으나 미국 사회에 닥친 이러한 재앙을 치유할 방법을 찾지 못하고 있었다. 그런데 설리번의 『직접입법』은 해답을 제시하고 있었던 것이다.

오리건 주의 철도 건설 등으로 철도 노동자들도 있었지만, 그 밖에 목수들, 담배공장 노동자들, 인쇄공 등 경제적 어려움을 겪던 각 분야 임금 노동자들이 모임을 결성하여 목공협회(Carpenters' Union), 담배노동자연맹(Cigarmakers), 인쇄공협회(Typographical Union) 등을 결성하여 중앙노동위원회(Central Labor Council)를 구성하였으며, 이들은 노동자단체인 Knights of Labor를 결성하여 사회적 약자로서 그들의 고충을 해결하기 위한 방안을 모색하였다(Piott, 2003: 32-36).

3 개혁운동의 주도자

오리건 주는 초기에 크리지와 같은 지식인, 리웰링 같은 농민 지도자 등이 상당한 역할을 수행하였지만, 농민과 노동자들의 고충을 해결하는 제도나 정책이 필요한 상황에서 유렌(William S. U'Ren)이라는 젊은 인재가 부각되었다. 그는 오늘날 오리건 주민발의제의 아버지라고 불릴 정도로 큰 역할을 수행하였다. 유렌은 위스콘신에서 대장장이의 아들로 태어났고, 그 자신도 대장간 노동자, 서점의 점원, 변호사, 언론 편집인 등의 직업을 거쳤고, 콜로라도, 하와이, 캘리포니아 등지를 거쳐 법률가가 되어 마침내 1889년 오리건 주의 밀워키에 법률사무소를 열어서 정착하였다.

유렌은 이미 1882년 콜로라도 주의 광산촌 틴컵(Tin Cup)에서 조지(Henry Grorge)의 책 『진보와 빈곤』을 읽고 단일세의 신봉자가 되었다. 그는 1890년대 오리건 주의 포틀랜드에서 현실 정치, 특히 비밀투표(Austrailian ballot)에 관심을 갖게 되었고, 마침내 1891년 이 제도가 채택되도록 이끌었다. 그는 이어 앞서 소개한 리웰링과 같은 농민지도자와 만났으며, 농민단체와 노동단체와 더불어 직접입법연맹(Direct Legislation League)을 결성하였고, 유렌은 이 단체의 사무총장으로 임명되었다. 그리고 1894년 그는 인민당(Populist Party)의 집회에서 의장으로 선출되었으며, 1896년 오리건 주 하원의원이 되어 직접 입법운동을 전개하였으나 1897년 임시회에서 그의 주민발의를 위한 개헌 발의안은 패배하였다. 그래서 그는 오리건 주 직접입법연맹의 기반을 넓혀서 은행가들, 주 변호사협회장, 스콧(Harvey W. Scott)과 같은 지역의 언론인들을 영입하였다. 그리고 다시 입법운동을 전개하여 1898년 오리건 주의회를 통과시켰다. 그리고 이러한 헌법개정안은 연속 2회의 회기에서 의결되어야 한다고 규정한 당시 헌법에 따라 1902년 최종 승인되었다(http://en.wikipedia. org/wiki/William_Simon_U'Ren; Piott, 2003: 33; Waters, 2003: 357-359).

제 3 절 캘리포니아의 주민발의제

캘리포니아(California)라는 이름은 스페인 정복자들(Cortez일 가능성)이 부여한 것으로, 스페인의 몬탈보(Garci R. de Montalvo)가 1510년에 쓴 소설, 「에스플랜디언의 모험(*Las Sergesde Esplandian*)」에 등장하는 말이며, 그 뜻은 지구상의 천국이라는 '상상의 섬(an imaginary island)'을 의미하였다(Dye & MacMunas, 2009: 30).

오늘날 태평양에 연한 서부 캘리포니아는 다양한 기후와 지리, 다양한 인구를 그 특징으로 지니고 있다. 휘트니(Whitney)산과 같은 고지대와 죽음의 계곡(Death Valley)과 같은 저지대가 있으며, 중심부는 세계에서 가장 농업 생산성이 높은 곡창지대 가운데 하나이다. 주의 약 40% 정도가 숲이지만 상대적으로 건조한 땅이다. 처음에는 스페인 식민지였으나 1846년

소노마(Sonoma)에 살던 일단의 미국인들이 멕시코로부터 캘리포니아공화국(California Republic)으로 독립을 선언하였고, 멕시코는 전쟁을 거쳐 결국 미국에 이 땅을 떼어 주었으며, 1850년 9월 9일 미국의 서른한 번째 주가 되었다.

19세기 골드 러시는 캘리포니아 주에 극적인 사회·경제·인구의 변동을 가져왔으며, 20세기에는 로스앤젤레스를 중심으로 영화 등 세계 엔터테인먼트 산업의 중심지가 되었고, 여행산업도 활발하다(http://en.wikipedia.org/wiki/California).

파이엇(Piott, 2003: 148-169)에 따르면, 캘리포니아 주에서 직접입법제도를 수립하기 위한 노력은 주와 지방정부의 수준에서 정당조직이 통제하는 정치(machine-controlled politics)에 대한 불만이 늘어나면서 나타난 것이다. 대표제 정부는 시민의 의사에 무반응이었고, 의회는 특수 이익의 선호에 편향되어 있었다. 파이엇이 제시한 내용을 중심으로 하고, 워터스(Waters, 2003)와 슈미트(Schmidt, 1989) 등을 참조하여 살펴본다.

1 사회집단의 불만과 연대 형성

캘리포니아에서 철도[2]와 같은 민간기업, 전기, 수도 등 공기업의 독점은 대개 그 피해집단이 농민과 도시 노동자들이었으며, 굿윈(Lawrence Goodwyn)에 따르면, 농민들의 고통은 곡물담보제도(crop lien system)에서 비롯되었고, 그 결과 농민의 협동운동으로 전개되었으며, 마침내 인민당과 함께하게 되었다(Goodwyn, 1978: 20-54). 즉, 텍사스와 루이지애나 농민들

2) 조지(Henry George)는 16세 이후 42세까지 샌프란시스코를 중심으로 캘리포니아에 각종 직업을 전전하며 살아서 1870년대 캘리포니아 주민들의 참상, 특히 철도 개설에 따른 토지 가치 급등과 그 후의 불황 등을 겪게 되었다고 지적하였다(George, 김윤상 역, 2009: 264). 이러한 불황은 결국 토지를 갖지 못하거나 가졌더라도 자본의 수탈구조에 노출된 농민들이 더 큰 피해를 겪게 되었다. 특히 그는 뉴욕에서 샌프란시스코 헤럴드 특파원으로 일하는 동안 뉴욕의 진보와 진보의 그늘로서 빈곤이 함께하는 모순 현상, 즉 상충적 문제 상황을 주목하였고, 그래서 책 제목도 *Progress and Poverty*라고 정하였다.

이 중심이 된 전국농민연맹(National Farmers Alliance and Cooperative Union)이 1890~1892년 전개한 농민의 협동운동 강연의 영향을 받아 캘리포니아 주에서도 자신들의 이익을 지키기 위하여 많은 농민들이 인민당원이 되었다(Goodwyn, 1978: 182).

19세기 말과 20세기 초 미국 서부의 각 주에서 개혁운동이 성행하였고, 캘리포니아에서는 철도와 그 외 악의적인 이해집단들의 영향권에 있는 주정부를 정화할 의도를 가진 강력하고 분노에 찬 개혁운동이 이루어졌다. 이들 개혁 세력들은 자신들의 아이디어가 의회에 의하여 차단당한다고 생각하였으며, 캘리포니아 개혁을 위해서는 스위스처럼 직접민주제 개혁이 필요하다고 생각하였다. 즉, 농민, 도시노동자, 중산층 양심 세력 등은 당시 미국 사회의 개혁주의(progressivism)의 사회적 흐름에 합류하였고, 함께 연대하여 해결 방안을 모색하게 되었으며, 인민당을 창당하여 독점기업의 규제, 정치적 부패의 통제와 인민 주권의 실현, 금주운동의 실천 도구로 주민발의와 주민투표를 통한 직접 입법, 그리고 부정·부패 등 일탈을 일삼는 정치인을 통제하기 위한 주민소환제 등을 주창하였다. 그러기 위하여 직접입법연맹(Direct Legislation League)의 지부가 결성되었다.

2 개혁운동의 주도자

캘리포니아 주의 개혁운동은 텍사스 등지에서 시작된 농민연대의 확대운동에 따라 조직이 이루어지기 시작하였으며, 노동연맹 또한 유사한 경로를 따랐다. 그래서 이러한 단체의 지도자들이 선도적 역할을 수행하는 가운데 특별한 신념을 가진 지식인 지도자가 가세하여 주도적 참여자 그룹을 형성하였다. 파이엇(Piott, 2003: 148-169)이 언급한 캘리포니아 직접 입법 주도자들은 다음과 같다.

특히 포메로이(Eltwood Pomeroy)가 뉴저지 주에서 제1차 전국직접입법연맹 회의를 소집하였을 때, 캘리포니아에서는 로스앤젤레스의 딜런(Henry C. Dillon)과 샌프란시스코의 케이터(Thomas V. Cator)가 대표로 참석하였고, 딜런은 전국직접입법연맹의 집행위원이 되었다.

또 오리건 주 직접 입법의 주창자 크리지(Alfred Cridge)가 1877년 샌프란시스코로 이주하여 언론인으로서 활동을 시작하였고, 그는 그 후 20년간 단일세, 직접 입법, 비례대표제 등을 주창하면서 유명 인사가 되었다. 특히 크리지는 주민발의와 주민투표를 지방정부의 헌장(charter)에 규정하는 데 기여하였다. 샌프란시스코에서는 1898년 5월 28일 임시투표를 통하여 직접 입법 조항이 포함된 새로운 자치헌장을 주민투표에 부쳐 가결되었고, 1899년 주의회의 비준을 거쳐 1900년 1월 1일부터 시행되었다.

3 주민발의제의 채택 경과

캘리포니아 주에서 주민발의는 지방정부에서 먼저 시작되어 주정부 수준의 주민발의로 전개되었다.

1) 지방정부의 주민발의제

파이엇(Piott, 2003: 148-169)에 따르면, 캘리포니아에서는 지방정부에서 직접입법운동이 먼저 전개되어 결실을 이루었다. 바로 앞에서 소개한 대로, 1899년 샌프란시스코에서 주민발의와 주민투표제가 채택되었고, 1906년 샌프란시스코에서는 또 지역정치의 보스인 슈미츠(Eugine Schmitz) 시장의 독직사건이 발생하여 개혁운동을 촉진시켜 결국 주 공직자 후보의 직접예선제도(direct primary)를 채택하게 되었다(Mathews & Paul, 2010: 25-26). 샌프란시스코에 이어 로스앤젤레스로 직접입법운동이 이어졌다. 즉, 로스앤젤레스의 자치개혁연맹(Municipal Reform Association), 좋은 지방정부 추진연맹(League for Better City Government), 도시 개혁가들은 샌프란시스코에 본부를 둔 남태평양철도(Southern Pacific Railroad)가 그 회사의 정치국(Political Bureau), 토지담당관인 파커(Walter Francis Xavier Parker)가 보스가 되어 정당조직을 지배하면서 그의 수하들을 로스앤젤레스 시장과 시의원 후보로 지명하여 당선시키고, 이들이 남태평양 철도회사의 이익을 관철시키는 현상을 저지하기 위하여 직접 입법을 추진하였다. 1898년 로스앤젤레스에서도 자치헌장 개정을 위한 기초위원회를 구성하였고, 기독교 사회주의자 블리스(William Dwight Porter Bliss)가 활발하게 움직였으며, 또 좋은 지방정부 추진연맹의 헤인스(John Randolph Haynes) 박사가 함께하였다. 헤인스는 헌장기초위원회 위원장을 맡았으며, 1900년에는 블리스의 개혁철학을 따라 로스앤젤레스 지역 기독교사회주의 클럽의 회장을 맡았다. 헤인스는 주민발의, 주민투표에다 미국 지방정부 어디에서도 채택하지 않은 주민소환제를 부가하여 자치헌장 개정안을 제안하여 미국 주민소환제의 아버지(Father of the Recall)로 알려지게 되었다.

1902년 3월부터 헌장기초위원회는 수정작업을 시작하였고, 6월 초에는 주민발의, 주민투표, 주민소환 조항이 포함된 헌장안을 만장일치로 가결하였으며, 주민소환제는 지방자치개혁연맹도 지나치게 실험적이라는 이유로 반대 의견이 제기되었을 정도였으나 헤인스 등의 노력으로 주민투표에서도 무난히 가결되었고, 마침내 1903년 1월 로스앤젤레스의 자치헌장 개정안은 캘리포니아 주의회의 승인도 받았다.

2) 주정부의 주민발의제

헤인스는 로스앤젤레스 지역에서 직접입법운동을 효과적으로 전개하고, 또 주정부 수준에서 직접입법운동을 전개할 목적으로 1902년 캘리포니아 직접입법연맹(Direct Legislation League of California)을 개편하였다. 헤인스는 이웃인 오리건 주에서 주민발의와 주민투표를 허용하는 헌법개정안이 주민투표를 통하여 승인되자, 이에 고무되어 캘리포니아 주의 직접입법운동에 박차를 가하였다. 캘리포니아 직접입법운동에는 노조와 여러 농민클럽들이 가세하였고, 헤인스는 또 종교지도자 13명의 직접 입법에 대한 지지를 확보하였으며, 또 저명 인사들에게 사신(私信)을 보내어 협력해 줄 것을 호소하였고, 정당도 접촉하여 민주당의 지지 약속을 받았다.

주의회의 1903년 회기가 시작되었으며, 하원의 캠프(Edgar Camp) 의원의 소개로 직접 입법을 위한 헌법개정안의 발의와 함께 헤인스 박사는 개인적으로 2만 2천 명의 서명을 받아 헌법개정안 청구를 접수하였다. 그러나 캘리포니아 주 직접입법운동은 아직 정치적 힘이 부족하여 주의회의 하원은 통과하였으나 상원에서 부결되고 말았다.

그럼에도 불구하고 1905년 의회 임기 중의 개헌을 위하여 헤인스 박사와 개헌운동가들은 지지의 확대를 위한 노력을 지속하면서 미국 여성참정권연맹(National American Woman's Suffrage Association)에도 참여와 지지를 호소하였고, 헤인스 박사는 개인적으로 직접 입법을 위한 로비스트를 고용하였다. 그리고 1904년 캘리포니아 주 선거에 후보들의 지지를 약속받기 위한 활동을 계속하였다. 그런데, 헤인스 박사 일행의 노력에도 불구하고 남태평양철도의 정치국장 헤린(William F. Herrin)의 강력한 반대활동에 부딪쳤다. 헤린은 직접입법운동을 저지하기 위하여 법률 자문료, 철도 무임승차권, 특별 할인운임, 선거운동 후원금 등을 무차별적으로 동원하여 민주당과 공화당의 후보 지명에 개입하였다. 이렇게 직접 입법을 위한 지지와 반대운동이 널리 전개되는 가운데서도 개헌운동의 저변을 강화하는 흐름이 형성되었는 바, 1903년부터 1910년까지 새크라멘토를 비롯하여 19개 주요 지방정부에서 직접입법제도가 채택된 것이다. 샌프란시스코는 1907년 11월 주민소환제까지 채택하였다.

캘리포니아 주의 직접 입법을 위한 헌법개정운동은 또 1904년 로스앤젤레스 시 제6선거구 시의원 데이븐포트(James P. Davenport)를 미국 지방정부 최초로 주민소환제를 통하여 해임하였고, 1909년 3월 26일에는 남태평양철도와 결탁한 혐의로 하퍼(Arther Harper) 시장을 미국 지방정부 최초로 해임함으로써 직접입법운동의 동력을 증가시켰고, 또 전국적 관심을 끌었다. 이렇게 해서 점차 캘리포니아 유권자들은 정치적 대표들이 진정한 대표가 아니라 기업의 하수인에 불과하다는 사실을 깨닫게 되었다. 그리고 시민들은 남태평양철도에 의하여 조종되는 정당과 그 후보들을 불신하여 좋은 로스앤젤레스 시정부운동을 펼치던 운동가들은 독립적인 정당조직을 가동시키기 시작하였고, 이들은 1906년 지방선거에서 23명의 시의원 가운데 17명을 당선시킴으로써 기염을 토하였다. 독립된 정당조직을 가동하여 성공을 거둔 이들 지도자 15명은 1907년 5월 21일 로스앤젤레스에서 다시 개혁운동의 확장 가능성을 토의하였으며, 공화당 성향의 사람들도 정치적 개혁의 장치로서 예비선거의 유권자 직선제, 연방 상원의원의 직선제, 주민발의와 주민투표, 주민소환제 등에 관심을 집중하였다.

한편 공화당 성향의 독립적 정치조직 운동가들은 1907년 8월 1일 오클랜드에서 처음으로 주 전체 회합을 가졌고, 회원도 50여 명으로 늘었다. 이들은 자신들의 모임을 링컨-루스벨트 공화당원 모임(League of Lincoln-Roosevelt Republican Clubs)[3]이라고 정하였다. 이들은 하나같이 남태평양철도회사가 지배하는 정당조직의 폐해를 극복하기 위하여 후보직선제(direct primary)를 강력하게 지향하였고, 그렇게 해서 정직하고, 능률적이며, 독립적이며, 개혁 지향적인 공직자 후보를 찾고자 하였다. 1908년 가을 지방선거에서 링컨-루스벨트연맹은 자기들과 취지를 함께하는 후보를 지지하기로 하였고, 이렇게 되자 캘리포니아 직접입법연맹은 다시 활력을 얻고 헌법개정운동을 계속하였다. 캘리포니아 북부의 조직은 제이콥스(Isidor Jacobs)와 유렌(Milton T. U'Ren)이 담당하고 남부의 조직은 헤인스 박사가 주도하여 선거를 치렀고, 일정한 성과를 거두었으나 주의회가 개원하자 전략적으로 주민발의 조항만 강조하며 헌법 개정을 시도하였으나 남태평양철도회사의 방해로 상원에서 15 대 20으로 부결되고 말았다. 그러나 링컨-루스벨트연맹이 추구하던 후보직선제법(direct primary law)과 철도규제법(railroad regulation law)을 건졌으나 이마저 위원회에서 물타기가 이루어졌다.

캘리포니아 직접 입법 개헌운동은 1910년 말 지방선거를 겨냥하여 활동하였다. 링컨-루스벨트연맹은 주지사 후보로 존슨(Hiram Johnson)을 내세웠으며, 주 공화당도 새롭게 구성하여 개혁운동에서 주장하는 직접 입법을 강령에 포함시켜 공화당 후보들이 압승을 거두었고, 일단 남태평양철도회사의 영향을 차단하는 데 성공한 것으로 보였다. 공화당 당선자들은 1911년 정치적 의제를 정리하여 직접 입법 개헌을 확인하였고, 마침내 존슨 주지사는 취임사에서 인민정부를 실현하기 위하여 첫 단계 구상으로 주민발의, 주민투표, 주민소환의 채택이 이루어져야 한다고 강조하였다. 의회가

3) 줄여서 Lincoln-Roosevelt League로 더 알려져 있다.

개원하자 로스앤젤레스의 상원의원 게이츠(Lee C. Gates)와 오클랜드 출신 하원의원 클라크(William C. Clark)가 직접 입법을 위한 헌법개정안을 발의하였다. 주민소환제 조항에 관하여 논란이 있었으나 주민발의, 주민투표, 주민소환 등 직접민주제의 세 장치가 모두 상원과 하원에서 통과되었다. 그리고 1911년 10월 10일 마침내 임시선거를 실시하여 직접 입법 조항이 포함된 헌법개정안은 투표에서 주민발의와 주민투표 조항은 찬성 16만 8천 744표 대 반대 5만 2천 93표로 승인되었고, 주민소환 조항도 의외로 찬성 17만 8천 115표 대 반대 5만 3천 755표로 승인되었다.

제 4 절 콜로라도의 주민발의제

콜로라도(Colorado)라는 명칭은 스페인어의 '붉은(red)'이라는 뜻이며, 이 말을 콜로라도 강(Colorado River)에 처음으로 사용하였다(Dye & MacManus, 2009: 30). 스페인 사람들이 이렇게 부른 것은 붉은 색의 토양 때문이다. 즉 '붉은 색깔'을 번역한 말이 'Colorado'였다. 콜로라도 주는 로키산맥의 남부를 포함하고 있고, 대평원의 서쪽 끝을 이루면서 미국 전체의 남서부를 이룬다. 콜로라도는 독립선언 후 100주년이 되는 1876년에 미국의 38번째 주로 수용되어 그 별명도 백 년된 주(Centennial State)이다. 그리고 콜로라도는 유타(Utah), 와이오밍(Wyoming)과 함께 자연적 경계가 아니라 위도를 통하여 주 경계가 설정된 주로서 위도 북위 37도에서 북위 41도, 경도 서경 102도 03에서 서경 109도 03까지 장방형 구역이다(http://en.wikipedia.org/wiki/Colorado).

파이엇(Piott, 2003: 120)은 개혁의 성공은 풀뿌리 시민집단과 리더십의 연합에 의하여 이루어진다고 지적하였다. 콜로라도 주에서 주민발의를 비롯한 직접 입법, 그리고 여러가지 개혁은 이 틀에 따랐다. 다음에 주민발의의 채택 배경으로 시민집단이 겪은 사회경제적 문제를 개관하고, 콜로라도 주의 주민발의를 위하여 활동한 리더십 등을 소개한다.

1 사회경제적 문제

미국이 1803년 프랑스로부터 로키산맥 동부를 구입하면서 이 지역 지배가 시작되었고, 우여곡절을 거쳐 오늘의 콜로라도 주로 경계가 설정되었다. 로키산맥 동부의 콜로라도는 해발 평균 고도가 1,000m에서 2,000m 사이이며, 로키산맥 동부의 평원은 농사를 위주로 하고, 또 금과 은 등 광물 채취도 초기부터 중요한 산업이었다.

1867년 연합태평양철도(Union Pacific Railroad)가 개설되었고, 1869년 5월 10일에는 로키산맥 서부 유타 주의 중앙태평양철도(Central Pacific Railroad)와 연결되었다. 1872년 콜로라도 서남부 유테(Ute)인디언 보호구역의 산후안(San Juan) 산맥에서 커다란 은 광맥이 발견되면서 1873년 인디언을 이주시켰으며, 1878년 리드빌(Leadville)에서 은 광맥을 발견하여 붐을 일으켰고, 1890년 셔먼 은 구매법(Sherman Silver Purchase Act)은 은광 개발을 촉진하였다. 1893년 이 법의 폐지는 곧 콜로라도의 광업과 농촌경제의 붕괴를 초래하였다.

파이엇은 콜로라도 주 역시 금이나 은과 같은 서부의 광물자원의 채취를 위주로 하는 자본주의 경제의 붐과 침체의 영향 속에 있었으며, 광산 개발, 철도 개설, 관개시설 개발 등의 건설사업이 외부 자본주의 소유와 통제 아래 이루어졌다는 특징이 있다고 지적하였다. 콜로라도 주의회는 외부 자본의 투자를 촉구하였고, 이들 기업들은 대개 별다른 규제가 이루어지지 않는 환경 속에서 기업을 운영하며 이윤을 획득하였다. 이러한 자유방임형 경제에서 기업가의 마음은 견제장치가 없는 가운데 탐욕스럽게 광산을 경영하였고, 농장을 임대하였으며, 경제는 인플레이션으로 치달았다. 특히 콜로라도에서 경제적 디플레이션은 1893년 여름이 가장 극심하였다. 그것은 바로 콜로라도 주의회가 은 구매법을 폐지한 해이다. 이 법의 폐지로 기업 지배적인 정치경제의 기반이 흔들리게 된 것이다. 광산과 제련소가 폐쇄되었고, 철도회사는 재산관리(receivership)에 들어갔고, 은행도 실패하였으며, 기업은 활동 불능에 빠졌고, 실업은 심각했으며, 농장은 빚이 쌓였고, 따라서 불만은 폭증하였다(Piott, 2003: 109-110).

이런 조건들 속에서 주민발의 등 직접 입법은 콜로라도의 다양한 세력들, 즉 도시 소비자들, 납세자들, 조직된 노동자들, 개혁주의자들, 진보적 민주당원들 등이 공동의 장을 마련하여 협력하면서 그들의 요구를 반영시키기를 거부하는 지배적 정치문화를 돌파하며 많은 우여곡절을 거쳐 이루어낸 것이다.

2 개혁운동의 주도자

콜로라도 주의 직접 입법을 위한 헌법개정운동도 시민들의 연합과 함께 앞장서서 헌법개정운동을 이끌고 실천한 지도자들이 있었다.

콜로라도 주 각계의 폭증하는 불만이 표출하면서 1891년에 창설된 인민당(People's Party)의 총재로서 주지사로 당선된 웨이트(Davis H. Waite)를 들 수 있다. 그는 반독점 정책을 강력하게 천명하였으며, 주민발의와 주민투표를 규정하는 헌법개정안의 채택을 강조하였으나 시기상조였다. 이렇게 되자 공화당을 비롯한 콜로라도 주 내의 보수진영의 반대를 불러온 것이다(Piott, 2003: 110).

콜로라도 주 주도 덴버에서 『로키마운틴 뉴스(*Rocky Mountain News*)』에 직접 입법에 관한 칼럼을 쓰며 스위스의 직접민주제 경험을 소개한 쿡(Persifor M. Cooke), 변호사이면서 법률에 관한 저술가로서 1893년 통과된 여성참정권 법안을 기초한 밀스(J. Warner Mills) 등도 일정한 역할을 하였다. 밀스는 공기업의 지방자치단체 소유, 금주운동, 단일세 제도, 직접입법 등에 적극 나섰고, 1896년 전국직접입법연맹 회의에 콜로라도 주 대표로 참가하였으며, 1906년까지 콜로라도 주 직접입법연맹 총재를 맡았다.

1896년 창설된 콜로라도 주 노동연맹(Colorado State Federation of Labor: CSFL)의 텀(Otto F. Thum)도 직접입법운동의 주도자 가운데 하나이다. 그러나 텀을 비롯한 노동단체는 정치적으로 독자적인 길을 걸었다. 물론 이들도 노동자들의 어려운 상황을 타개하기 위하여 직접 입법의 필요성을 인식하였으므로 강령에는 주민발의와 주민투표제의 창설을 포함시켰다.

변호사이자 정치가인 러시(John A. Rush), 전 덴버 시장 맥머레이(Thomas S. McMurray), 콜로라도 직접입법연맹 총재 가브리엘(John H. Gabriel), 신문사주이자 정치가인 패터슨(Thomas M. Patterson), 1910년 8월 9일 주지사의 권한에 근거하여 의회에 임시회의 소집을 요구하여 직접 입법과 관련된 주민발의와 주민투표를 가장 중요한 의제로 상정하였던 섀프로스(John F. Shafroth) 지사 등이 직접 입법을 위한 헌법개정운동을 이끌었다.

3 헌법개정운동의 경과

콜로라도 주의 직접 입법을 위한 헌법개정운동은 덴버 시의 조례제정운동과 이것으로부터 확산된 주 헌법개정운동의 두 갈래가 드러난다.

1) 덴버 시의 직접입법운동

콜로라도 주 전체의 경제 불황으로 인하여 불만이 고조된 가운데 1891년 인민당이 창당되고, 1892년 선거에서 인민당 총재 웨이트가 주지사로 당선되었다. 그는 취임하자마자 채무자의 형평성, 노동자의 권리 보호, 고용의 유지 등을 위한 정책을 시도하고, 노동자와 농민, 독점기업 서비스 고객의 피해와 정당조직의 횡포를 막기 위한 장치로서 주민발의와 주민투표 등이 포함된 헌법 개정 활동을 전개하였다. 그러나 공화당을 중심으로 한 보수진영과 민주당의 반발을 불러일으켰다.

웨이트의 주지사 활동은 콜로라도 주의 인구의 중심이며 정치적 주도 덴버 시와 관련된 몇 가지 사건을 통하여 지방자치 개혁운동, 즉 직접 입법의 필요성을 덴버 시민들이 각성하는 계기를 이루었다. 웨이트는 덴버 시의 정당조직을 통제하기 위하여 소방 및 경찰위원회에 2명의 인민당 출신 위원을 임명하였으나 이들이 정당과 경찰의 부패에 관한 조사를 회피하였기 때문에 이들을 해임하고, 새로 2명의 소방 및 경찰위원을 임명하였다. 그러나 이들 역시 조사를 회피하였고, 해임 결정을 하였으나 새로 임명된 2명은 해임을 수용하지 않고 오히려 해임의 부당성을 들어 사법기관에 소송을 제기하였다. 이 사건은 2명의 위원이 시청사에서 바리케이드를 치고 농성하고 웨이트 지사는 해임을 관철하기 위하여 주 민병대를 동원하는 일로 확대되어 이른바 콜로라도에서는 '시청사에서 벌어진 전쟁(City Hall War)'으로 알려졌다.

이러한 일련의 사태를 거쳐 웨이트 지사는 1894년 선거에서 패배하였고, 덴버 시 정가에 평화가 왔으나 덴버 시민들로 하여금 정치적 무력감을 절감하게 만들었고, 특정한 기업들, 즉 연합상수도공사(Union Water Company), 덴버 트램웨이공사(Denver Tramway Company) 등이 요금을 속이거나 공기업의 자치단체 소유 여부를 두고 주민투표를 실시하는 일에도 시의원들에게 뇌물을 제공하여 방해하고, 또 주의회까지 회유하는 등 덴버 시정부에 과도한 권력을 행사한다는 점을 인식케 하였다. 이렇게 해서 1894년 덴버 시에는 덴버지방자치연맹(Municipal League of Denver)을 결성하였고, 직접 입법을 포함하는 덴버시 '자치헌장(home rule charter) 제정운동'을 전개하게 되었다.

시민단체연합은 1895년 시장선거에서 기업들과 결탁하지 않은 맥머레이(Thomas S. McMurray)를 시장으로 선출하였고, 1897년 선거에 재선되었다. 맥머레이 시장은 기존의 자치헌장에 의하여 시장의 개혁 지향 정책이 거의 불가능하다는 사실을 알았으나 결국 1899년 선거에서는 개혁 대상 기업들, 즉 전화, 수도, 가스 및 전기, 트램웨이공사 등이 민주당 시장 후보를 지명하고 당선시킴으로써 시민들은 재차 정치적 무력감을 절감하게 되었다. 시민단체들은 후보 지명과 선거에서 아무런 역할도 할 수 없었다. 그럴수록 시민단체들은 덴버 시 자치헌장을 개정하여 직접 입법을 도입할 필요성을 강하게 느꼈다. 그러기 위하여 이들은 시민교육과 조직화의 필요성을 절감하였다.

이런 상황에 맞추어 쿡(Persifor M. Cooke)과 밀스(J. Warner Mills) 두 지도자가 나섰다. 쿡은 『로키마운틴 뉴스』에 주민발의, 주민투표에 관한 칼럼을 게재하고, 주 의원으로 활동하는 동안 직접 입법을 주창하였다. 그리고 변호사인 밀스가 가세하였으며, 그는 1890년대 적극적으로 정치에 참여하였다. 앞서 소개한 대로 그는 여성참정권법안을 기초하여 통과시키는 데 기여하였다. 1896년 그는 또 전국직접입법연맹의 콜로라도 대표로 참여하였으며, 집행위원이 되었다. 1906년까지 그는 콜로라도 직접입법연맹 총재를 역임하였다. 그리고 1896년 창설된 콜로라도 인쇄노동자연맹의 회장 텀(Otto F. Thum), 콜로라도노동자연맹(Colorado State Federation of Labor: CSFL)도 자치헌장 개정에 참여하였으나 이들은 독자적 노선을 유지하였다. 이들 조직은 8시간 노동제, 고용주 책임제, 회사의 전표(scrip) 제도 폐지, 공기업의 자치단체 소유제, 주민발의와 주민투표제의 채택 등을 포함하는 광범위한 개혁과 헌장개정안을 마련하였다. 그러나 "한 회기에 한 조항만 개정할 수 있다"는 헌법의 독소 조항으로 인하여 이들은 아예 헌법 개정이 불가능하다는 사실을 알게 되었다.

직접 입법을 위한 헌법개정운동을 전개하던 노동단체 등은 "한 회기에 6개 조항까지 개정이 가능하도록 규정하는 개헌안"을 발의하였고, 1900년 선거에서 유권자의 투표로써 채택하였다. 이렇게 헌법 개정의 조건을 확장한 개헌운동 세력은 덴버 상공회의소, 법률가이면서 정치가인 러시(John A. Rush), 전 시장 맥머레이, 검찰총장 밀스, 언론사주로서 정치가인 패터슨, 당시 민주당 지사인 오먼(James B. Orman)의 지지 속에 밀스와 러시가 기초한 자치헌장 헌법 조항의 개정안이 1901년 의회를 통과하였다. 그리고 지방의회에는 자치단체의 공기업에 대한 전적인 통제권을 부여하였으며, 소방 및 경찰 부서와 건설부서도 자치단체의 소관 사항이 되었다. 또한 이렇게 해서 덴버 시는 자치헌장을 제정할 수 있게 되었고, 또 직접 입법을 위한 주민발의와 주민투표에 의한 조례 제정도 가능하게 되었다.

덴버 시는 헌법의 허용에 따라서 1903년 7월 2일 자치헌장기초위원회를 구성하였고, 여기에는 러시, 키팅(Edward Keating), 밀스, 가브리엘 등이 참여하였다. 그러나 정당조직과 자치단체 소유를 반대하던 독점기업의 방해로 1903년 9월 22일 주민투표에 부쳤으나 1만여 명의 부정 투표가 난무하면서 부결되었다. 그리고 12월 8일 제2차 헌장기초위원회를 선출하여 구성하였으나 정당조직과 독점기업은 헌장기초위원들을 회유하여 개혁과 거리가 먼 유명무실한 헌장안을 기초하였고, 이 헌장안은 1904년 3월 쉽게 주민투표를 거쳐 승인되었다.

2) 주 헌법개정운동

덴버 시의 자치헌장 채택을 위한 헌법 개정이 이루어졌음에도 불구하고 여전히 주정부 수준의 개혁은 공화당 주지사 피버디(James Peabody)를 필두로 하여 정당조직과 독점기업들의 반대와 방해로 진전을 이루지 못하였다. 그러다가 스피어(Robert W. Speer)가 이끄는 덴버 시의 공화당 조직에 이탈이 생기면서 1908년에 제2차 기회가 왔다.

전 공화당원이던 섀프로스(John F. Shafroth)가 민주당으로 당적을 바꾸었는데, 그는 콜로라도 주 정치에서 정직과 성실의 대명사로 평판이 높았다. 그는 주민발의와 주민투표 등을 골자로 하는 개혁안들을 정강과 정책으로 하여 주지사 후보가 되었고, 압도적으로 당선되어 공화당 중심의 보스정치에 대한 시민의 승리로 평가되었다. 1909년 민주당의 개혁적 정강 및 정책은 의회에서 이것을 지지하는 민주당과 스피어에 추종하는 공화당과 일부 민주당 간의 대결로 전개되었다. 개원 초의 조짐으로 개혁파 후보 힉스(H. A. Hicks)가 아니라 민주당 중에서도 스피어에 충성하는 러버스(H. L. Lubers)가 하원 의장으로 선출된 사건은 개혁이 험난한 과정임을 예고하였다.

이 과정에 린제이(Ben Lindsey) 판사의 덴버 시 청소년 사법 체제(Denver's juvenile court system)에 관한 추적 보도 전문 문필가 스테픈스(Lincoln Steffens)의 글을 통하여 공기업들이 주의 정치에 저지른 행위들이 폭로됨으로써 개혁의 분위기를 조성하는 데 도움을 주었다. 특히 1910년 5월 17일 실시된 덴버 시 지방선거에 앞서 그 전문이 출간됨으로써 그 영향이 증폭되었다. 이러한 반향은 그 해 지방선거에서 독점기업 덴버연합상수도공사(Denver Union Water Company: DUWC)의 20년간 지속된 연고권이 만료되는 시점이 1910년이었기 때문이다. 이러한 공기업의 자치단체 소유와 관련된 논쟁이 뜨겁게 전개되었다. 이 논쟁에 수돗물소비자연맹, 무역 및 노동위원회, 인쇄공연합, 담배회사노동자연맹 등이 모두 자치단체 소유의 이점을 주창하였다.

이런 분위기 속에서 새프로스 주지사는 앞 회기에서 보스와 정당, 독점 기업 등의 방해로 다루지 못하였던 개혁안들을 다루기 위하여 임시회 소집을 요구하였다. 오리건 주의 헌법개정안을 모델로 하여 콜로라도 직접입법 연맹이 기초한 개혁안을 스키너(Onias C. Skinner) 의원이 하원에 발의하였고, 하원에서는 약간의 수정을 거쳐 통과되었다. 그러나 상원에서는 민주당 구파 정치인들의 저항이 있었고, 이들은 헌법개정안에서 주민발의와 주민투표의 요건을 강화하는 등 대폭 수정을 가하려고 하였으나, 공화당 의원 11명과 민주당 의원 19명이 합세하여 하원이 통과시켜 상원으로 이송한 원래의 헌법개정안을 30 대 2로 가결하였다.

절차에 따라 이 헌법개정안은 최종적으로 주민투표에 부치게 되었으며, 1910년 11월 총선에서 찬성 89,141명, 반대 28,698명으로 압도적 지지를 받아 승인되었다.

제 5 절 노스 다코타의 주민발의제

다코타(Dakota)는 수(Sioux)족의 말로 친구(friend) 또는 동맹(ally)이라는 뜻이다(Dye & MacManus, 2009: 30). 노스 다코타는 미국 북부의 중간에 위치한 주로서 대평원에 자리잡고 있으며, 특히 평원 중에서도 고도가 높은 곳이다. 대부분의 지역은 초지를 이루고 있다. 기후 조건은 대륙형으로 겨울은 추워서 최하 영하 섭씨 51도를 기록할 정도이고 여름은 또 섭씨 최고 49도까지 올라갈 정도로 덥다.

인디언이 살던 곳에 프랑스인들과 캐나다인들 간의 거래가 이루어지면서 유럽인들이 들어왔고, 1804년에는 미국 육군에 의한 탐사가 이루어졌다. 오늘날의 노스 다코타 주는 1803년 루이지애나(Louisiana) 매입에 따른 것인데, 1889년 11월 2일 미국의 주로 편입되기 전까지 대개 다코타 영토(Dakota Territory)라고 불렸다. 이때 남북 다코타로 나누어 미국의 주로 편입되었다.

농업은 석유산업, 농산물 가공산업과 함께 노스 다코타 주의 가장 중심적인 산업이다. 농산물은 보리, 해바라기씨, 밀 등이 주산물이다(http://en.wikipedia.org/wiki/North_Dakota).

파이엇(Piott, 2003: 206-228)은 노스 다코타 주의 주민발의제도 채택 과정을 정리하고 있다. 특징적인 것은 단일의 정당에 의하여 주민발의를 포함하는 개혁안이 줄기차게 반대를 겪었으며, 또 다른 주에서는 개혁운동을 함께 전개하던 금주운동 세력들이 이곳에서는 오히려 주민발의제도의 채택을 지연시키는 세력이 되었다는 점이다. 다음에 개혁운동의 동인으로서 사회문제의 내용, 개혁운동의 주도자, 헌법개정운동의 경과 등으로 나누어 살펴본다.

1 피해집단의 대응

1880년대에 미국 전역이 경제적으로 어려웠다는 점은 앞에서도 지적한 바 있다. 노스 다코타 주는 당시 주산물인 밀을 생산하는 농민들과 독점적인 철도, 밀 가공업자들 간에 심각한 문제를 겪고 있었다. 노스 다코타 주민들이 안고 있는 문제는 첫째, 밀값이 생산비를 훨씬 밑돌아 어려움을 겪고 있는데다 둘째, 밀의 구매자들이 밀값을 공정하게 매기지 않았으며 셋째, 밀 구매자들이 이러한 횡포를 부릴 수 있었던 것은 미니애폴리스에 소재하는 밀가루 생산업자들이 카르텔을 형성하여 경쟁을 배제하였기 때문이다. 거기다가 넷째, 독점적인 철도회사들이 밀의 운송노선을 통제하며 운송비를 멋대로 올리고, 또 운송 차량의 배정에 횡포를 부렸기 때문이다. 그래서 농민들은 노스 다코타 주의회에 법률을 개정하여 철도위원회를 설치하여 이들의 독점에 따른 횡포를 막고, 또 공정거래의 질서를 확보하도록 요구하였다.

그러나 농민들의 고통은 방치되었고, 이들의 제도 개편 요구는 계속 외면받았다. 주의회를 비롯하여 정부는 독점기업들의 대리인으로서 주의 정치계를 좌지우지하는 보스 매켄지(Alexander McKenzie)의 영향과 그 영향권 속에서 노스 다코타 주의 정치를 지배하던 공화당(Grand Old Party: GOP)[4] 때문이었다. 파이엇(Piott, 2003: 207)에 따르면, 매켄지 권력의 원천을 기업들과의 결탁 관계에서 찾는 바, 그 당시 자유방임제의 미국 경제 체제에서 각 주 단위로 독점을 누리던 철도회사, 보험회사, 은행, 운수회사(line), 곡물집하장 등 회사 소유주가 주의 외부에 있는 회사들의 노스 다코타 주 대리인(agent)으로 행세하면서, 이들 회사의 이익을 지키기 위하여 그들을 편드는 정치인들을 포섭하였고, 나중에 정치자금의 후원을 통하여 영향력이 커지자 공화당의 공직 후보를 결정하는 당원모임에도 개입하여 보스 매켄지의 정치적 수족들을 후보로 만들었다. 이 후보들은 매켄지와 독점기업의 정치자금을 지원받아 당선된 다음 매켄지와 그가 대리하는 독점기업을 위하여 정책을 결정하고 집행하였다. 그러므로 노스 다코타 주의 정치와 경제는 외부 자본의 수중에 놓였고, 또 그러한 자본, 즉 독점기업들의 대리인이자 노스 다코타 주의 정치적 보스 매켄지의 수중에 있었기 때문에 농민들의 고통보다 독점회사들의 이익이 우선하였고, 정책 과정에서 농민들의 이익, 그리고 개혁 요구는 외면당할 수밖에 없는 상황이었다. 이런 상황이 지속되면서 점점 더 농민의 고통은 커졌고, 이러한 상황을 지켜보며 문제 해결의 필요성을 공감하는 양심적 지식인이나 지도자들이 나타나 중요한 역할을 수행하는 점도 다른 주와 공통점이다.

2 개혁운동의 주도자

파이엇(Piott, 2003: 206-228)은 노스 다코타 주의 주민발의제 채택을 향한 개헌운동의 특징을 세 가지로 든다. 첫째, 특정한 한 정당조직과 그 보스의 반대로 인하여 채택이 늦어진 점과 둘째, 특정한 개인의 노력을 중심으로 개헌운동이 이루어진 점, 셋째, 금주운동단체가 자신들의 금주운동에

4) Grand Old Party는 1854년 노예제도 반대를 정강으로 하여 창설된 공화당의 별명이다.

장애 요인이 될 것을 우려하여 거의 마지막 단계까지 주민발의제 채택을 반대하였다는 점이다.

여기서는 노스 다코타 주의 주민발의제를 포함한 개혁운동을 주도한 참여자들을 살펴본다. 먼저 노스 다코타 주에서 정치적 보스와 독점기업들로 인하여 피해를 가장 집중적으로 겪던 농민들은 주의회의 대응에 실망한데다 1890년 여름 극심한 가뭄으로 어려움이 가중되자 9월에 독자적인 정당, 즉 독립당(Independent Party)을 결성하고 전 농민단체회장이던 무어(Walter Muir)를 주지사 후보로 채택하였으나 당선되지 못하였다.

밀값이 폭락하고 또 전국적으로 실망스러운 공화당의 정책 선택으로 1982년에 제2의 기회가 왔다. 독립당은 인민당의 정강을 수용하여 두 정당이 주지사 후보로 농민단체회장 쇼트리지(Eli Shortidge)를 선정하여 주지사로 당선시키는 데는 성공하였으나 공화당과 그 보스 매켄지의 영향으로 아무런 개혁을 이루지 못하고 실패하였다. 오히려 몇 가지 정책실패로 1890년대 상당 기간 진보주의는 노스 다코타 주에서 정치적으로 세력을 잃고 말았다.

이렇게 되자 농민들의 고통은 가중되었고, 농민들에게 공감한 지식인 지도자가 바로 유엘랜드(Lars A. Ueland)이다. 그는 원래 위스콘신 주 출신이지만 아이오와 주에서 대학을 마치고 농사를 짓다가 1887년 다코타 영토로 이주하였고, 밀 생산과 원예업으로 성공하였으며, 농민단체에서 지도자로 부각되었다. 그리고 정치에도 관심을 가져 공화당 소속으로 1889~1890년 주의회 의원이 되었다. 그는 의원직 첫 임기에 공화당 정책과 괴리를 느끼고 독자적인 정치노선이 필요하다는 점을 알게 되었다. 그는 독립당-인민당 연대를 모색하였으며, 1892년 네브래스카 주 오마하(Omaha)에서 개최된 인민당 전국회의에 참석하여 직접 입법의 아이디어와 개혁주의 언론의 필요성을 알게 되어 새로운 각성을 이루었다. 그 이후 유엘랜드는 직접 입법 등 개혁운동에 헌신하였으나 보스 매켄지와 공화당의 방해, 금주운동연합의 반대 등으로 거듭 실패하자 그는 자신의 꿈을 접었다. 1909년 그는 농장을 처분하고 오리건 주로 이주하기까지 노스 다코타 주의 시민들에게 '새로운 사고의 자양(food for thought)'을 제공하며 시민교육의 성과를 남겼다.

주민발의를 비롯한 직접입법제도가 주목을 받게 된 것은 영향력 있는 개혁운동가로서 신문 『그랜드 포크스 헤럴드(*Grand Folks Herald*)』의 발행인인 윈십(George B. Winship)이 그의 정책의제로 채택하면서 중요한 계기를 이루었다. 그는 공화당 인사이면서도 매켄지 등 깡패 정치인(gang politicians)들의 공화당 지배에 비판적이었으며, 1897년 그는 이 구도를 깨뜨리기로 결심하였다. 이렇게 해서 공화당 내에 매켄지파(stalwarts)와 개혁파(insurgents)로 분열이 생겼고, 그는 1899년부터 공개적으로 직접 입법 등 개혁을 부르짖었다. 그리고 그는 1900년 당원대회에서 개혁파 주지사 후보로 지명되었으나 매켄지파에 패배하였다. 그러나 윈십의 노력은 공화당 1당 지배를 깨뜨리며 개혁운동의 여지를 넓히는 데 기여하였다.

타운리(Arthur C. Townley)도 정당과 상관없는 개혁운동을 위하여 리더십을 제공하였다. 그는 원래 사회주의당 소속이었으나 보웬(Albert E. Bowen)과 함께 비정당제제연맹(Nonpartisan League)을 결성하였고, 1915년 2월 평등을 지향하는 사회(Society of Equity)[5]의 회의에서 알게 된 우드(F. B. Wood)와 셋이 함께 비정당개혁연합을 주도하며, 주정부가 소유하는 농산물 집하장, 밀가루공장, 포장공장, 냉동저장시설, 곡물검사 및 저장시설, 농장 개선 비용의 면세, 우박보험, 농업신용은행 설립 등을 개혁정책으로 내세웠다. 그리고 이들은 위와 같은 정책들이 실현되기 위해서는 노스 다코타 주 헌법이 먼저 개정되어야 한다는 사실을 알았기 때문에 헌법 개정운동에 매진하였다.

3 개헌운동의 경과

정치적 보스와 독점기업들로 인하여 가장 피해를 집중적으로 겪던 농민

5) 정식 명칭은 the American Society of Equity로서, 1902년에 미국 농업협동조합과 정치조직들이 참여하여 결성하였다. 설립 목적은 당시 피해를 입던 농민들을 제3의 세력(a Third Power)으로 대두시키는 것이었다 (http://en.wikipedia.org/wiki/American Society of Equity).

들은 주의회의 대응에 실망한데다 1890년 여름 극심한 가뭄으로 어려움이 가중되자 9월에 독자적인 정당, 즉 독립당(Independant Party)을 결성하고 전 농민단체회장이던 무어(Walter Muir)를 주지사 후보로 선출하였다. 그러나 늦은 창당과 후보 지명 등으로 낙선하고, 8명의 독립당 소속 의원을 배출하는 데 그쳤다. 그 사이 의회가 몇 가지 개혁적 법안을 가결하였으나 당시 공화당 소속 주지사 버크(Andrew Burke)가 모두 거부권을 행사함으로써 다시 농민들을 좌절시켰다.

밀값이 폭락하고 또 전국적으로 실망스러운 공화당의 정책 선택으로 1892년에 제2의 기회가 왔다. 독립당은 인민당의 정강을 수용하여 두 정당이 주지사 후보로 농민단체 회장 쇼트리지(Eli Shortidge)를 비롯하여 주정부 공직에 모두 후보를 내세웠으며, 총무성 장관(secretary of state)을 제외한 공직을 차지하는 승리를 거두었다. 그리고 주지사 쇼트리지는 주정부가 소유하는 농산물 집하장을 건설하겠다고 약속하였다. 그러나 개혁을 위한 법률안은 의회를 장악하고 있던 공화당과 공화당을 지배하던 보스 매켄지의 의도에 따라 지연전술, 심지어 삭제, 법률안의 절취, 파기 등 온갖 방해공작 때문에 실패하였고, 쇼트리지 주정부도 실패했다.

1892년 유엘랜드(Lars A. Ueland)가 네브래스카 주 오마하에서 열린 인민당 전국대회에 참석하여 직접 입법의 아이디어를 접하고 각성을 이루어 개혁운동의 주도적 참여자가 될 때까지 쇼트리지 이후 노스 다코타 주의 개혁운동은 추진 동력을 얻지 못하여 주민들은 공화당과 그 보스 매켄지의 지배에 묵종할 수밖에 없었다. 유엘랜드는 주의회 하원의원이 되어 1893년 처음으로 주민발의와 주민투표를 포함한 법률안을 발의하였으나 개혁안에 대한 교육 효과, 생각의 자양을 공급하는 정도에 그친 채 공화당과 매켄지의 반대로 실패했다. 그리고 수년 간 직접 입법은 노스 다코타 주에서 진전을 이루지 못했다.

1894년 노스 다코타 주 인민당에서 그들의 정강에 직접 입법을 포함시켰고, 1896년 전국 인민당에서도 직접 입법을 정강에 포함시키면서 직접입법운동이 진보 세력 전체로 확산되었다. 이렇게 해서 노스 다코타에서 직접 입법 법률안은 매 회기 발의되었으나 1899년까지 실패를 거듭하였다.

직접입법운동이 이러한 실패를 거듭하게 된 요인으로는 독점기업들과 그 대리인이자 공화당의 보스 매켄지의 반대도 영향을 미쳤지만, 앞에서 지적한 대로 노스 다코타 주에 특이하게도 기독교인 금주운동 여성연맹(Women's Christian Temperance Union: WCTU)이 1882년부터 활동을 시작하였고, 이들은 1889년에 실시된 주민투표를 통하여 찬성 18,552 대 반대 17,393의 아주 근소한 차이로 금주 조항을 규정한 헌법개정안을 통과시켰다. 이들은 항상 주조회사들이 금주해제 헌법개정안을 재발의하는 것을 우려하였다. 그런데다 이들은 주민발의와 주민투표와 같은 직접 입법 장치를 주조회사들이 이용할 수 있다고 보고 항상 직접입법운동을 경계하였다. 이런 상황에서 유엘랜드는 주정부의 공직과 연방 하원의원직에 도전하였으나 실패하였고, 1896년 7월 21일 세인트루이스(St. Louis)에서 열린 전국직접입법연맹(National Direct Legislation League) 창립대회에 주 대표로 참석하였으며, 노스 다코타 주 조직을 맡을 부총재 겸 7명의 집행위원 중 하나로 선출되었다. 그렇지만 노스 다코타 주에서는 직접입법운동 조직을 구성하지 못하고, 킹(Catherine King) 개인의 활동에 그치다가 1902년 미국인민주권연맹(People's Sovereignty League of America)의 하부 조직으로서 주민발의연맹(North Dakota Referendum League)이 조직되었고, 이들 조직이 1906년 8월 '인민 통치를 위한 전미연합(National Federation of People's Rule)'으로 통합되면서 노스 다코타 주에서 직접입법운동이 자리를 잡았다.

노스 다코타 주에서 난공불락처럼 여겨지던 공화당과 보스 매켄지의 지배에 균열이 생긴 것은 공화당 인사 윈십(George B. Winship)이 매켄지 등을 '깡패 정치인들(gang politicians)'이라 부르며 이들을 몰아내자고 주장하면서 일어났다. 곧 매켄지와 그 일행은 공화당의 '매켄지파(stalwarts)'로, 윈십 등 개혁 지향적 인사들을 '반대 분자(insurgents)'로 부르며 대립하게 되었다. 1902년 9월 킹이 주민투표연맹(Referendum League)을 처음으로 조직하면서 진전을 이루었다. 그리고 1903년과 1905년 두 임기 중 직접 입법안이 발의되었으나 WCTU가 그들의 우려를 지우지 못하고 직접입법에 반대하는 로비를 전개하였고, 이것은 매켄지 등에 의하여 악용되어 직접입법안은 패배하였다. 윈십 등은 공화당 수구파에 의하여 당원 직선에 의한 공직 후보선거를 위한 법안조차 저지되자 노스 다코타의 좋은 정부운동(Good Government League of North Dakota)을 조직하여 독점기업-보스 지배 정당의 통치를 극복하자고 주창하였다.

개혁입법운동을 고무한 사건으로서 매켄지가 골드 러시(gold rush) 열풍에 휩싸여 1900년 알래스카 금광회사(Alaskan Mining Company)를 설립하여 투기하였고, 이것을 관리하기 위하여 불법적으로 친분 관계를 이용한 죄로 매켄지는 체포되었다. 그리고 매켄지 자신을 위하여 거짓 주장을 펼쳐서 법정모욕죄로 1년형을 선고받은 일이 추적 보도자의 글을 통하여 1906년에 한 잡지에 게재된 것이다. 이렇게 되자, 공화당의 수구파와 개혁파 간 균열은 고조되어 1906년 당 대회에서 마침내 개혁파가 이탈하여 개혁 지지자인 민주당 주지사 후보 버크(John Burke)를 지지하였다. 개혁연합 세력은 공직 후보 직선제, 조세 평등, 아동 노동 금지, 철도규제법, 금주, 주민발의와 주민투표제 등을 포함하는 개혁법안들을 준비하였다. 진보적 공화당원들과 민주당원들은 1907년 회기에는 유권자들이 정부에 대한 직접적 통제권을 행사할 수 있기를 바라고 좀 더 확대된 공직 후보 직선제와 직접 입법(주민발의와 주민투표) 등 두 가지 개혁안을 준비하였다. 마침 유엘랜드도 1906년에 하원의원으로 선출되었고, 두 개혁장치를 포함하는 헌법개정안을 발의하였다. 주민발의는 5% 유권자 서명을, 주민투표는 8% 유권자 서명을 요건으로 규정하였다. 이 때 금주운동가들을 달래기 위하여 동일한 조항의 헌법 개정은 10년에 한 차례만 가능하도록 규정하였다.

공화당과 매켄지 등 수구파와 개혁파 간에 뜨거운 논쟁이 전개되었고, 주민발의 조항을 뺀 수정안이 하원을 통과하였다. 그러나 공화당 수구파가 지배하는 상원에서 수구파와 금주운동 진영의 격렬한 반대에 부딪혔다. 이들은 법안의 내용을 그들의 의도대로 수정하여 통과시켰다. 하원으로 돌아온 개정안은 다시 원래의 주민발의와 주민투표를 채택하는 개헌안을 53 대 40으로 통과시켰다. 그리고 통과된 개헌안은 노스 다코타 법률에 따라 주민투표에 부치기 전 단계로 다음 회기, 즉 1909년 의회에서 재차 통과되어야 하였다. 그러므로 이 개헌안을 통과시키기 위하여 선거전을 겸한 개헌안 홍보전을 치열하게 전개해야 하였다. 이들은 1907년 여름 노스 다코타 직접입법연맹(North Dakota Direct Legislation League)을 발족시켰다. 전국직접입법연맹(National Direct Legislation League)의 총재 쉬블리(George H. Shibley)도 후원에 나섰다. 그러나 유엘랜드는 그 자신이 금주운동가 후보 세일스(C. H. Sheils)에게 패하여 낙선하였고, 더 이상 개혁법안을 끌고 갈 힘을 잃었다.

의회가 개원되자, 개혁파는 토레슨(Martin Thoreson) 의원이 전 회기에 통과된 개혁법안을 발의하였고, 수구파는 헌법의 주민발의 개헌 조항을 빼고, 서명 요건도 주민발의 20%, 주민투표 15%로 강화한 대체안을 발의하였다. 수구파가 장악하고 있던 상원에서는 상원대로 경쟁적인 개헌안을 발의하였다. 이렇게 하여 개혁법안은 교착 상태에 빠졌다. 이렇게 되자 유엘랜드는 개혁의 꿈을 접고, 농장도 매각한 다음 오리건 주의 로스구르그(Rosegurg)로 이주하여 버렸다. 버크 주지사는 재선에 성공하여 개혁법안을 추진하려고 노력하였다. 주의회는 금주운동가들이 발의한 헌법을 제외한 법률에만 주민발의와 주민투표를 허용하는 개헌안, 금주해제운동 세력의 개헌법안, 수구파들의 입장을 반영한 개헌 법안, 그리고 개혁주의자들의 개헌법안, 즉 도일-플오니하르 법안(Doyle-Ployhar Bill) 등 네 개 안을 검토하였다. 도일-플오니하르 법안을 상원에서 심의한 결과 24 대 24 동수를 이루었고, 부지사에게 결정권을 행사하게 하였으나 그는 부지사 직위를 지킬 욕심으로 개헌안을 부결시키고 말았다. 결국 하원에서 금주운동가들의 개헌안과 금주해제운동가들의 개헌안을 회부하였고, 하원은 두 안 중 표결하거나 심의와 의결을 1915년 회기로 연기하는 방안을 선택해야 하였다. 하원은 미봉책 입법을 선택하였고, 1914년 총선에서 두 법안을 유권자의 투표에 부쳤고, 금주운동가들의 개헌안은 찬성 48,783 대 반대 19, 964로, 금주해제 개헌안은 찬성 43,111 대 반대 21,815로 승인되었다. 그러나 노스 다코타는 농민들이 주류를 이루는 주였고, 농민들이 겪던 문제는 여전히 해결되지 못하고 있었다. 그래서 1907년에 창설된 농민들의 평등을 지향하는 평등사회(American Society for Equity)는 1915년 회의가 끝나자 독점기업들의 문제를 해결하기 위하여 인민당의 타운리(Arthur C. Townley)

와 함께 비정당제연맹(Nonpartisan League)을 지향하게 되었고, 이들은 각종 기업의 주정부 소유를 주창하였다. 그렇지만 이들은 기업의 주 소유를 실현하기 위해서는 먼저 주 헌법 개정이 선행되어야 한다는 사실을 알았다. 그래서 이들은 주민발의제를 이용하여 1918년 총선의 투표를 통한 헌법 개정을 시도하였다. 1918년 총선은 비정당제연맹이 승리하여 하원과 상원 모두 다수를 차지하였다. 유권자들은 비정당제연맹이 제안한 개헌안, 즉 주민발의와 주민투표 조항의 개정을 찬성 47,447 대 반대 32,598로 승인하였다. 이렇게 해서 노스 다코타 주 헌법은 1914년 주민발의와 주민투표제보다 한층 더 진보된 내용을 갖추었으며, 또한 의회는 독점기업의 폐해를 막기 위하여 주창된 기업의 주 소유제를 실시하기 위하여 산업위원회(Industrial Commission)를 설립하였다.

제 6 절 애리조나의 주민발의제

애리조나(Arizona)라는 이름의 유래는 몇 가지 갈래가 있다. 하나는 피모(Pimo) 인디언 족의 '작은 샘이 있는 곳(little spring place)'이라는 말의 스페인어 표현 또는 아즈텍(Aztec)의 '은을 품은(silver-bearing)'이라는 뜻의 arizuna에서 유래하였다(Dye & MacMunas, 2009: 30). 또 다른 주장은 역시 스페인어 'zona arida(arid zone)'를 줄인 것이 Arizona라는 것이다(http://en.wiki pedia.org/wiki/Arizona).

애리조나는 1848년에 미국이 매입하였으며, 당시 1,000명 미만의 히스패닉이 거주할 정도였고, 1860년 인구 통계도 6,482명으로 집계되었으며, 이 가운데 4,040명이 인디언이었다. 1912년 2월 14일 미국의 48번째 주로 승인되었으며, 그랜드 캐년(Grand Canyon)으로 유명하고, 그 외 국가 지정 산림, 공원 등으로 알려져 있다. 그리고 애리조나는 인디언 나바호 족(Navajo Nation), 호피족(Hopi tribe), 아파치족(Apache Peoples)이 살았다.

애리조나의 경제는 5개 C, 즉 구리(copper), 목화(cotton), 소(cattle), 귤

(citrus), 기후(climate, 관광자원으로서)에 달려 있다고도 한다. 목화를 미국에서 가장 많이 생산하는 주이며, 구리는 지금도 노천 광산에서 채집할 정도이며, 미국 전체의 2/3를 생산한다(http://en.wikipedia.org/wiki/Arizona).

1 사회문제와 피해집단의 대응

1880년대 후반 미국의 사회, 경제, 정치적 상황은 유사하였다. 먼저 사회적 조건은 급속한 산업화와 도시화가 이루어지고 있었다. 그러므로 산업화는 자본과 노동을 중심으로 빈부의 격차를 낳았고, 또 농촌사회에서 도시사회로의 변화를 선도하였다. 따라서 사회 전체적으로 새로운 생활 양식과 규범이 생성되는 혼란을 겪어야 하였다.

여기다 다른 주의 주민발의제 채택 과정에서도 소개한 대로 미국 전체의 경제 상황의 악화는 농민, 노동자 등이 경제적으로나 사회적으로 약자의 지위에 놓였고, 여기에 정치적으로 참정권이 제한된 여성 등이 소수집단으로 간주되어 현상을 타개하기 위한 개혁 세력의 일선을 형성하게 되었다. 애리조나 주도 위에 지적한 동일한 상황을 겪고 있었다. 아래에 주민발의와 주민투표와 같은 직접 입법의 장치를 채택하게 된 배경을 파이엇(Piott, 2003: 141-148)의 글을 통하여 살펴본다.

그 당시 애리조나 의회는 철도회사와 광산회사의 통제 아래 놓여 있었고, 이들 회사의 뇌물과 로비를 받은 의회는 회사의 이익을 위하여 정책을 결정하는 것이 관행이 되었다. 애리조나에서는 몬태나 주의 악명 높은 클라크(William Clark)가 소유하는 유나이티드 베르데 구리광산회사(United Verde Copper Company)의 로비스트로 앨런(Henry J. Allen)이 활동하였다. 애리조나의 직접입법운동을 이끌던 헌트(George W. P. Hunt)는 "단돈 2천 달러만 제공하여도 주지사의 거부권을 구매할 수 있으며, 구리광산회사는 주의회를 관리하기 위하여 행정가들을 로비스트로 고용하였다"고 지적하였을 정도이다. 미국 직접입법운동을 조직한 킹(Judson King)은 "한 세대 동안 애리조나 주민들은 워싱턴의 철도회사와 광업회사의 지령을 받는 연방 판사, 주지사, 그 외 공직자들의 자비심 속에 살았으며, 인민은 무력감을 느꼈고, 스스로 무력하다는 것을 그들도 알았다"고 하였다. 철도와 광업회사들은 한마디로 무자비하게 노동자와 농민들을 착취하였는 바, 달리 표현하면 강도질이나 다름없었다. 애리조나에서 정치적 부패는 공공연한 사실이었으며, 그렇게 대기업들이 애리조나를 지배하였다.

기업들은 애리조나 정부에 조세 특권을 요구하였고, 노동자들을 착취하는 입법을 요구하였다. 예컨대, 1억 달러짜리 광산은 2백만 달러로 과세표준을 낮게 잡았으며, 또 산타페 철도회사(Santa Fe Railroad)에는 많은 토지를 편법으로 임대해 주었으며, 비과세 또는 터무니없는 가치로 견적하였다. 그리고 새로운 철도회사의 경우는 땅의 무료 임대와 10년 이상 면세 조치를 취하여 특혜를 주었다. 반면에 소기업자들, 다른 재산 보유자들은 주의 세금 부담을 부당하게 부담한다고 여겼으며, 노동자들은 그들의 근무환경으로부터 보호받지도 못하고, 오히려 좌절감을 겪게 되었다고 여겼다. 이렇게 되자 많은 주민이 점차 더 이상 견디기 어려운 상황이 되었다. 1899년 의회의 회기에 지하 갱도에서 일하는 광부의 노동 시간 제한, 광산의 환경 점검 등을 내용으로 하는 법률안이 발의되었으나 광산회사의 로비로 무산되었고, 납세자와 노동자들은 더욱 무력감을 느꼈다. 이렇게 해서 이들은 자신들이 처한 상황을 타개하기 위하여 새로운 방안이 필요하다는 사실을 절감하였다.

2 개혁운동의 주도자

애리조나 주는 1912년에 미국의 주로 편입되어 그 역사가 짧은데다, 개발도 다소 늦었고, 거기다가 주의 편입을 위한 헌법 제정 때 직접 입법 조항을 포함시켜 주민투표 절차를 거쳤기 때문에 개헌운동의 기간도 길지 않다. 그래서인지 직접 입법을 위한 개헌운동의 기간도 길지 않고, 이 운동의 주도자도 한정되어 소개되었다. 파이엇의 자료를 따라 애리조나 주 직접입법 개헌운동의 주도자를 살펴본다.

1894년과 1896년 애리조나 축산협회(Territorial Livestock Association)가 발행하는 주간지의 편집인이던 오닐(W. O. O'Neill)이 미국의 주로 편입되기 전 의회 대표의 후보로 출마해서 주민발의와 주민투표제를 주창하였으나 성공하지 못했다. 오닐은 그 당시 애리조나 주의 정치를 좌우하던 독점적 대기업들의 횡포에 강하게 반대한 인사 가운데 하나이다. 또한 1897년 애리조나 지역의 직접입법연맹의 창설자로서 전국직접입법연맹 부회장을 맡은 내시(Harry W. Nash)도 오닐의 주간지에 글을 게재하는 등 이 운동을 주도하는 인사가 되었다. 그러나 오닐과 내시는 미국과 스페인 전쟁에 애리조나 주에서 최초로 기병대에 자원 입대함으로써 직접 입법활동은 중단되고 말았다.

미국의 주로 편입되기 전 1899년 미국 주요 정당인 민주당 소속 하원의원 헌트가 농민과 광부들의 어려움을 덜어 주기 위하여 노동 시간의 제한과 광부들에게 현금 대신 전표(scrip) 발행의 금지 등을 규정하는 법률안을 발의하였다. 그리고 이 법안은 의회를 통과하였으나 철도회사와 광산회사의 사주를 받은 주지사 머피(Nathan O. Murphy)가 공포를 미루는 거부권(pocket veto)을 행사하였다. 그 이후 1909년까지는 주민발의나 주민투표가 쟁점이 되지 못하였다.

3 개헌운동의 경과

1899년 헌트가 직접 입법을 위한 발의를 하였고, 주지사 머피가 거부권을 행사하여 개헌 논의가 추진력을 얻지 못하다가 다시 1909년 헌트가 10년 전의 개헌안을 그대로 발의하였다. 이때 헌트의 개헌법안은 애리조나 상원을 통과하였으나 회기 마지막 날 예산법안을 다루면서 직접 입법 개헌안의 심의는 하원에서 연기되고 말았다. 그러다가 직접 입법 개헌안 지지자들은 1910년 6월 20일 연방 대통령 태프트(William Howard Taft)가 애리조나와 뉴멕시코를 미국의 주로 편입하는 법안을 서명함으로써 제2의 기회를 얻었다. 즉각 주지사 슬로언(Richard E. Sloan)이 애리조나 헌법제정회의 대표의 임시선거 일자를 1910년 9월 20일로 정하였다. 애리조나 주 정계는 헌법제정회의 대표가 누가 되느냐가 헌법의 내용과 결과에 지대한 영향을 미칠 것이라고 판단하고, 노동계는 최선의 방법은 노동당을 창당하는 것이라고 판단하여 비스비광업노조(Bisbee Miner's Union)가 주도하여 1910년 7월 11일 피닉스(Phoenix)에서 프로보스트(J. C. Provost)의 주재로 노동당을 창당하고, 주민발의, 주민투표, 주민소환제가 포함된 새로운 성문 헌법 제정을 노동당의 정책으로 채택하였다.

한편 민주당은 노동계를 자신들의 지지 기반으로 간주해 오던 터에 노동당이 창당되자 충격을 받았고, 헌트를 비롯한 민주당 지도부는 민주당 후보들을 지지한다면 노동당의 직접 입법 등의 정책을 수용하겠다고 노동당에 제의하였다. 이렇게 하여 노동당과 민주당의 연합이 형성되었다. 애리조나 주 제헌회의 대표의 선거는 직접 입법 정책이 뜨거운 쟁점이 되었고, '인민 지배의 강령(Code of the People's Rule)'이라는 구호로 집약되었다. 이 시기에 미국직접입법연맹의 킹(Judson King)이 애리조나까지 와서 지지활동을 하였으며, 선거 결과는 52명의 제헌 위원 가운데 41명을 당선시킬 정도로 대성공을 거두었다.

헌트는 애리조나 주 제헌회의의 의장이 되었으며, 그는 오리건 주와 캘리포니아 주에 가서 직접 입법 경과를 연구하였다. 애리조나 제헌회의는 1910년 10월 10일부터 12월 9일까지 회의를 거듭하며 노동조합이 선호하던 대로, 오리건 주의 개헌안보다 더 진보적인 개헌안을 마련하였는데, 유권자 15%의 청구로써 개헌안 발의, 유권자 10%의 청구로 법률안 발의, 그리고 지방정부에서도 유권자 15% 청구로 조례안 발의, 유권자 10% 청구로 의회가 제정한 조례의 주민투표 발의, 또 주의회가 주민투표에 부칠 수 있는 조항 등을 포함시켰다. 또 헌법안에는 노동조합의 요구를 반영하여 1일 8시간 노동제, 고용주의 의무적 책임제, 아동 노동의 금지, 광산 감독관 임명, 유권자 25%의 청구로써 판사를 포함한 모든 선출직 공직자의 주민소환제 채택 등의 조항을 포함시켰다. 헌법안에는 또 기업위원회, 조세형평위원회, 로비규제법안과 반부패 조항, 공직 후보 직선제 등을 포함시켰다.

그러나 위성턴의 공화당 인사들에게는 애리조나 주 헌법제정안이 지나치게 급진적으로 간주될 것이라는 우려가 있었고, 그러한 우려는 현실이 되었다. 애리조나 주민들이 1911년 2월 9일 투표자 77%가 찬성하여 압도적으로 승인한 개헌안을 두고, 태프트 연방 대통령이 애리조나를 미국의 주로 승인하는 서류에 서명을 거부하였고, 결국 판사를 주민소환 대상에서 제외하는 수정된 개헌안을 1911년 12월 승인한 뒤에야 1912년 2월 14일 미국의 48번째 주로 편입되었다. 그 후 애리조나 주민들은 태프트 대통령의 서명에 따라 주로 편입된 지 9개월 만에 판사를 주민소환 대상으로 포함시키는 개헌안을 의회가 발의하였고, 주민투표에 부쳐 찬성 16,272명, 반대 3,705명으로 승인함으로써 직접 입법 개헌이 완료되었다.

제 7 절 워싱턴의 주민발의제

워싱턴(Washington)이라는 이름은 미국 초대 대통령 워싱턴(George Washington)의 이름에서 따온 것이다(Dye & MacManus, 2009: 30). 1846년 6월 15일 오리건 협정(Oregon Treaty)에 따라 미국이 영국으로부터 양도받아 1889년 미국의 42번째 주로 승인하였다. 미국의 수도 워싱턴은 워싱턴 주와 구별하기 위하여 대개 워싱턴 특별구(Washington, D.C.) 또는 그냥 D.C.라고 부른다. 워싱턴 주의 주요 산업은 농업과 태평양 쪽 서부 워싱턴에의 목재 생산이었다. 그러다가 제2차 세계대전 중 워싱턴 주는 보잉 사를 비롯하여 전쟁 관련 산업이 자리잡고, 급속하게 성장하게 되었다(http://en.wikipedia.org/wiki/Washington_ (U.S._state)).

1 사회문제와 피해집단의 대응

파이엇(Piott, 2003: 186-198)은 워싱턴 주의 주민발의 채택 배경으로서 철도회사와 목재회사 등 기업들이 지배하는 주정부를 들었다. 이들 회사는 주 의원들을 주 수도 올림피아(Olympia) 시의 호텔 객실에 마련된 바에 불러들여 온갖 로비를 벌였고, 연방 상원의원도 이런 방법을 동원하여 기업들이 후보로 지명하다시피 하였다. 철도회사들이 연방정부로부터 토지 관련 특권을 누리는 점, 워싱턴 주 동부의 화물 수탁자들은 불공정한 창고 비용, 두 배가 넘는 운송비를 부담케 되어 불만이 쌓였다. 그런데도 주정부 공직자들은 철도 무임승차권을 사용하고 있었기 때문에 결국 철도회사의 조작에 의하여 농민들은 자기들만 희생양이 된다고 간주하였다. 그런 가운데 주는 1889년 새로운 헌법회의를 구성하게 되었고, 여기서 농민들이 반대하는 쟁점들이 새 헌법에 포함되자 이들은 같은 해에 농민단체를 구성하게 되었다.

2 개혁운동의 주도자

워싱턴 주에서 주민발의의 채택운동을 주도한 단체는 농민단체(Washington State Garange), 노동자연맹(State Federation of Labor), 그리고 이들이 연합하여 결성한 직접입법연맹(Direct Legislation League) 등이지만, 이들 단체를 이끌거나 연합을 이루어낸 지도자와 이들의 고통에 공감하여 개혁운동을 주도한 양심적 인사들의 노력을 주목할 필요가 있다.

워싱턴 주의 직접입법운동 과정에 가장 중요하게 활동한 인사는 키글리(C. B. Kegley)가 있다. 민중주의자이면서 사회주의자였던 그는 1918년 사망하기까지 직접 입법을 통한 개혁운동에 역동적인 지도력을 발휘하였다. 그는 1903년 농민단체의 윙(J. O. Wing)의 후임으로 회장을 맡아서 공직후보 직선제, 연방 상원의원의 직선제, 공직자 소환제 등을 포함한 정치개혁 프로그램을 형성하는 한편 직접 입법의 성공을 위하여 필요한 모든 조직을 망라하여 지지 기반을 확대시키는 등 1912년 워싱턴 주의 개헌이 성취될 때까지 지대한 공헌을 하였다.

시애틀 시의 직접입법운동을 이끈 스미스(Joe Smith)도 빠뜨릴 수 없는 지도자이다. 그는 시애틀 시에서 목격되는 정치의 많은 문제는 곧 기업의 독점 등 경제의 문제라고 인식하고 운수, 가스 등 기업들의 자치단체 소유를 주창하는 운동에 참여하였다. 그러다가 1905년 시애틀 시의회가 전철의 연고권을 결정하자, 지방자치단체 소유운동연맹을 이끌었고, 이 단체는 지방자치단체 소유운동을 전개하는 정당(Municipal Ownership Party, 나중에 City Party로 개칭)을 설립하여 시애틀 시의 헌장 개정과 함께 직접입법운동을 이끌었으며, 시애틀 시는 1908년 헌장 개정을 이루었고, 이러한 진전을 바탕으로 워싱턴 주정부의 개헌운동으로 연결되었다.

직접입법연맹(Direct Legislation League)을 이끈 호르(Christopher R. Horr)와 케이스(Charles R. Case) 등도 일정한 역할을 수행하였다. 워싱턴 주처럼 정당의 역할이 비교적 약한 곳에서는 압력집단의 역할이 컸는데, 케이스는 여러 개혁 세력이 입법을 위한 합동특별위원회(Temporary Joint Legislative Committee)의 위원장을 맡아서 개혁법안을 기초하고, 의회를 설득하였다.

3 개헌운동의 경과

앞에 소개한 대로 워싱턴 주의 농민과 철도, 목재회사, 광산 노동자들은 독점적 기업들의 횡포와 그들의 지배를 받는 주정부 때문에 보호받지 못하게 되자 스스로의 피해를 방지하고 또 이익을 지키기 위한 방안, 즉 정치와 사회 개혁이 절실하게 되었다. 그래서 농민들은 워싱턴 주의 헌법제정회의의 대표들이 선출되고, 또 헌법을 기초하는 과정에서 소외되자 1889년 농민단체를 구성하였다. 이렇게 정치 개혁, 즉 직접 입법을 위한 개헌운동의 출발이 이루어졌다.

1893년 농민단체들은 정례회의에서 여러 쟁점들을 거론하였고, 이러한 문제를 해결하기 위해서는 독점기업들의 하수인처럼 활동하는 대표들에게는 개혁법안들의 입법이 어렵다고 판단하고, 그 당시 그들에게도 개념이 익숙하지 않은 직접 입법을 지지하게 되었다. 그 후 회의 때마다 농민단체는 직접 입법의 아이디어를 강조하고 지지하였다. 이 과정에서 워싱턴 주의 농민들은 바로 이웃 주인 오리건 주 농민들이 그들의 문제를 해결하기 위하여 직접 입법을 위한 개헌운동과 그 성과를 학습하여 활용하였다.

1900년대에 들어서 농민단체 지도자들은, 오리건 주 농민들처럼, 직접 입법을 위하여 주 의원과 주지사 후보들에게 직접 입법을 위한 정책들을 수용하도록 압박하였고, 이 과정에서 농민이면서 민주당원인 상원의원 크로(L. C. Craw), 하원의원 마일스(T. C. Miles)와 같은 동조자를 얻기도 하였으나 개헌은 시기상조였다. 1902년부터 농민연맹은 각 카운티(county)별로 지부를 구성하여 공직자 후보들에게 정책 수용을 좀 더 체계적으로 요구하기 시작하였다.

1905년 농민연맹은 윙의 후임으로 키글리를 회장으로 선출하면서 전기를 만들었다. 키글리는 잇따라 개혁법안들을 제시하였으나 독점기업들의 로비스트들과 의원들이 만나서 홍정을 이루는, 이른바 밀실세력(saloon power)에 밀려 성공하지 못하였으며, 이렇게 되자 키글리는 개혁 세력들의 연합이 절실하다고 판단하여 1906년 노동조합(State Federation of Labor)에 제휴를 제안하였고, 노조는 화답하였다. 이들의 제휴는 1908년에도 이어졌고, 여기에 도시지역 개혁가들도 합세하였다.

농민단체, 노조, 도시지역 개혁가들의 연합은 공공시설의 자치단체 소유를 바랐으며, 법이 허용하는 대로 주민발의와 주민투표가 포함된 헌장의 개정을 기대하였다. 도시지역 개혁가들은 이미 1905년에 공공시설의 자치단체 소유를 주창하였고, 그러기 위하여 도시정당(City Party)을 창당한 상태였다. 이들도 직접 입법을 주창하고 있었던 것이다. 도시지역 개혁가의 지도자로서 스미스가 가세하게 되었다. 이들 연합 세력은 시애틀 시의 헌장 개정을 위하여 협력하였으며, 1908년 주민발의와 주민투표가 포함된 헌장 개정이 시민들의 주민투표를 통하여 승인되었다.

이러한 고조된 분위기를 틈타 주정부의 개헌을 위하여 1910년 2월 12일 여러 개혁 지향 단체의 대표들이 시애틀에서 회합을 가졌으며, 이들은 직접 입법 개헌이라는 한 가지 쟁점에 초점을 모으기 위하여 워싱턴 주 직접입법연맹(Direct Legislation League of Washington)을 창설하였다. 이들은 바로 직접 입법을 주창하면서 시민교육 활동에도 매진하였다. 오리건 주의 개혁 입법 개헌을 주도한 유렌(William S. U'Ren)이 워싱턴의 개헌운동을 지지하고 지원하는 등 노력을 곁들여서 1910년 가을 선거운동이 전개되었다. 그리고 1911년 1월 의회의 회기 시작과 함께 개혁 세력은 의회를 상대로 로비를 단일화하기 위하여 입법을 위한 합동특별위원회(Temporary Joint Legislative Committee)를 구성하였고, 연합에 참여한 4개 단체 가운데 3개 단체의 회원으로 참여하고 있으며, 또 의회 로비 경험이 있는 케이스(Charles R. Case)가 특위의 위원장을 맡았다. 그리고 이 위원회는 직접 입법 장치에 초점을 맞추어서 하원 법안 153호를 기초하여 제안하였다. 이 법안은 유권자 8%의 서명으로 주민발의를 청구할 수 있고, 의회가 제정한 법률안일지라도 유권자 5%의 서명으로 주민투표를 청구할 수 있도록 규정하였다. 그리고 의회도 유권자의 서명을 통한 주민발의 청구에 대안이 되는 법안을 낼 수 있으며, 의회가 제정한 법률안을 바로 주민투표에 부칠 수도 있도록 규정하였다. 워싱턴 주 하원이 이 개헌안을 가결하였으나 상원은 주민발의 요건을 8%에서 10%로 높이고, 주민투표의 요건은 5%에서 6%로 높이며, 주민발의를 거쳐 주민투표로써 확정된 법률은 4년이 경과하여야 의회가 개정안을 낼 수 있도록 규정하고 있던 것을 2년으로 단축하는 등 수정안을 내었다. 입법을 위한 합동특별위원회는 하원으로 하여금 상원의 수정안을 수용하도록 설득하였다. 1911년 봄 개헌안이 의회에서 통과되었고, 1912년 주 선거에서 유권자들은 개헌안에 대하여 찬성 110,110 대 반대 43,905의 압도적인 표차로 직접 입법 개헌안을 승인하였다.

Chapter 05

주민발의 채택 과정의 고찰

미국은 의회 주권의 관념에 바탕을 둔 내각제 정부를 채택한 영국과 더불어 대표민주제 정부의 한 전형을 이룬다. 이러한 대표민주제 국가에서 현대의 직접민주제 장치들을 채택하게 된 배경을 제4장에서 맨 처음 주민발의를 제도로 채택한 사우스 다코타 주, 그리고 그 후 이 제도를 채택하여 현재는 가장 그 활용도가 높은 오리건, 캘리포니아, 콜로라도, 노스 다코타, 애리조나, 워싱턴 등 7개 주의 개별적 주민발의 채택 배경과 주도자, 개혁 입법 과정을 살펴보았다. 이제 여기서는 이들 주의 직접입법 개헌운동을 전개하는 과정을 종합적으로 정리해 보기로 한다.

제 1 절 주민발의 채택의 배경: 대표민주제의 문제

1 헌법 제정과 대표민주제

"최근까지 미국 헌법과 정치제도는 세계 최초의 민주헌법을 만든 국가의 모델로 간주되어 왔지만, 2000년과 2004년 부시(George H. W. Bush)를 대통령으로 당선시킨 두 차례 선거의 문제를 들어 미국 민주주의의 위기를 표출시킨 대사건"(최장집, 2004: 10-11)이라고 지적되었다. 거기다 이러한 공화제 또는 대표제를 근간으로 삼는 미국의 헌법에 대하여 미국의 저명한 정치학자 달(Dahl, 2001)은 "미국의 헌법은 얼마나 민주적인가?"[1]라며 의문을 제기하였다.

달뿐만 아니라 다른 학자들의 눈에도 미국의 민주주의는 애초부터 완성되지 않은 헌법이고, 또 제도에 불과하였다. 크로닌(Cronin, 1989: 1)은 "헌법 제정 후 100년 동안 미국인들은 가끔 공직자들을 뽑는 투표만으로는 충분하지 않다고 주장해 왔으며, 정치개혁가들은 더 충실한 민주주의가 필요하고, 미국 인민은 충분히 성숙했으며, 주와 연방과 관련된 중요한 쟁점에 관해서도 투표할 권리가 있다"고 하였다. 이러한 내용을 통하여 미국의 기본 정치제도를 규정하고 있는 헌법은 처음부터 완벽하지 않을 뿐더러 현재까지도 문제가 많다는 사실을 알 수 있다. 메이어스(Marvin Meyers)가 "인간이 만들어낸 정부나 통치기구는 완벽할 수는 없으며, 따라서 가장 덜 불완전한 정부가 최고의 정부이다"(Dahl, 박상훈・박수형 역, 2004: 119)라고 지적한 것은 매우 타당하다. 다음에 그렇게 불완전한 미국의 헌법을 제정하는 과정과 내용을 살펴보고, 이러한 불비함이 곧 미국 24개 주가 직접 민주제, 즉 주민발의를 채택한 배경이 되었음을 논의하고자 한다.

1) 공화제 또는 대표제 헌법 제정

(1) 헌법 제정 경과

미국의 헌법 제정 과정을 간단하게 개관해 보자. 헌법 제정과 관련된 회합은 애초에 영국으로부터 독립 후 연합을 내용으로 규정한 법률에 따라 통치할 때 생기는 문제를 다루기 위하여 소집되었으나, 새로운 헌법의 제정을 주도하는 매디슨(James Madison)과 해밀턴(Alexander Hamilton) 등

1) Robert A. Dahl(2001), *How Democratic is the American Constitution?*, New Haven, Connecticut: Yale University Press. 이 책을 박상훈・박수형이 번역, 출간한『미국 헌법과 민주주의』(후마니타스, 2004)에 최장집은 서문(7-69쪽)을 썼다. 이 책에서는 미국의 헌법, 즉 대표제와 관련된 내용은 달의 국내 번역서와 마넹(Bernard Manin, 1997)의 저서, *The Principle of Representative Government*를 곽준혁이 번역한『선거는 민주적인가』(후마니타스, 2004)를 주로 참고하였다.

에 의하여 헌법제정회의(Constitutional Convention 또는 the Philadelphia Convention)가 1787년 5월 25일부터 9월 17일까지 펜실베이니아 주 필라델피아에서 열리게 되었고,[2] 이렇게 해서 미국 헌법이 제정되었다.

미국 헌법제정회의에는 13개 주 대표들이 참석하도록 되어 있었으나, 당시 가장 존경받던 제퍼슨(Thomas Jefferson)은 프랑스에, 애덤스(John Adams)는 영국에 공사(Minister)로 나가 있었다. 헨리(Patrick Henry)는 헌법회의가 군주제를 가장한 것이라 하여 참석을 거부하였고, 핸콕(John Hancock), 애덤스(Samuel Adams)도 불참하였으며, 로드아일랜드(Rhode Island) 주는 대표의 파견을 거부하였다. 이렇게 해서 헌법회의에 참석한 대표는 55명이었다(http://en.Wikipedia.org). 그 결과 "6월과 7월에 있었던 몇몇 중대한 의제의 표결은 11개 주 대표들에 의하여 이루어졌다. 그리고 헌법제정회의의 법안에는 55명의 대표 가운데 실제로는 39명만이 서명하였으며, 13개 주에서 2천 명도 안 되는 적은 수의 주민들이 투표해서 비준한 문서"가 미국 헌법이다(Dahl, 박상훈·박수형 역, 2004: 78).

(2) 미국의 공화제 또는 대표민주제

미국 헌법의 기초자(framers)는 잘 알려진 대로 매디슨과 애덤스, 그리고 제퍼슨 등을 꼽는다. 이 가운데서 매디슨은 정치적 대표제를 확립하는 데 결정적 역할을 하였던 두 인물 가운데 하나로 꼽힌다(Manin, 곽준혁 역, 2004: 13). 매디슨은 미국의 헌법 제정과 관련된 주장들을 담은 유명한 『연방주의자 논설』에서 정치적 대표제, 즉 공화정은 "그 모든 권력이 직접 혹은 간접적으로 전체 인민으로부터 나오며, 관직을 맡은 사람들이 기꺼이 봉직하려는 기간 동안 혹은 제한된 임기 동안, 혹은 제 역할을 하는 동안에 정부를 관장하게 되는 정치 체제"(Dahl, 박상훈·박수형 역, 2004: 252)라고 정의하였다.[3][4] 공화정(republic은 17세기부터 "왕이 없는 국가"(McLean

2) 1700년대 교통의 어려움 때문에 모임이 예정된 1787년 5월 14일까지 참석한 대표들이 매우 적었으며, 5월 25일이 되어서야 13개 주의 과반수 7개 주 대표가 필라델피아의 펜실베이니아 주 청사에 도착하여 회의가 성립되었고, 만장일치로 워싱턴(George Washington)을 의장에 추대하였다.

3) 여기서는 공화정 또는 공화주의 등의 개념에 관한 논의에 초점을 두지 않는다. 공화주의

& McMillan, 2003: 462-463)를 의미하게 되었다.

매디슨 등은 아테네의 정치 체제를 민주정(民主政)이라 부르고, 그들이 로마 공화정을 본떠서 만들고자 하였던 미국의 정치 제체[5]를 공화제 정부(republican government)라고 불러서 아테네의 그것과 구별하였다. 이처럼 미국의 헌법 기초자들은 주권자로서 인민이 직접 정책 과정에 참여하여 결정하는 민주정과 달리 대표에 의한 정치 체제, 즉 공화정에 중점을 두었다. 그래서 민주주의와 공화주의 양자는 '대립항'으로 간주되다가 제7대 잭슨(Andrew Jackson) 대통령의 잭슨식 민주주의(Jacksonian democracy)[6]를 통하여 민주주의와 공화주의가 '짝패'가 되었다고 지적하기도 한다(양홍석, 2008: 44).

마넹의 지적에 따르면, 매디슨은 『연방주의자 논설』을 통하여 "대의정부를 민주정과 본질적으로 다른, 좀 더 우수한 정치 체제이며, 선택된 시민집단이라는 매개를 거치면서 대중의 견해가 정제되고 확대되는 효과를 가진다. 선출된 집단의 현명함은 나라의 진정한 이익을 가장 잘 분별할 수 있을 것이며, 그들의 애국심과 정의에 대한 사랑은 일시적이고 부분적인 이해관계 때문에 나라의 진정한 이익을 희생시키지 않을 것이다"(Manin, 곽준혁 역,

---

등에 관해서는 곽준혁(2005), "민주주의와 공화주의: 헌정 체제의 두 가지 원칙," 『한국정치학회보』 제39집 제3호. 우리의 정치학계를 비롯하여 여러 학계에서 '민주공화국'에 관한 논의가 활발하게 이루어지면서 공화국 또는 공화주의에 관련된 논문들이 많이 발표되었으므로 자세한 내용은 이들을 참고하면 될 것이다.

4) Republic은 로마인들이 기원전 509년 폭정을 이유로 왕을 축출하고 그들의 국가를 '공공의 것'이라는 뜻의 res publica라고 불렀고, 이 말을 유럽 각국에서 그대로 쓴 데서 유래한다. 공화국으로서 로마는 통령, 원로원, 민회의 혼합정체, 시민군, 토지균분제 등의 제도와 이러한 제도와 관련된 규범성을 공화주의(republicanism)라고 부르는 경향이다. 원래 공화국은 왕이 지배하지 않는 국가를 의미하였으며, 독립혁명으로 수립된 미국이 그 대표적인 예이다. 미국은 다수의 지배에 대한 회의에 근거해 있기 때문에 역사적으로 극복의 대상이 될 수밖에 없었다(조승래, 2008: 227-235)고 지적하였다.

5) 조승래는 상원을 로마 원로원을 모방한 것으로 보는 등 역사학자들은 미국이 로마 공화정을 모방한 것으로 보는 경향이다(조승래, 2008).

6) 잭슨은 최초의 서부 출신 대통령으로서 대중 중심의 정치를 추진하였고, 선거권을 확대하였으며, 대통령선거제도를 개선하고, 전당대회제도를 도입함으로써 일반 대중의 정치 참여를 통하여 미국 민주주의를 대중정치의 기반 위에 올려놓아 그의 정치를 잭슨식 민주주의라고도 한다(Dahl, 박상훈·박수형 역, 2004: 105).

2004: 14-15)고 하였다. 매디슨의 이러한 주장을 통하여 그가 인민보다는 인민이 선출한 대표집단에 대한 신뢰와 기대가 얼마나 컸는가를 알 수 있으며, 이러한 인간에 대한 편향된 관점을 고스란히 녹이고 쏟아서 미국의 헌법을 기초하였고, 대표제 정치제도를 마련하였다.

2 대표제의 그늘: 엽관제와 보스 지배

인간 사회가 존재하는 순간부터 정치가 존재하였다면, 정치인의 존재 또한 그러하다. 그래서 정치인에 관련된 견해들도 무수하게 제시되었다. 정치인에 관한 좋은 평가도 없지 않겠지만, 정치인에 대한 부정적 평가 또한 못지않다. 대표민주제에서 선출된 대표로서 정치인에 대한 부정적 평가는 비교적 최근 공공선택론자들이 정치인들을 이기적 인간으로 가정하고 그들의 선택을 분석하는 경향에서도 나타난다.

엘리스(Richard J. Ellis, 2002: 124-125)의 지적에서도 정치인에 대한 부정적 평가를 알 수 있다. 즉, 간단히 말해 미국인들은 정치인을 믿지 않으며, 결코 믿은 적이 없다. 『미국칼리지사전(*The American College Dictionary*)』은 "정치인은 공직을 추구하여 직무를 수행하는 과정에서 원칙을 지키기보다는 이권이나 권력의 유지에 더 관심이 많은 사람들"이라고 풀이하였고, 『메리엄-웹스터사전(*Merriam-Webster's Collegiate Dictionary*)』도 역시 정치인에 대하여 "정치인은 기본적으로 대개 이기적이거나 달리 편협한 목적에 관심을 가진 사람"이라고 부정적으로 정의한 것을 들었다.[7)]

미국은 헌법 기초자들에 의하여 대표민주제를 채택하였고, 정치인들은 이러한 세간의 부정적 평가에 부합되는 모습들을 드러내기 시작하였다. 오늘에도 미국인 2/3는 정치적 대표들로써 구성된 "정부는 주민 전체의 편익을 위해서가 아니라 오히려 그들 자신의 이익을 추구하는 소수의 대규모

---

7) 엘리스(Richard J. Ellis)는 또 정치인과 동의어로 『로지의 동의어사전(*Roget's Thesaurus*)』을 인용하여 party hack, grafter, spoils-monger, power broker, influence peddler, wheeler-deeler, finagler, wire puller 등을 소개하고 있다(Ellis, 2002: 125).

이익집단들을 위하여 운영된다"는 지탄을 받고 있다(Dye & MacManus, 2009: 223). 오늘날 여론조사의 결과는 캘리포니아 주민의 1/3, 워싱턴 주민 겨우 10%만 그들의 주의회가 제대로 일한다고 생각하는 것으로 조사되었는데, 이러한 수치는 대표민주제에 대한 대중의 신뢰의 최저점을 이루는 것으로 본다(Donovan & Bowler, 2005: 11). 또 발다사르와 캐츠(Baldassare & Katz, 2008: 200)의 조사 결과 캘리포니아 주민들은 정당 지지와 상관없이 93% 이상이 그들의 정부는 그들이 낸 세금을 낭비한다고 믿고 있다. 그러므로 예나 지금이나 미국의 대표민주제는 민중의 불신을 받았다는 사실이 입증된다.

다음에 엽관제와 보스가 지배하는 정당 체제 두 가지 사례를 통하여 미국의 대표민주제가 헌법 기초자들의 기대를 저버리고 시민들의 이익을 배반함으로써 개혁 대상이 되고, 대표민주제를 치유하기 위한 장치로서 직접 민주제를 채택하는 과정을 살펴본다.

1) 엽관제

엽관제(spoils system)[8]는 미국의 제7대 대통령 잭슨이 채택한 인사제도라는 점은 널리 알려져 있다. 그는 서부 개척민으로서 전쟁에도 참여한 장군 출신 대통령이다. 그는 대통령이 되자, 대개의 행정학 교과서에 인용되는 연두교서 내용처럼 "공직은 보통의 능력을 가진 사람이면 수행할 수 있는 일이며, 그러한 공직을 한 사람이 오랫동안 차지하는데서 오는 부패의 유혹 등 문제가 크다"는 점을 공직 순환의 논리로 삼았다.

잭슨 대통령은 취임 후 1829년과 1830년에 우체국장 491명을 교체하였고, 그 가운데 72%에 해당하는 363명 가운데 미국 뉴잉글랜드 지역 143명, 뉴욕 지역 131명 등 미국 동북부 출신들을 포함하여 연방정부 공직자를 대거 교체하였다(양홍석, 2008: 35-36).[9] 잭슨 대통령의 이러한 인사정책은

8) 엽관제도의 또 다른 명칭은 'rotation in office'로서 이러한 제도의 긍정적 측면을 지칭할 때는 후자를 사용하고, 부정적 측면을 가리킬 때는 전자, 즉 엽관제라는 명칭을 사용한다(양홍석, 2008: 31-32).

9) 잭슨 대통령이 교체한 연방정부 관리의 수는 그 정책을 비판하는 쪽은 1만 1천 명의 연방

공직 취임의 기회를 개방하여 동부의 일부 세력에서 서부 등 다른 지역의 다른 시민계층으로 확대하고, 형평성을 높였다는 점은 긍정적 평가를 받았다.

엽관제라는 명칭에서 보듯, spoil은 원래 전리품을 뜻하고, 전쟁에서 승리한 장수가 전리품을 배분하듯이 잭슨 대통령이 자신의 선거를 도운 이들에게 연방 공직을 나누어 준 것을 가리킨다. 이처럼 선거를 도운 자에게 당선자가 전리품처럼 공직을 배분하는 인사정책은 공직 취임 기회의 공평한 개방이라는 장점에도 불구하고, 오로지 정치적 충성도를 기준으로 공직에 임용하기 때문에 공무 수행과 관련된 객관적 능력은 중요하게 따질 수 없었다. 거기다가 시간의 경과와 더불어 미국 사회의 변화는 행정 업무도 복잡해지면서 전문성을 요구하게 되었으나 엽관제는 그러한 기대를 충족시킬 수 없었다. 더구나 제20대 미국 대통령 가필드(James A. Garfield)가 엽관운동을 벌이던 귀토(Charles J. Guiteau)에게 피격당해 1881년 9월 19일 사망하는 사건이 발생하면서 엽관제는 전국적 쟁점이 되었다. 즉, 엽관제는 이것을 이용하는 정치인의 선거와 결합되어 이미 미국 전역의 정치와 행정에서 부작용을 생성·만연하고 있었던 것이다. 다음에 엽관제가 보스에 의한 정당 지배 체제와 결합되어 주와 지방정부에서 어떤 문제를 낳았는지 살펴본다.

2) 보스 지배 정당 체제

여기서는 미국의 대도시나 일부 주에서 특히 영향력이 큰 지역 정치인, 즉 보스와 그를 둘러싼 정치인의 구성, 그리고 이들이 정당조직을 어떻게 계층화하여 관리하고, 이러한 정당조직을 이용하여 유권자를 어떻게 동원하여 선거에서 승리하였는가, 이 과정에서 지방의 정치와 행정이 민심을 이탈하여 신뢰를 상실하고, 그 결과 개혁의 대상이 되었는가를 총괄적으로 정리한다. 각 주별로 구체적인 상황과 내용은 따로 그 주의 주민발의 채택 과정에서 살펴본다.

관리 중에서 20%에 해당하는 1,921명을 교체시켰다고 주장하고 옹호하는 쪽은 919명에 불과하다고 주장하여 엇갈린다(양홍석, 2008: 36-37).

(1) 정당조직을 통한 정치(machine politics)의 개념

먼저 machine의 개념부터 살펴보면, 구터벅(Thomas M. Guterbock)은 "하층부까지 정당원을 두고, 그 구성원들에게 체계적으로 정실을 배분하는 엄격하고, 계층적인 정당조직"(Guterbock, 1980: 3)이라고 정의한다. 한편 다이와 맥마너스(Dye & MacManus, 2009: 387)는 "정치에서, 엄격하게 기율을 유지하며, 역사적으로 대도시에 존재하며, 득표를 위하여 정실로써 직장을 알선하고, 계약, 서비스, 이권 등을 제공하는 당 조직"이다. 이러한 정당조직을 political machine이라고 부른다.

미국의 정당은 다른 국가의 그것과 구별되는 특징으로서 느슨한 중앙정당 조직구조와 강고한 지방정당 조직구조이며, 또 산업화 시대에 강력한 도시정당은 이념적 지향보다 정실을 통하여 구조가 형성되었다(Guterbock, 1980: 12). 그리고 산업 시대 이후 전통적으로 대도시의 중심부는 민주당이 지배하였고, 교외지역은 공화당의 텃밭이 되었는데, 대도시의 중심에 백인 민족집단, 가톨릭 교도, 유대인, 흑인, 라틴계, 노조원, 저소득층이 거주한 결과 이러한 현상이 나타났다(Dye & MacManus, 2009: 386).

미국 대도시에서 강력한 정당조직은 대개 그 지역 전체를 아우르는 정당조직의 지도자(chairman of committee), 즉 보스가 존재하며, 그 아래에 선거구역장(ward captain 또는 ward president), 그 하부 조직으로 선거구역장이 임명하는 투표구역장(precinct captain)이 존재하며, 구역장이 관리하는 "투표구는 지역 정당의 일선 단위조직이 된다. 투표구는 지금도 미국 전역에 13,000개가 존재하며, 대도시의 경우 약 3,000개의 투표구를 운용한다"(Blair, 1986: 88). 지역정당에서 선거구와 구역장은 선거 단위로서 시의원 등의 공직 후보 지명이 시작되는 단위이기도 하고, 또 정실에 의한 공직 배분과 자금 지원과 자금 상납의 통로가 되었다. 또 선거구는 지역정당의 중간계층으로서 매우 중요한 역할을 수행하며, 대개 지역정당위원회의 위원이 되고, 또 시의원이기도 하다. 물론 지역정당의 보스가 정실로 배분되는 공직을 총체적으로 관리하지만, 일정한 부분을 넘겨받은 선거구역장이 중간 보스로서 공직을 관리하며 하부조직을 관리한다.

일리노이 주의 시카고는 민주당 보스가 지배하는 정당 체제로 유명하다.

1800년대 말 시키고는 대통령선거에서는 공화당이 대개 승리하고, 지방선거에서는 민주당이 승리하여 분할 지배의 특성을 보였다. 즉, 1879년부터 1893년까지 민주당 해리슨(Carter H. Harrison), 1897년부터 1915년까지 민주당 해리슨 2세(Carter H. Harrison II)가 시장을 역임하였고, 1915년부터 1931년까지 공화당 톰슨(William Hale Thompson)이 시장을 역임하였다가 1932년부터 1976년까지 민주당 데일리(Richard J. Daley)가 시장을 역임하였다(The Electronic Encyclopedia of Chicago, 2005). 그리고 이들 시장은 모두 앞서 소개한 대로 엄격한 계층제 정당조직을 갖추고, 정실로 배분하는 약 2만 개의 엽관제 공직(patronage job)을 이용하여 조직을 관리하였으며, 정당원들이 유권자들에게 각종 혜택을 제공하며 이들을 선거에 동원하여 당선을 확보하였다(Guterbock, 1980: 12-68).

다이(Dye, 1985: 277-284)와 다이와 맥마너스(Dye & MacManus, 2009: 388-397)에 따르면, 정당조직을 통한 정치(machine politics)는 1800년대에 대도시에 나타나서 이념보다 가시적인 편익에 의하여 동기화된 사람들이 모여서 개인적 친분, 이권, 직장 알선 등을 제공하고 선거에서 표로 동원하는 규모가 큰 거간조직(brokerage organization)이었다. 미국이 산업화되는 시기에 보스와 그 수하들은 빈민층이나 갓 이민 온 자들에게 정당원을 통하여 그들에게 사적 관심의 표명(personal attension), 복지 혜택(welfare), 고용(employment), 친목(friendship), 동화(assimilation), 그리고 해결사 역할(getting things done) 등의 기능을 수행하였다.

첫째, 정당 간부들은 이웃의 빈민이나 이민자에게 개인적으로 해결이 필요한 문제나 도움이 필요한 일에 관심을 가지고 챙겨 주어 그의 관심을 끈다.

둘째, 사회복지 서비스가 체계화되기 전인 1800년대에 정당조직은 복지기능을 수행하였는 바, 선거구에 불이 나면 그곳으로 달려가 정당을 따지지 않고 그들에게 먹거리와 옷가지를 제공한다.

셋째, 지역정당은 고용기관 역할도 수행한다. 바로 정실에 의한 공직 배분을 통하여 정당원들이 일자리를 가질 수 있게 하고, 또 기업과 접촉하여 일자리를 알선하기도 한다.

넷째, 친목 내지 친밀감의 형성도 이루어진다. 때로는 추수감사절을 맞아 칠면조도 보내 주고, 또 때로는 석탄과 같은 땔감을 제공하며 정당조직이나 그 보스가 항상 관심을 가지고 선거구민을 돌보는 인간적인 모습을 심는다.

다섯째, 미국 사회 적응 내지 동화 기능을 수행한다. 지역정당 조직은 최근의 이민자를 교육시키고, 미국 생활에 적응하도록 도와 준다. 대개 지역정당 조직은 인종집단을 중심으로 이루어지기 때문에 이러한 기능은 자연스럽게 이루어진다. 뉴욕 주 주도 올버니(Albany)는 전통적으로 민주당이 지배정당이었고, 지역정당의 보스는 아일랜드계 오코넬(Dan O'Connell)이었는데, 이들 3형제와 지역 아일랜드계가 중심이 되어 정당조직을 갖추었고, 새로운 아일랜드 이민자들의 정착을 도왔다.[10)]

여섯째, 거의 "못하는 일이 없는" 해결사 역할을 했다. 지역정당은 지역 내 기업, 즉 공기업이나 지방정부 사업으로 계약을 맺은 건설회사를 위하여 연고권을 제공하고, 해결 방법 등을 알선하며, 특권을 부여하여 이권으로 삼았다. 이 모든 일들은 시청에서 이루어졌다.

이상의 내용은 보스 지배의 정당 체제가 사회복지 기능을 수행함으로써 그런대로 평가받을 수 있는 측면도 있겠으나, 또 서부의 오리건, 캘리포니아, 콜로라도나 워싱턴, 애리조나 등의 지역에서는 외지 자본가의 지역 대리인이 보스가 되어 농민과 노동자들을 대상으로 독점적 기업 이익을 추구하고, 확보된 막대한 자금을 동원하여 주의 공직 후보를 지명하여 당선시켜서 의회를 장악할 뿐만 아니라 자금력을 동원하여 공직자를 매수하여 기업 이익을 관철시키는 도구, 즉 사악한 대표제 정부로 전락시켜 악명이 높았다.

---

10) 물론 올버니 민주당 조직이 아일랜드계만으로 이루어진 것은 아니고, 민주당의 지지 세력이 그러하듯 가톨릭 교도, 노동자 등의 연합 세력이었다. 오코넬은 1919년 카운티 평가관(County Assessor)으로 선출되어 잠시 일한 후 올버니 카운티(County) 민주당위원장을 맡아서 1977년 사망하기까지 민주당이 올버니 카운티와 시의 공직, 주의회 의원을 장악하였다. 그리고 올버니 지역 민주당 보스로서 오코넬은 수하인 코닝 2세(Erastus Corning II)를 1942년에 올버니 시장으로 당선시켜 11차의 시장 임기를 누리게 하는 등 실질적으로 지배하였다(www.lofaber.com/albany/politics.html).

3) 사악한 사이비 대표제

달의 지적대로 미국 정치 체제의 근간으로서 헌법은 여러가지 문제를 지닌 문서였으며, 양홍석(2008: 402)의 표현대로 미국 헌법은 "위대하지만 최악의 문서"였다. 제도는 그 운영을 주도하는 인간의 의도에 따라 다른 모습을 나타내는 바, 미국의 대표제는 엽관제를 결합시켜 지역정당의 보스와 그 수하들이 악용함으로써 헌법 기초자들의 기대는 무산되었고, 주권을 가진 인민의 이익은 오히려 사악한 대표들에 의하여 무시되거나 파괴되기 일쑤였다. 미국 주와 지방정부는 대표들의 무너진 도덕 관념과 일탈행위, 그리고 오로지 선거에 승리하여 권력을 유지하는 데 목적을 두거나 외지 기업가의 대리인으로서 부정하고 부패하고 타락한 보스와 그 수하들의 불법적 이권 추구, 특수 이익을 위한 공익의 희생으로 점철된 19세기 중반부터 20세기 초반의 미국 주와 지방정치와 행정의 난맥상은 이루 말할 수 없었다.

(1) 공직자들의 탈법적 행태

보스와 그 수하들은 정당조직을 유권자를 동원한 선거를 통하여 일리노이 주 시카고의 데일리처럼 자신이 직접 시장이 되거나 뉴욕 주 올버니의 오코넬처럼 부하를 내세워 시장으로 당선시키는 방법을 통하여 권력을 획득하였다. 이렇게 확보한 권력은 정책결정과 집행 과정을 통하여 철저하게 사용하였다. "보스와 그 수하들은 관내에서 이루어지는 모든 사업을 이권으로 삼았다. 즉, 철로 건설과 운영, 전차 운영, 가스사업, 수도사업, 전력회사, 광산 개발·운영, 벌채 등 모든 사업은 보스의 수하나 정실에 의하여 임용된 공직자들과 결탁하지 않고는 이루어지지 않았다"(Dye, 1985: 280). 이 과정에서 뇌물 수수는 관행이 되었고, 부정부패가 만연하였다.

(2) 정책결정의 지연 또는 회피

주지사 직을 맡고 있던 윌슨(Woodrow Wilson)은 "지역의 정당과 그 후원자들이 원하지 않는 법안들은 위원회의 서랍 속에 처박아버리고, 그들이 원하는 법안들만 벼락치기로 통과시켰다"(Cronin, 1999: 1)고 꼬집었다. 윌슨의 이러한 지적은 매우 많은 내용을 함축하고 있는 바, 보스와 그 수하들은 대표로서 주와 지방정부 공직을 직접 점유하거나 수하들을 공직에 진출시켜서 정책결정과 집행권을 오로지 그들의 이권 창출을 위하여 사용하였다는 점을 드러내고 있다. 즉, 그들은 주민 전체의 이익이나 공익이 아니라, 보스와 그 수하들의 권력 재생산과 그에 필요한 이권의 창출에 도움이 되느냐 아니냐를 선택의 기준으로 삼았다. 그래서 그들에게 이익이 되지 않는 법률 또는 조례안은 유권자들에게 아무리 절실하게 필요하더라도 아예 다루지 않고 외면하거나 결정을 지연시키는 것이 일쑤였다. 이른바 무의사 정책결정의 전형을 보여 주었다.

(3) 이권, 특수 이익을 위한 정책결정

앞에서 소개한 대로 다이(Dye, 1985)의 지적처럼 관내의 모든 사업을 추진할 때는 보스와 그 수하들과 결탁해야 하였으며, 윌슨 주지사의 비판에서도 알 수 있는 것처럼 그들은 결탁된 기업가들에게 특혜를 제공하였다. 탤리안(Laura Tallian)의 지적대로 "19세기 도박장 사업자, 주류 사업자, 전기 등 공공사업가, 철도 사업가들이 정치기구(political machines)를 결성하여 구미에 맞는 공직 후보를 선택하였고, 마음대로 표를 몰아 주는 미국의 도시정부에서 인민의 의사는 제대로 표현될 수 없었다. 철도사업권, 주류사업권 등의 이권과 결탁하여 이루어지는 뇌물 수수(boodling)가 일반 시민들이 개입할 수 없는 선거 기간에 발생하기 때문에 양식 있는 시민들은 충격을 받으면서도 속수무책이었다"(Tallian, 1977: 22-33). 심지어 보스와 그 수하들은 그들과 결탁하여 계약한 기업의 탈법적 사건까지도 나서서 무마하거나 경찰의 법집행을 가로막기도 하였을 정도였다(Zimmerman, 김영기 역, 2002). 대표기관으로서 의회는, 수임받은 인민의 의사를 대표하며 주민 이익 또는 공익을 실현하는 법률이나 조례를 제정하는 것이 아니라 보스와 그 수하로써 이루어진 정치기구의 이익과 함께 정치기구와 결탁한 철도, 주류회사 등에 특혜를 제공하는 정책결정만 일삼았다. 이런 일탈적 행태가 19세기 후반부터 20세기 초반 개혁운동이 주창될 때까지 자행되었다. 이러한 심각한 문제는 존슨(Lewis J. Johnson)과 쿠리어(Charles F. A. Currier)의 보고서에도 잘 드러나는 바, "대표기구로서 의회는 낡았고,

법률제정권이 대표기구인 의회에 부여되었으나 인민의 통제 밖에 있다. 우리의 의결기구에 근본적 결함이 있고, 문제의 해결은 필수적이다"(Johnson & Currier, 1923: 8-9)라고 하였다.

1800년대 후반과 1900년대 초반까지 미국의 대표민주제를 채택한 주와 지방정부가 드러낸 양상을 압축해서 표현하자면, "공직은 주권자 인민을 위한 것이 아니라 탈법도 서슴없이 저지르는 보스와 그 수하들의 사유물이며, 정부는 보스와 그 수하들이 필요할 때 언제든지 끄집어내어 자신들의 이익을 창출하는 데 쓸 수 있는 정실직(patronage jobs)과 그들과 결탁하였거나 정치적·금전적 후원자들을 위하여 베풀기 위한 특혜(privileges)의 곳간"에 불과하였다. 주와 지방정부는 사이비 대표제였으며, 따라서 주권자 인민의 실망과 분노는 비등의 임계점에 이르렀고, 사악한 인간들이 대표가 되어 장악한 사이비 대표제 정부는 인민에게 해악을 자행하였고, 당연히 신뢰를 잃었다.

제 2 절 직접민주제의 제도화

지금까지의 내용을 통하여 독자들도 대표제를 채택한 미국의 연방과 주, 지방의 정치와 행정의 문제를 어느 정도 인식할 수 있을 것이다. 미국은 영국으로부터 독립을 위한 전쟁 외에 남북전쟁(Civil War, 1861-1865)을 치르면서 사회적으로 그 구성이 복잡해졌다. "애초에 기본적으로 농민, 도시노동자, 상업집단 등 사회집단은 세 개가 존재하였으나 전쟁이 끝난 무렵에는 세 개의 직업집단에다 북부 농민들, 도시노동자, 상업집단 외에 남부의 세 개 집단을 더하여 여섯 개로 늘어났다. 거기다가 남부와 북부에서 해방된 흑인 노예집단 두 개가 사회 세력으로 존재하였다"(Goodwyn, 1978: 4). 그만큼 미국 사회가 복잡해지고 이익 분파가 늘어난 셈이며, 이런 와중에 미국 사회는 새로운 제도를 통한 새로운 질서가 필요하였다. 정치 체제는 스스로 정당성을 가지고 정책을 통하여 사회문제를 해결하는 힘이 아니라 온갖 폐해의 근원으로 인식되었다.

정당 보스와 그 수하들의 해악을 직접 겪었거나, 자신이 겪지 않았더라도 피해집단의 고통에 공감하는 양심적 지식인들과 종교인, 공익 지향적 행동가들이 다각적인 해결 방안들을 모색하게 되었다. 존스(Marry "Mother" Jones)가 전해 준 "한탄만 하지 말고 조직하라(Don't mourn, organize.)"는 불멸의 명언(Shaw, 1996: 5)은 1800년대 말 그 당시에도 사회개혁가들을 각성시켰다. 사회문제 해결을 위한 새로운 제도의 채택에는 ① 기존 제도가 가지고 있는 문제, ② 그로 인한 사회집단의 고통과 그들의 결집, ③ 지식인과 양심적 활동가 등 창도 세력의 존재, ④ 사회적 조건(뉴욕 등 동부 대 서부) 등이 영향을 미치는 것으로 보인다. 여기서 ①은 이미 앞에서 살펴본 바 있다. 다음에 이러한 내용을 살펴본다.

1 피해집단의 결집

슈미트(Schmidt, 1989: 5)는 "산업혁명에 따른 급속한 변화–폭발적인 도시 성장, 산업 확대, 철도, 정치적 부패, 노동자들의 스트라이크, 토지 수용 등–는 1800년대 말 사회적·정치적 개혁의 요구를 증가시켰다"고 지적하였다. 크로닌(Cronin, 1989: 43)은 "1800년대 후반, 미국 사회는 경제적으로 어려운 상황에서 농민들을 착취한 대규모의 기업, 산업, 상업 등을 통제함으로써 문제 해결을 기대하는 급진적인 흐름이 형성되었고, 진보주의자들은 철도의 정부 소유와 독점의 제거, 누진적인 소득세제도, 자유로운 은화 주조, 통화의 확대 공급 등을 기대하며, 정치와 경제개혁을 지향하였다"고 하였다. 파이엇(Piott, 2003)도 "19세기 말 미국인들은 산업사회의 등장으로 인하여 극심한 경제적 변화를 겪었으며, 노동자, 농민, 소비자, 납세자들은 정치 체제의 참여자로서 점점 무시당한다고 느꼈다. 특수 이익 또는 특권 세력들과 이들이 통제하는 직업 정치인들은 중요한 사회적·경제적·정치적 쟁점들의 어떤 논의도 이루어지지 못하도록 방해하였다. 그래서 노동자, 농민 등은 특권층과 결탁한 정치인들은 이미 자신들의 대표가 아니라고 결론짓고, 주민의 욕구나 필요를 외면하고 조직된 세력에게 특혜를 부여하는 정부의 정책, 정당의 의제(agenda) 등에 불만을 갖게 되었고, 이러한 불만은 점점 더 커졌다"고 하였다. 1800년대 후반 당시의 노동자, 농민, 여성 등이 대표적 소외집단이었다.

노동자들은 노동자들을 보호하기 위한 입법과 파업 반대 조례의 금지를 위한 진지한 토론이 헛된 것으로 보았고, 또 법원의 반노동자 규제에 관한 제한도 무망하다고 보았다(Piott, 2003: 1). 사실 "노동자들의 이러한 고통은 강압적인 정치의 독점, 기업의 특권, 특정 세력에 대한 이권 제공 등의 상황"(Geobel, 2002: 5)과 관련된 것이다. 보스와 그 수하들, 정실에 의하여 배분된 공직에 충원된 자들이 정부를 장악하여 사유물로 만들었고, 그 지역에서 전개되는 모든 사업을 이권으로 간주하며 기업가 등 선거 후원자에게 특혜를 제공하는 조건에서 도시지역에서 노동자들은 보호받기 어려웠고, 그래서 극심하게 고통받는 집단이었으며, 이들이 자신의 노동 조건과 가족의 처지를 개선하기 위하여 문제 해결을 소망하고 사회적 약자로서 그들의 연대는 필연이었다.

농민들의 연대와 저항은 남부에서 시작되어 동부를 거쳤고, 그 다음에 서부 평원지대로 번졌다(Goodwyn, 1978: 20-54). 굿윈에 따르면, 남부의 농민들은 '곡물담보제도(crop lien system)'에 의하여 결국은 농토를 상인들(merchant)에게 빼앗기는 꼴이 되어 망하거나 농토를 넘기고 서부로 떠나야 하는 고통스러운 삶을 겪었다. 예컨대, 미시시피에서 농사를 짓는 브라운(Matt Brown)은 존스 가게(Jones Store)에서 필요한 농자재를 1884년부터 1901년까지 구입하여 농사를 지었으나 생산된 농작물을 그 가게에 선매하고, 빚이 늘어 농토를 넘겨야 하는 비극적 결말을 맞았다. 텍사스농민단체 회원들은 "자유제도는 수치이다", "미국이 변하지 않으면, 우리는 오로지 일하고, 굶주리고, 죽을 세 가지 권리밖에 없다"(Goodwyn, 1978: 53)고 자조적으로 절규하였을 정도로 수백만 남부 농민들이 19세기 이런 상황을 겪었고, 가난뱅이가 되어 미시시피 강을 넘어 남부와 서부로 흩어지게 만들어 고통받는 서민들(plain people)이 되었다.

고통받던 농민과 도시 노동자들은 각각 연대를 형성하여 문제 해결을 시도하게 되었다. 즉, 공간적으로 남부뿐만 아니라 서부, 사우스 다코타, 노스 다코타를 비롯한 대평원(Great Plains)의 주를 비롯하여 오리건, 캘리포니아 등 서부의 주에 확대되었으며, 사회적으로는 농민뿐만 아니라 철도노동자, 광산 노동자, 그 외 기업들에 고용된 노동자들까지 합세하여 결국 민중주의(populism)의 정서를 형성하였으며, 인민당(People's Party)의 조직으로 확대되어 마침내 정치적 개혁운동을 지향하게 되었다. 1887년 1월에는 매쿤(Charles Macune) 등이 중심이 된 텍사스 농민들과 루이지애나 농민들이 함께 전국농민연맹(National Farmers Alliance and Cooperative Union)을 결성하였고, 이 단체의 대표들은 캐롤라이나, 조지아, 켄터키, 플로리다, 캔자스 등의 지역으로 연대를 확대하려고 시도하였다(Goodwyn, 1778: 57-59).

서부의 농민들은 철도와 운하 등 미국 사회 전체에서 전개된 개발정책의 피해자 집단이 되었다. 주로 철도회사들이 농민들의 터전인 땅을 매입하고, 철로를 개설, 운영하면서 주나 지방정부와 결탁하여 철도 요금 등의 폭리를 취하며 결국 독점문제를 낳았고, 피해를 받은 집단으로서 농민들은 농민연맹(Grange)을 결성하여 정부를 상대로 철도 규제를 위한 법률 제정을 요구하게 되었다(Goebel, 2002: 19-20). 예를 들어 다른 중서부 여러 주와 마찬가지로 사우스 다코타도 1880년대 어지러운 경제 상황을 겪고 있었다. 즉, 1884년 초 농민들은 밀의 가격이 생산비보다 20%나 밑돌자 불만을 제기하였으며, 밀 매입자들의 공정하지 않은 등급, 독점적 철도 운임과 창고 보관료 등으로 고통을 겪었으며, 이러한 상황을 허용하는 의회에 해명을 요구하였다가 응답이 없자 많은 농민들이 농민보호연맹(Farmer's Protective Union), 농민클럽(Farmer's Club)에 가입하였다. 또 일부는 1880년 조지(Milton George)가 주도하여 결성한 북부농민연맹(Northern Farmer's Alliance)에 합류하기도 하였다. 이들 조직이 후에 다코타 농민연맹(Dakota Territorial Alliance)을 결성하는 토대가 되었다(Piott, 2003: 17-18). 물론 이러한 주 단위 농민조직은 나중에 전국 농민조직으로 연결되어 주민발의 운동, 나아가 미국 지방자치 개혁운동에 동참하게 되었다.

여성은 미국에서 애초에 투표권을 얻지 못하였다. 1848년 뉴욕 주 세네카 폴스(Seneca Falls)에서 처음으로 여성권리회의(women's Rights Convention)가 열렸고(http://www.nwhm.org/online-exhibits/progressiveera/suffrage.html), 1869년 앤서니(Susan B. Anthony)와 스탠튼(Elizabeth Cady Stanton)은 미국여성참정권연맹(National Woman Suffrage Association)을 결성하였으며, 그 후 전국여성정당(National Women's Party)이 결성되었다. 그리고 1896년까지 미국에서는 와이오밍, 콜로라도, 아이다호, 유타 등 4개 주가 여성의 참정권을 허용하였으며, 여성참정권 운동가들은 1800년대 말부터 1900년대 초까지 여성의 투표권 확대는 물론 광범위하게 경제 및 정치적 평등의 확대와 사회개혁을 위한 집합적 노력을 기울였다(http://memory.loc.gov/learn//features/timeline/progress/suffrage/suffrage.html). 이러한 노력 끝에 1920년 미국 헌법 수정 조항 제19에 의하여 비로소 여성의 참정권이 보편적으로 허용되었다.

2 개혁운동의 주도자: 양심적 지식인들

미국의 대표민주제가 문제를 드러내고, 또 산업화와 도시화 등으로 인하여 차별 또는 고통받는 사회집단이 생기고, 이러한 정치와 사회문제를 해결하기 위한 새로운 제도의 창안을 위하여 필요한 지식은 설리번(James W. Sullivan) 등 양심적 지식인들이 공급하였다는 것은 잘 알려진 사실이다(Schmidt, 1989; Cronin, 1989; Piott, 2003). 이러한 지식의 공급처는 유럽의 스위스였다. 괴벨(Thomas Goebel)에 따르면, 스위스는 중세 때 랜츠케마인데(Landsgemeinde)에서 직접 정책안을 다루던 전통이 있었고, 이것을 존데르분트(Sonderbund) 전쟁 후 1848년부터 스위스 연방의 헌법에 주민투표를 규정하였다(Goebel, 2002: 30). 사실 스위스 연방이 창설되기 전의 우리(Uri), 슈비츠(Schwiz), 운터발덴(Unterwalden), 아펜젤(Appenzell), 추크(Zug), 글라러스(Glarus) 공국, 즉 지방에서는 13세기 이후 주민들이 항상 조세와 관련된 결정을 스스로 발의하여 투표로써 결정하는 전통이 있었다. 주민들은 1년에 한 차례 정기적으로 회의를 가졌고, 이 회의를 랜츠게마인데라고 불렀다(Deploige, 1898: 3-4).[11] 파이엇(Piott, 2003: 3)에 따르면, 스위스에서는 이미 1844년 발레(Valais) 캔턴이 어떤 법안이든 주민투표에서 유권자가 다수결로 승인하기 전까지는 시행되지 못하도록 규정한 제도가 사용되었다는 것이다. 이런 사실을 통하여 미국 사회의 선각자들이 스위스의 직접민주제에 관한 전통과 경험, 지식 등을 체계적으로 연구하여 자신들의 제도를 창안하기 위한 지식으로 활용하는 일은 매우 합리적인 경로를 거쳤다.

미국에서 대표민주제를 보완하기 위한 제도가 필요하게 되자, 노동계의 지도자요 언론인이며, 사회개혁을 추구하던 설리번은 스위스로 직접 가서 수개월 간 그곳의 직접민주제를 연구·관찰하였고, 1889년과 1890년에는 여러 논문을 썼다(Cronin, 1989: 48). 그리고 1892년『시민에 의한 직접입법: 주민발의와 주민투표를 통하여(*Direct Legislation by the Citizenship through the Initiative and Referendum*)』를 출간하였다. 120쪽짜리 이 책은 미국에서 직접 입법을 처음으로 논의하였는데, 그 당시 1년에 1만 권에서 1만 5천 권이 팔려나갈 정도로 폭발적인 인기를 끌었고(Piott, 2003: 4), 그만큼 미국 사회는 직접민주제에 관한 지식을 갈구하였다. 설리번은 이 책에 모제스(Bernard Moses), 빈센트(John Martin Vincent) 등의 논문을 읽고, 민주제와 대표제의 차이점, 스위스의 직접 입법, 그리고 주민발의와 주민투표, 지방정부의 주민발의와 주민투표 등을 정리하여 담았다.[12]

---

11) 블루머(Blumer, 1898: 1-6)에 따르면, 랜츠게마인데(Landsgemeinde)에 관한 첫 기록은 1294년 슈비츠라는 캔턴(Canton: 현재 스위스연방의 주를 통칭)에서 열린 것으로 알려졌다(Deploige, 1898: 4의 각주 1 참고). 그리고 데플로지(Simon Deploige)에 따르면, 우리, 운터발덴, 아펜젤, 추크, 글라러스 등의 공국 주민들은 13세기 이후 자신들을 위하여 법률을 제정하고, 세금에 관하여 투표하는 일을 계속해 왔으며, 그들은 1년에 최소한 1회 이상 그런 중요한 회의를 가졌고, 이것을 랜츠게마인데라고 부른다. 이 회의에는 캔턴의 일정한 자격, 즉 14세 이상이며, 검을 휴대할 수 있는 권한(정치적 권한, 검을 휴대하지 않으면 투표권 행사하지 못하며, 지금도 그런 전통 유지함)을 갖춘 시민들(active citizens)이 의무적으로 출석한다. 15세기 중반 정치 참여의 연령은 슈비츠, 글라러스, 아펜젤, 추크 등이 16세로 수정하였다. 그 당시 회의는 대개 4월 마지막 주나 5월 첫 주에 개최하였다.

12) 설리번은 "작고 싼 책"을 출간해야 당시 빈곤층 사람들이 쉽게 구해 읽을 수 있다고 보아 이 책은 처음에 25센트에 팔았다가 10센트로 가격을 낮추었다. 그는 이 책에 앞서『정

당시 미국 사회에서 진보적인 지식인의 대표 가운데 또 한 사람은 조지(Henry George)였다. 그는 그 시대에 빈부 격차, 농민과 광부들의 고통을 보면서 '빈부 격차'의 문제에 골몰하였고, 빈부 격차의 문제는 땅의 문제에서 비롯된다고 보고 땅에 대한 투기에서 얻은 불로소득과 재정수입에 조세부가가 필요하다고 보았으며, 이러한 조치만이 땅 투기를 억제하고 '땅이 없는 일반 인민(landless plain people)'이 집을 짓고, 농장을 소유할 수 있다고 주장하였다. 그의 이러한 인식과 주장은 미국은 물론 세계적으로 유명한 『진보와 빈곤(*Progress and Poverty*)』(1879)[13]이라는 책에 담아내었다(Cronin, 1989: 43-45). 설리번도 그의 책을 읽고 정치제도 개혁을 위하여 스위스 직접민주제를 연구하여 책으로 출간한 것이다.

이 밖에도 미국에서 19세기 말에 대두한 탐문 보고자(muckraker)들의 활동도 중요한 역할을 수행하였다. 그 당시 "개혁주의(progressivism), 즉 미국 사회의 현대화에 뿌리를 두는 아이디어, 자극, 쟁점 등을 제시하는 정치개혁운동은 미국의 중산층이 주도하였지만, 위에 소개한 양심적 지식인들과 함께 1890년대부터 1930년대까지의 개혁기에 부패한 정치인과 관련된 추문을 파고들어 잡지에 보고서 형태의 글을 게재하였던 탐문 보고자들의 활동은 양심적 지식인이며 언론인, 문필가들에 의하여 이루어졌다" (http://en.wikipedia.org/wiki/Muckraker).[14] 이러한 추적자들은 정치인의 부패 외에도 미국 사회에서 은폐된 사건 등을 추적하여 보고서를 게재하거나 출간함으로써 사회문제, 나아가 정치문제를 계속 고발하는 결과를 만들어 개혁의 필요성을 확산시켰다.

미국의 주민발의제를 포함한 직접민주제를 채택하는 데는 "인민의 의사는 어떤 정부이든 정당성의 유일한 기초"라는 제퍼슨(Thomas Jefferson)

치적 정의의 개념(*A Concept of Political Justice*)』을 출간하였다. 필자는 설리번이 1893년에 출간한 것을 밀리언 북스(Millian Books)가 2010년에 재출간한 책을 참고하였다.

13) 이 책은 국내에서 김윤상 교수(경북대)가 1997년 『진보와 빈곤』이라는 이름으로 번역하여 출간하였다.

14) 이러한 문필가들은 개혁 시대에 활동한 이들을 초기 탐사 보고자로, 현재도 같은 유형의 활동가를 현대 탐문 보고자로 분류하며, 이들의 활동은 여전히 계속되고 있다.

의 주장이 바탕을 이루었다(Cronin, 1989: 40). 그리고 설리번과 조지 등 지식인들의 역할, 그리고 사우스 다코타의 직접입법운동을 이끈 헤어 신부(Father Robert W. Haire)와 같은 종교인, 포메로이(Eltweed Pomeroy), 벨라미(Edward Bellamy) 등 많은 사회지도자가 각자의 역할을 담당하면서 진보운동가들(populists), 또 사회주의자들이, 탐문 보고자 등이 중요한 역할을 하였다. 그리고 정계(政界) 안에서도 평생을 국민에게 권리를 되돌려 주고자 노력하였던, 그래서 21세기 연구자들에게는 오랫동안 정의를 위하여 상원의원으로 활동한 라 폴렛(La Follette) 등은 오늘날 정책과정론의 관점에서 정책주도자(policy entrepreneur) 역할을 맡아서 당시 피해집단 또는 소외집단으로서 노동자와 그 조직, 농민과 그 조직, 여성참정권운동조직과 협력하며 직접민주제 운동과 함께 미국 사회개혁운동을 전개하였다(Unger, 2000: 1). 당시 미국의 개혁운동가들 또는 혁신운동가들이 세운 네 가지 투쟁 모토는 "다른 사람들을 변화시켜라", "계급 갈등을 끝장내라", "대기업들을 통제하라", "사회를 격리하라"로 설정하고, 문제 해결을 위한 전위적 역할을 수행하였다(McGerr, 2003: xv).

3 주민발의제의 채택과 전개

미국에서 1898년 사우스 다코타 주가 처음으로 주민투표를 통하여 헌법을 개정하여 주민발의를 채택하였고, 그 후 24개 주가 주민발의를 제도화하였다. 대개 주민발의는 주민투표와 함께 채택하여 사용하기 때문에 이들을 함께 소개한다. 또한 주별 주민발의 및 주민투표제는 IRI 홈페이지 자료를 인용하여 소개한다(<표 4-1>).

4 주민발의의 범위와 유형

미국의 24개 주가 채택하고 있는 주민발의는 <표 4-1>에서도 나타나듯

〈표 4-1〉 주별 주민발의 및 주민투표제

주	채택 연도	주민발의	주민투표	헌법발의/직·간	법률/직·간
알래스카	1958	○	○	×	간접
애리조나	1911	○	○	직접	직접
아칸소	1910	○	○	직접	직접
캘리포니아	1911	○	○	직접	직접
콜로라도	1912	○	○	직접	직접
플로리다	1972	○	×	직접	×
아이다호	1912	○	○	×	직접
일리노이	1970	○	×	직접	×
켄터키	1910	×	○	○	×
메인	1908	○	○	○	간접
메릴랜드	1915	×	○	○	×
매사추세츠	1918	○	○	간접	간접
미시간	1908	○	○	직접	간접
미시시피	1914/92	○	×	간접	×
미주리	1908	○	○	직접	직접
몬태나	1904/72	○	○	직접	직접
네브래스카	1912	○	○	직접	직접
네바다	1905	○	○	직접	간접
뉴멕시코	1911	×	○	×	×
노스 다코타	1914	○	○	직접	직접
오하이오	1912	○	○	직접	간접
오클라호마	1907	○	○	직접	직접
오리건	1902	○	○	직접	직접
사우스 다코타	1898/72/88	○	○	직접	직접
유타	1900/17	○	○	×	직접/간접
워싱턴	1912	○	○	×	직접/간접
와이오밍	1988	○	○	×	간접
계	27개 주	24개 주	24개 주	18개 주	직접=14개 주 간접= 9개 주

이 제도의 구별되는 내용을 기준으로 갈래짓기가 가능하다. 즉, 주민발의를 통하여 제정할 수 있는 법률의 수준과 의결기관의 관여 여부를 기준으로 삼아서 다른 유형을 확인할 수 있다. 워터스(Waters, 2003: 11-12)를 참고하여 다음에 그 내용을 정리한다.

1) 헌법 주민발의와 법률 주민발의

헌법 주민발의는 주민발의를 통하여 헌법 개정까지 할 수 있는 경우이며, 알래스카, 아이다호, 켄터키, 메인, 메릴랜드, 뉴멕시코, 유타, 워싱턴, 와이오밍 등 9개 주를 제외한 18개 주가 최고 수준인 헌법개정안까지 발의할 수 있도록 허용하고 있다.

법률 주민발의는 주민발의를 통하여 법률을 제정할 수 있는 경우이다. 플로리다, 일리노이, 켄터키, 메인, 메릴랜드, 미시시피, 뉴멕시코, 유타, 워싱턴, 와이오밍 주를 제외한 21개 주가 법률 주민발의를 허용하고 있다.

2) 직접 주민발의와 간접 주민발의

직접 주민발의(direct initiative)는 유권자가 서명을 통한 발의안의 청구에서부터 캠페인을 거쳐 주민투표까지 모든 과정을 주도하여 법률 제정까지 완결시키는 경우이다. 직접 주민발의는 또 앞에서 분류한 바, 헌법안의 직접 주민발의와 법률안의 직접 주민발의로 나눌 수 있다. 헌법의 직접 주민발의를 허용하는 주는 알래스카, 아이다호, 켄터키, 메인, 메릴랜드, 매사추세츠, 미시시피, 뉴멕시코, 유타, 워싱턴, 와이오밍 등 11개 주를 제외한 16개 주이다. 그리고 법률안의 직접 주민발의를 허용하는 주는 애리조나, 아칸소, 캘리포니아, 콜로라도, 아이다호, 미주리, 몬태나, 네브래스카, 노스다코타, 오클라호마, 오리건, 사우스 다코타, 유타, 워싱턴 등 14개 주이다.

간접 주민발의(indirect initiative)는 유권자가 서명을 통하여 발의안을 청구하면, 그 다음 단계로 먼저 의회에 발의안을 회부하고, 의회가 법률안을 심의·의결함으로써 법률 제정 과정이 종결되는 경우이다. 그러나 의회가 법률 제정을 진행시키지 않으면 유권자가 캠페인을 거쳐 주민투표를 통하여 법률 제정의 절차를 진행시킬 수 있다. 이러한 간접 주민발의의 경우도, 헌법안 간접 주민발의와 법률안 간접 주민발의로 나눌 수 있다. 헌법안의 간접 주민발의를 허용하는 주는 매사추세츠, 미시시피 2개 주이고, 법률안의 간접 주민발의를 허용하는 주는 알래스카, 메인, 매사추세츠, 미시간, 네바다, 오하이오, 유타, 워싱턴, 와이오밍 등 9개 주이다.

Chapter 06

주민발의제의 내용: 헌법과 법률

주민발의제를 채택하고 있는 24개 주의 헌법과 법률을 모두 소개, 정리하기에는 지면의 제약이 있으므로 여기서는 맨 처음 주민발의제 헌법을 채택한 사우스 다코타의 헌법과 법률 내용, 그리고 주민발의의 활용 내용, 캘리포니아 헌법 내용, 애리조나 헌법 내용, 끝으로 미국에서 주민발의제의 활용도가 가장 높은 오리건의 헌법과 법률 내용을 소개하기로 한다. 이 내용은 워터스(Waters, 2003)와 두 주정부의 홈페이지 자료를 바탕으로 소개한다.

제 1 절 사우스 다코타의 헌법과 법률

1 헌법 제3장의 내용

사우스 다코타 주 헌법 제3장 제1절 입법권(legislative power)

주민발의와 주민투표. "주의 입법권은 상원과 하원으로 구성되는 입법부에 속한다. 그럼에도 주민(州民)은 발의안(measures)을 제안하고, 이 발의안은 주의 유권자 투표에 회부할 수 있는 권리, 그리고 공공 평화, 보건 또는 안전, 주정부의 지원, 기존의 공공제도의 즉각적인 보호를 위하여 필요한 법률을 제외하고, 의회가 의결한 여하한 법률도 그 시행에 앞서 주민의 투표에 회부하도록 요구할 수 있는 권리를 분명하게 주민 스스로에게 유보한다. 주민발의나 주민투표를 청구하기 위해서는 주의 등록 유권자 5%의 청원이 요구된다."

"이 조항은 의회나 의안을 발의할 수 있는 권리를 가진 어느 누구의 권리를 박탈하는 것을 의도하지 않는다. 주민의 투표를 거친 법안에 대해 집행기관의 거부권은 행사되지 않는다. 이 조항은 지방자치단체에도 적용된다. 주민의 투표로써 제정하는 모든 법률의 조항은 '사우스 다코타 주민에 의하여 제정됨'이라고 표기된다. 의회는 이 조항의 시행을 위하여 필요한 조항을 제정할 수 있다'(Waters, 2003: 393; http://legis.state.sd.us/statutes/index.aspx).

2 법률의 내용

법률 제1장 내용을 보면 다음과 같다.

1) 주민발의 청구: 서명자 수의 요건

모든 법률안 발의는 청구에 의하며, 청구는 주의 등록 유권자 5% 이상이 서명한다.

2) 청구 발의의 접수와 전달: 총선에서 유권자 투표 회부

다음 총선에서 주민투표에 회부할 발의안의 청구는 바로 앞 총선이 있는 해 5월의 첫 화요일까지 주 총무성에 접수한다.

(1) 헌법개정안 발의의 접수: 투표 회부

헌법개정안을 발의하는 청구는 다음 총선의 최소한 1년 전에 총무성에 접수하며, 제때에 헌법 개정 주민발의안이 접수되면, 제12~13장의 조항에 따라 다른 문제나 의안이 회부되는 것과 동일한 방식으로 다음 총선에서 주민투표를 실시한다.

(2) 발의된 헌법개정안의 철회

사우스 다코타 헌법 제23장 제3절이 규정한 바에 따라 다음 총선일로부터 120일이 지나기 전에, 총무성에 접수한 발의안의 기명 동의자 2/3 이상이 투표에 부칠 발의안을 철회하기를 요구한다면, 헌법의 수정을 제안하는 유권자의 청구는 철회할 수 있다. 총무성은 철회의 요구를 문서로 첨부하고, 그 후의 절차를 중단한다.

3) 주민투표: 청구 대상 법률과 형식

의회가 제정한 특정한 법률안은 공공 평화, 보건 또는 안전, 주정부의 지원, 기존의 공공제도의 즉각적인 보호를 위하여 필요한 법률을 제외하고, 주민의 청구에 따라서 다음 총선에 유권자의 투표에 회부한다. 이러한 주민투표(referendum) 청구를 위해서는 유권자 5% 이상의 서명이 필요하다. 청구의 양식은 주의 선거관리위원회가 규정한다.

4) 주민투표 청구의 접수 기간

주민투표의 청구는 의회가 그 법률을 의결하여 이송한 날로부터 90일 이내에 주 총무성에 접수한다.

5) 총 투표자 수로 청구인 수의 산정

이 장의 목적에 따라, 현직 지사의 바로 앞 선거에 투표한 총 유권자 수를 청구자 요건에 필요한 서명자 수를 결정하는 근거로 삼는다.

6) 서명 자격: 다르거나 무자격 서명은 경범죄

자격을 가진 모든 유권자는 발의안을 제안하거나 법률안을 투표에 부치도록 요구하는 청구에 서명할 수 있다. 주의 유권자로서 자격이 없거나 다른 사람의 이름으로 서명하는 자는 누구나 1급 경범죄에 해당한다.

(1) 서명 수집 전 청구의 접수: 서명 수집과 서명의 접수-시간 제한 -서약

주민발의 청구, 법률안에 대한 투표 청구, 또는 헌법수정안의 발의에 관한 내용 전체, 그리고 청구하는 발의안을 투표에 부칠 총선의 날짜, 발의를 청구하는 동의자의 이름과 주소는 서명을 수집하기 위하여 주 총무성에 접수할 때 첨부되어야 한다. 만약 서명자가 제3급의 자치단체에 거주하는 경우, 서명자의 우편사서함 번호도 주소와 병기하여야 한다. 청구의 양식은 주 선거관리위원회가 규정한다. 헌법 개정을 발의하는 청구는 그 전문을 접수시킬 때 지정된 총선일로부터 24개월을 경과하여 서명을 수집할 수 없다. 그 밖의 주민발의를 위한 청구는 그 전문을 접수시킬 때 지정된 총선일로부터 18개월을 경과하여 서명을 수집할 수 없다. 주민발의 청구 및 헌법개정안 주민발의 청구는 2-1-2 또는 2-1-2.1에 규정한 바에 따라 주 총무성에 접수한다. 이 장의 규정에 따라 발의안으로 청구된 법률안의 모든 절은 주 선거관리위원회가 공포한 양식에 맞게 선서문과 함께 주 총무성에 접수되어야 하며, 선서문에는 접수된 법률 발의안 청구의 전문이며, 충분한 서명자가 포함되어 있다는 내용을 진술하는 주민발의안 동의자 2/3의 서명이 있어야 한다.

(2) 2000년도 개정한 2-1-6.2의 적용

2000년도에 개정한 2-1-6.2의 내용은 2000년 7월 1일 이전에는 주민발의 청구나 헌법개정안 청구를 위한 서명에 적용하지 않는다.

7) 발의안을 제안하는 모든 청구

법률안의 내용이 포함되어야 하고, 청구하는 자들이 서명하여야 하고, 법률안을 주민의 투표에 부치고자 하는 모든 청구는 청구자들이 모두 서명하여야 하고, 그 법률안의 내용과 주민투표의 제목, 법률안의 가결 일자, 투표로써 승인하고자 하는 일자가 기술되어야 한다.

8) 단일 청구서의 분리된 용지

단일 청구는 1매 이상의 용지로 구성될 수 있으며, 각 용지는 청구와 관련된 규정된 제목과 관계가 확인되는 내용을 갖추어야 한다.

9) 서명 청구자의 선서문

사우스 다코타 주 헌법 제3장 제1절에 따라 법안을 발의하거나 법률안의 주민투표를 청구하기 위하여 서명을 수집하는 자는 법률에 따라 접수하도록 지정되어 있는 공직자의 사무실에 접수하기 전에 서명을 수집하는 자라는 증명을 받는다. 서명 수집자라는 증명은 사우스 다코타 주에서 임명한 공증인 또는 법률 18-3-1에 근거하여 선서를 관리하도록 권한을 가진 공직자에 의하여 입증되어야 한다.

10) 청구서의 해석

접수된 청구는 적극적으로 해석하여 청구자의 진정한 의도가 단순히 기술적인 문제로 기각되지 않는다.

11) 유권자에 의하여 승인된 발의안의 효력 발생

투표자의 투표에서 다수결로 승인된 헌법개정안, 법률발의안과 법률에 대한 주민투표안은 주의 심사위원회(State Canvassing Board)에 의한 공식적 심사가 완료된 다음 날부터 효력을 발생한다.

12) 서명의 인정 불가

이 장에 규정된 내용에 반하는 방식으로 확보한 서명은 인정되지 않는다.

제20장의 내용은 다음과 같다.

9-20-1. 조례나 건의안의 발의를 위한 서명자 비율

지방자치단체의 정부에 대한 조례안이나 건의안(resolution)을 청구하는 권리는 유권자 5%에게 부여하며, 이러한 유권자 비율은 9-20-2에 거론하

는 주민발의안의 접수 시점에서 법률에 따라 해당 지방자치단체의 투표구별로 등록된 명단 또는 카운티의 회계감사국에 등록된 선거구별 명단 등 등록된 유권자 수 전체를 근거로 한다.

9-20-2. 조례나 건의안 발의 청구: 내용

조례나 건의안을 발의하는 청구는 조례나 건의안의 적정한 양식을 갖추어서 재정국장에게 접수한다. 이러한 발의안은 자치단체에 거주하는 규정된 수의 등록된 유권자가 서명하여야 한다. 서명자나 서명 수집자는 서명자의 주소, 유권자로 등록한 카운티, 서명 일자 등을 덧붙여 기록한다. 서명자에 관해서는, 만약 서명자가 2급 또는 3급으로 분류되는 자치단체 거주자인 경우, 거리(street)와 관련된 주소와 함께 우편함 번호도 제시하여야 한다. 청구서에 기재된 서명이 6개월 이상 경과한 경우에는 인정되지 않는다.

9-20-3. 채권의 무효를 목적으로 하는 조례 발의의 금지

조례의 발의권은 법률에 따라 지방자치단체에 의하여 발행된 채권의 무효화를 목적으로 행사할 수 없다.

9-20-4. 정부 당국에 발의 청구의 접수: 제정과 투표

발의안의 청구를 회계검사국장이나 총무국장에게 접수할 때, 접수 담당자는 청구 내용을 담당 부서의 바로 다음 정기회 또는 임시회에 제출한다. 담당 부서는 청구된 법률안을 제정하고, 주민투표를 위하여 규정된 절차에 따라 유권자의 투표에 부친다.

9-20-5. 발의안의 다수결 요건: 시행 일자

발의안은 유권자의 찬반 투표에서 다수결로 결정되기 전에는 시행되지 않는다. 다수의 찬성으로 결정되면, 주민발의안과 관련된 선거 결과의 완결과 함께 효력을 발생한다.

9-20-5.1. 개정이나 폐지를 위한 유예 기간

조례 등 주민투표로써 이루어진 주민발의의 시행 후 최소한 1년이 경과

하기 전에는 지방자치단체의 통치기관(governing body)에 의하여 개정하거나 폐지할 수 없다.

9-20-6. 주민투표 청구의 접수 시기

특정 지방자치단체에 거주하는 정해진 수의 유권자는 조례안의 공표 후 20일 안에 그 조례안의 승인이나 거부를 결정하기 위한 지방자치단체 유권자의 투표에 부치도록 하기 위하여 주민투표 청구를 회계검사국장이나 총무국장에게 접수할 수 있다. 만약 그 조례안이 공표된 후 20일째에 접수되는 경우, 그러한 청구는 시청이나 회계검사국의 근무가 종료되는 시간을 넘겨서 접수할 수 없다.

9-20-7. 주민투표 청구에 다루어야 할 내용의 기재

주민투표 청구에 의하여 다루고자 하는 내용이 조례안 전체인 경우, 청구서에는 그 조례안의 제목, 의회를 통과한 날짜를, 그러나 조례안의 일부인 경우에는 그 내용을 충실하게 기재한다.

9-20-8. 주민투표 청구를 위한 서명자 수: 서명자를 위한 자료

주민투표 청구를 위한 서명자는 지방자치단체에 거주하는 법적 유권자 수의 5% 이상이어야 한다. 주민투표 청구자의 비율은 주민투표의 접수 시점을 기준으로 법률에 따라 해당 지방자치단체의 투표구별로 등록된 명단 또는 카운티의 회계감사국에 등록된 선거구별 명단 등 등록된 유권자 수 전체를 근거로 한다. 서명자나 서명 수집자는 서명자의 주소, 유권자로 등록한 카운티, 서명 일자 등을 덧붙여 기록한다. 서명자에 관해서는, 만약 서명자가 제2급 또는 제3급으로 분류된 지방자치단체 거주자인 경우, 거리와 관련된 주소와 함께 우편함 번호도 제시하여야 한다.

9-20-9. 청구서 서명 수집자의 요건: 선거관리위원회의 규정 공표와 범위

주민발의나 주민투표를 위하여 서명을 수집하는 자는 청구서 서명자가 해당 자치단체 거주자이며, 서명 자격이 있는 자라는 사실을 입증하여야 한다. 선거관리위원회는 제1장 26절 주민발의 및 주민투표 청구와 관련된 규정과 그 검증에 부합되는 규정을 공표한다.

9-20-10. 주민투표 청구의 자유로운 해석

주민투표 청구는 자유롭게 작성, 서명하며, 주민발의와 관련된 법률이 허용하는 대로 자유롭게 해석한다.

9-20-11. 청구된 주민투표안의 투표일 - 투표 연기 조치의 불가

주민투표 관리기관은 9-20-6에 부합되는 청구의 접수에 따라 자치단체의 다음 정기 선거 또는 다음 총선일 가운데 가까운 선거일에 해당 주민투표 발의안을 투표에 부친다. 투표에 부치는 것을 연기하기 위하여 담당기관이 발의된 주민투표안의 효과를 변경하거나 선점하는 내용의 조치를 취할 수 없다. 그럼에도 불구하고 담당기관은 청구의 접수를 받은 날로부터 10일 이내에 담당기관이 규정한 날로부터 30일 이상이 경과한 다음의 화요일에 임시투표를 실시하도록 기간을 단축할 수 있다.

9-20-11.1. 총선을 실시하는 해의 8월 첫 화요일 투표 금지

지방자치단체는 9-20-11에 따라 총선이 실시되는 해 8월 첫 화요일 이후에 실시되는 다음 총선에 주민투표 발의안을 회부할 수 없다.

9-20-11.2. 카운티 회계검사국에 발의안 사용어의 확인 시기

만약 어떤 지방자치단체가 9-20-11에 따라 다음 총선에 발의안과 관련된 투표를 실시하려는 경우, 총선이 실시되는 해의 8월 제3 화요일까지 카운티의 회계검사국장에게 발의안에 사용하는 언어(ballot language)를 확인해 주어야 한다.

9-20-11.3. 지방자치단체가 부담하는 부가적 투표 비용

만약 어떤 지방자치단체가 9-20-11에 따라 다음 총선에 발의안과 관련된 투표를 실시하려는 경우, 지방자치단체는 지방자치단체와 관련된 발의안의 부가적 투표 비용을 지불한다. 부가적인 투표 비용은 카운티의 회계검사국장과 지방자치단체의 재정국장의 합의로 산정한다.

9-20-12. 주민투표안의 공표: 투표의 통지

회계검사국장 또는 총무국장은 투표에 앞서서 1주일에 1회씩 2주 연속적으로 주민투표에 부칠 법률안의 전체 내용을 공표하여야 한다. 이러한 공보물은 투표에 부칠 조례안의 내용 가운데 투표일을 공지하거나 만약 조례안의 일부에 한하여 투표를 실시하는 경우에는 그 일부의 내용을 공지하여야 한다.

9-20-13. 주민투표에 부칠 발의안: 양식과 내용

감사국장이나 총무국장은 투표에 부칠 조례안이나 규칙안을 인쇄하고, 여타 공식적 의안들과 동일한 방식으로 배포하여야 한다. 그러한 의안은 시의 법무국장이나 법무국장이 존재하지 않는 경우는 해당 지방정부가 그 직무를 위하여 채용한 법무 담당자가 인쇄된 투표안에 진술한 경우를 제외하고는 의회가 투표에 부치는 법률안과 가능한 한 합치되어야 한다. 동시에 투표에 부칠 모든 의안은 동일한 투표안에 포함되어야 한다.

9-20-14. 주민투표에 적용할 수 있는 자치단체의 총선 규정

이 장에서 규정하는 선거는 따로 규정한 투표 양식을 제외하고는 제9장 13절의 조항에 규정한 대로 따른다.

9-20-15. 주민투표의 의결 요건: 시행 시기

주민투표에 부치는 모든 조례안은 그 안에 대하여 다수의 찬성과 반대에 의하지 않고는 시행할 수 없다. 다수의 찬성으로 결정되면, 주민발의안과 관련된 선거 결과의 완결과 함께 효력을 발생한다.

9-20-16. 주민투표 청구의 보존: 주민의 검색 개방

감사국장이나 총무국장은 합당한 요구에 따라 시민의 검색이 이루어질 기간으로서 최소한 2년간 주민투표를 청구하여 사무실에 접수된 발의안들을 모두 보존하여야 한다.

9-20-17. 주민투표 이후 새로운 조치의 유예 기간

주민투표에 부쳐진 모든 조례안에 대해서는 최소한 1년 안에는 지방자치단체의 정부에 의하여 다시 투표에 회부할 수 없다.

9-20-18. 의회의 조사: 지방자치단체 조치의 주민투표 회부

의회는 지방자치단체의 기관에 의사결정권을 이양하려는 경우, 주의 다른 법률에 주민투표 및 주민발의의 절차로부터 달리 제외되어 있지 않다면, 의회의 의사결정권 이양의 의사와 조치는 주민발의와 주민투표의 절차를 따라야 한다.

9-20-19. 주민투표에 회부하는 의회의 결정: 행정적 결정의 제외

의결기관의 특정한 의사결정은 주민투표의 절차에 회부된다. 의결기관의 결정은 항구적인 법률의 제정이나 규칙의 제정 또는 시민 혹은 공직자의 정책 과정 지침과 같은 것이다. 그리고 의결기관의 결정을 지칭한다. 법규에 특별히 규정하지 않는 한 행정적 결정은 주민투표에 부치지 않는다. 행정적 결정이란 통치기관 또는 의결기관이 이미 채택한 계획의 실행과 관련된 것이다. 프로그램의 감독은 행정적 결정이다. 채용, 규율, 구성원의 봉급 설정 등은 행정적 결정이다.

3 주민발의의 활용

사우스 다코타 주는 비록 주민발의와 주민투표 등 직접민주제의 장치를 가장 먼저 채택하기는 하였지만, <표 6-1>에서 알 수 있는 것처럼 활용도가 그렇게 높은 주가 아니다.

〈표 6-1〉 사우스 다코타의 주민발의 활용도

연도	분야	내용	통과 여부
1908	알코올 규제	중독성 음료의 생산자와 판매의 허가, 규제에 관한 법률	실패
1912	선거법 개정	예비선거법	통과
1914	선거법 개정	의원, 주, 카운티의 공직후보, 사법기관 공직자, 연방 및 주 회의 대표의 후보 Coffey 예비선거법	실패
1914	알코올 규제	술의 판매 허가, 규제, 그리고 지역의 허가 조건 등	실패

1916	정부의 행정	주 은행위원회 설립	실패
1916	은행 개혁	은행 및 재정 부서 설치	실패
1916	선거법 개정	Richards 예비선거법-정당의 거래(transactions) 규제	실패
1918	선거법 개정	Richards 예비선거법	통과
1920	선거법 개정	예비선거법	실패
1922	공기업 규제	주의 수력발전공장 및 송전 체제 설치와 운영	실패
1922	기업 규제	일요일 퍼포먼스(performance) 제한	실패
1922	은행 개편	주 소유 은행 설립	실패
1922	교육	주립대학 소재지 이전	실패
1922	주정부 행정	주 경찰(constabulary)의 폐지	실패
1948	알코올 규제	식품판매장에서 알코올 판매 금지	실패
1950	알코올 규제	불법적인 광고를 이용한 알코올의 판매 조장 규제	실패
1970	보건 및 의료	충치예방제(fluoridation)의 요건 설정	실패
1970	조세	소득세	실패
1972	동물 권리	비둘기 사냥 금지	통과
1978	공기업 규제	생활 관련 서비스 요율 개정	실패
1978	기업활동 규제	우유 판매시장법 폐지	통과
1978	법률	음란행위의 새로운 규제	실패
1980	핵무기/시설/폐기물	우리늄, 폐기물, 공장의 주민투표 승인 요구	실패
1980	조세	부동산 관련 세법	실패
1980	주민발의와 주민투표 조항	주민발의로 제정한 법률에 대한 의회의 개입 금지	실패
1984	핵무기/시설/폐기물	주민투표를 통한 승인 요구	통과
1984	교육	노동절 후의 개학 일자	통과
1984	핵무기/시설/폐기물	핵 동결에 관한 규정	실패
1986	행정 개편	5월 마지막 일요일을 기념일로 지정	통과
1988	조세	노천광산에 대한 부가세	실패
1988	환경문제	노천광산의 개발	실패
1988	동물 보호	우리형 돼지농장의 금지	통과
1988	사행	데드우드(Deadwood) 시에서의 게임장 개설 허가	통과
1988	조세	재산세 중 섹션(section) 제한 추가	실패

1990	공기업 규제	대형 쓰레기장 시설의 의회 승인	통과
1990	환경 개선	대형 금광/은광의 허가	실패
1992	환경 개선	금광과 은광의 규제, 개발	통과
1992	조세	다양한 감세와 재배분	실패
1992	게임	비디오 복권의 폐지	실패
1992	임기 제한	주의원의 임기 제한	통과
1994	조세	재산세 개정	실패
1996	임기 제한	투표에 관한 법안	통과
1998	조세	교육 지원을 위한 재산세 반대	실패
1998	행정 개편	우리형 농장에 관련된 제한	통과
2000	게임	데드우드 시의 도박장에서 상한액 설정	통과
2000	조세	상속세의 부과와 상속세 부과법 제정 금지	통과
2000	게임	비디오 복권을 금하는 개헌	실패

제 2 절 캘리포니아 주의 주민발의 관련 헌법

제2장

제8조

(a) 주민발의는 법률안과 헌법개정안을 제안하고 채택하거나 거부할 수 있는 유권자의 권리이다.

(b) 주민발의안은 총무성에 제안된 법률안이나 헌법개정안의 본문과 함께 법률안의 경우에는 지난 주지사 선거의 투표자 5%, 헌법개정안의 경우에는 8%의 유권자가 서명해서 접수하는 청구를 통하여 제안할 수 있다.

(c) 주 총무성은 발의안에 대하여 검증한 뒤 최소 131일 후에 열리는 다음 총선 또는 총선에 앞서 열리는 임시선거에 부친다. 주지사는 발의안을 투표에 부치기 위한 임시선거를 요구할 수 있다.

(d) 하나 이상의 주제를 포함하는 주민발의 법률안은 유권자의 투표에

부칠 수 없으며 어떤 효력도 가질 수 없다.

(e) 주민발의 법률안은 해당 법률안의 승인, 불승인, 또는 특정 발의안의 찬성에 근거하여 그 적용이나 시행에 주의 특정한 정치적 구역(subdivision)을 포함시키거나 배제해서는 안 된다.

(f) 주민발의안은 그 발의안에 찬성하거나 반대하는 투표에 의존하여 법률의 한 조항이 될 수 있는 내용의 조항을 포함해서는 안 된다.

제9조

(a) 주민투표는 긴급한 법률, 선거를 요구하는 법률, 주의 조세 부과나 경상적인 예산과 관련된 내용을 제외한 법률 또는 법률의 일부를 승인하거나 거부할 수 있는 유권자의 권리이다.

(b) 주민투표는 해당 법률안이 통과된 날로부터 90일 이내에 법률안 전부 또는 일부에 관하여 유권자의 투표에 부칠 것을 요구하는 내용을, 주지사 선거의 총 투표자 5% 이상의 유권자가 서명하고, 검증을 거친 청구서를 주 총무성에 접수함으로써 발의할 수 있다. 의회가 발의하여 통과시킨 법률안의 경우, 2년 임기의 2년째 회기까지 상원과 하원이 모두 휴회 기간, 의회가 통과시킨 후 주지사에게 그 법률안이 이송되어 있는 기간에는 주민투표 발의의 청구서가 제2장의 제10조의 절에 규정한 대로 1월 1일 이전에 법무성 장관에게 제출된 경우가 아닌 한 해당 법률안이 통과된 날짜 다음의 1월 1일 또는 그 이후에 청구서는 제출할 수 없다.

(c) 주 총무성 장관은 주민투표 발의안의 청구를 검증한 31일 이후에 열리는 총선 또는 총선에 앞서 열리는 임시선거에 주민투표를 실시한다. 주지사는 주민투표 발의안에 투표를 실시하기 위한 임시선거를 요구할 수 있다.

제10조

(a) 투표자 다수에 의하여 승인된 주민발의 법률안 또는 주민투표 법률안은 그 법률안이 다르게 규정하지 않는 한 선거 다음 날부터 효력을 발생한다. 주민투표 법률안의 일부에 대하여 투표 청구가 이루어진 경우에는 법률안의 그 나머지 조항의 효력 발생은 지연되지 않는다.

(b) 선거에서 대립적인 두 법률안 발의가 투표에서 승인된 경우에는 가

장 찬성자가 많은 법률안이 시행된다.

(c) 의회는 주민투표 발의에 의한 법률을 폐지하거나 수정할 수 있다. 다른 주민발의 법률안이 그들의 승인 없이 수정 또는 폐지할 수 있다고 규정하지 않는다면, 유권자 투표에 의하여 승인된 경우에만 효력을 발생하는 다른 법률에 의하여 폐지나 수정이 가능하다.

(d) 주민발의나 주민투표의 청구를 위한 유권자 서명의 수집에 앞서 법률의 규정에 따라 투표안의 공식 명칭과 요약문을 준비할 수 있도록 복사본을 법무성 장관에게 제출하여야 한다.

(e) 의회는 청구를 위한 서명의 수집, 제출, 검증, 그리고 발의안을 투표에 부치는 방법에 관하여 규정하여야 한다.

제11조

(a) 주민발의와 주민투표권은 의회가 규정하는 바에 따라 각 시나 카운티의 유권자에 의하여 행사된다. 이 조의 (b)와 (c)에 규정한 내용을 제외하고는 이 조는 헌장을 보유한 시에 영향을 미치지 않는다.

(b) 특정 시나 카운티의 주민발의 법률안은 해당 법률안의 승인, 불승인, 또는 특정 시나 카운티의 유권자 또는 그 일부의 특정 발의안의 찬성에 근거하여 그 적용이나 시행에 특정 시의 특정한 구역을 포함시키거나 배제하여서는 안 된다.

(c) 특정 시나 카운티의 주민발의 법률안은 찬성하는 특정 유권자나 반대하는 특정 유권자들에 의하여 법률도 승인될 하나 이상의 조항이 포함되는 대안적 조항이나 유권자 발의안을 베끼는 조항을 포함하여서는 안 된다.

제12조

의회나 주민발의에 의하여 유권자에게 회부되는 헌법개정안, 그리고 법률안으로서 공직을 보유한 개인의 이름이나 특정한 기능을 수행하거나 권한을 행사하거나 임무를 수행하는 개인 회사의 이름이나 정체성을 드러내는 경우에는 유권자의 투표에 부칠 수도 없고, 효력도 발생할 수 없다.

제13조

주민소환은 선출직 공직자를 해임하는 유권자의 권리이다.

제14조

(a) 주 공직자의 소환은 소환 추진의 사유를 밝히는 청구를 주 총무성 장관에게 제출함으로써 발의된다. 소환 사유의 충족 여부는 심사가 불가하다. 소환추진자는 서명된 소환 사유를 접수한 날로부터 160일의 기간을 사용한다.

(b) 주 공직자의 소환을 위한 청구는 해당 공직자를 선출한 투표자의 12%에 해당하며, 5개 이상의 카운티에서 해당 공직자를 선출할 때 투표한 유권자 1% 이상의 서명을 받아야 한다. 상원의원, 하원의원, 평등위원회 의원, 상고법원과 지방법원 판사의 소환을 위한 서명은 해당 공직자의 선출 때 투표자 20% 이상의 서명을 받아야 한다.

(c) 주 총무성 장관은 소환 청구의 서명을 영구적으로 보전하여야 한다.

제15조

(a) 특정 공직자의 소환 여부를 결정하는 선거, 그렇게 규정되어 있는 경우, 후임 공직자를 선출하기 위한 선거는 주지사가 요구할 수 있으며, 주지사는 서명자 수를 검증한 날로부터 60일에서 80일 이내의 기간에 선거의 실시를 요구한다.

(b) 공직자 소환선거는 해당 소환선거가 실시되는 구역 전체 또는 일부에 걸쳐 실시되는 정기선거에서, 만약 정기선거의 투표권자 수가 해당 공직자의 소환선거 투표자와 최소한 50% 이상 동일한 경우, 소환선거를 다음 정기선거에 통합하여 실시할 수 있도록 서명자 수를 검증한 날로부터 180일 이내에 실시한다.

(c) 과반수 이상의 투표자가 소환을 지지하여 투표한 경우, 해당 공직자는 해임되며, 후임을 위한 후보가 있는 경우 과반수 이상의 지지를 받은 후보자는 후임 공직자가 된다. 헌법 제6장 제16조 (d)에 규정한 공직자는 후보가 될 수 없고, 후보 자격도 없다.

제16조

의회는 소환을 위한 서명, 접수, 청구의 검증, 후보 지명, 소환선거 등에 관하여 규정하여야 한다.

제17조

주지사나 총무성 장관의 소환이 발의되는 경우, 해당 공직자의 소환과 관련된 직무는 부지사나 감사원장이 대행한다.

제18조

소환 청구가 이루어졌으나 소환되지 않은 주 공직자의 경우, 법적으로 사적으로 발생한 소환선거의 비용은 주정부가 변상한다. 소환선거 이후 6개월 간 해당 공직자에 대한 추가 소환 발의는 불가하다.

제19조

의회는 지방정부 공직자의 소환에 관하여 규정한다. 이 조는 헌장에 따라 주민소환에 규정하고 있는 카운티나 시에는 적용하지 않는다.

제20조

이 헌법에 의하여 규정된 공직자의 임기는, 의원의 경우를 제외하고, 선거 이후의 1월 1일 이후의 월요일부터 시작된다. 선거는 임기가 만료되기 전 마지막 짝수 해에 실시된다.

제4장: 입법권

제1조

주의 입법권은 상원과 하원으로 구성되는 캘리포니아 주의회에 속하지만, 주민은 주민발의와 주민투표권을 주민 스스로에게 유보한다.

제 3 절 애리조나 주의 주민발의 관련 헌법

주민발의 및 주민투표와 관련된 애리조나 주의 헌법 내용을 소개하면 다음과 같다. 참고로 애리조나 주는 헌법 제4장에 관련 조항들을 배열하고 있다.[1)]

1) 책의 편제와 달리 법률 편제로서 제1절 등의 용어를 사용하였다.

제1절 입법권(legislative authority): 주민발의와 주민투표

제1절 (1) 상원; 하원; 주민(州民)의 입법권 소유. 주의 입법 권한이 상원과 하원으로 구성된 입법부에 귀속되지만, 입법부와 별개로 주민이 법률과 헌법에 수정안을 제안하고 투표를 통하여 그와 같은 법률과 헌법 수정안을 제정하거나 거부할 권한을 갖는다; 또한 주민은 그들의 선택에 따라 의회가 제정한 법률 또는 법률의 조항, 절 또는 법률의 일부 등 어떤 것이든 승인하거나 거부하는 권한을 갖는다.

(2) 주민발의권: 주민의 첫 번째 입법 권한은 주민발의권이다. 이 권한에 따라 유권자 10%는 발의안(measure)을 제안할 권리를, 그리고 유권자 15%는 헌법의 수정안을 제안할 권리를 가진다.

(3) 주민투표권: 긴급 발의권; 시행 일자. 주민이 보유한 두 번째 입법 권한은 주민투표권이다. 주민투표권에 따라 의회, 또는 유권자의 5%는 공공의 평화, 보건, 안전 또는 주정부의 성(省, department)과 기관의 유지, 존속을 위하여 즉시 시행이 필요한 법률을 제외하고, 어떤 법률 또는 조항, 절 또는 법률의 일부라도 주민의 투표에 부치도록 결정할 수 있다; 그러나 주민투표 청구의 기회를 부여하기 위하여, 공공의 평화, 보건, 안전 또는 주정부의 성과 주 기관의 유지와 존속에 필요한 예산을 지출하기 위하여 즉시 시행하도록 규정한 경우를 제외하고는 입법부에서 통과된 모든 법률은 해당 법률의 제정이 이루어진 회기가 끝난 뒤 90일 내에는 시행될 수 없다; 별도의 절에 그 법률이 즉시 시행되어야 할 사유를 명시하지 않고, 의회의 상원과 하원에서 표결을 통하여 의원 2/3의 찬성 투표로써 승인하고, 또 지사가 승인한 경우가 아니면 어떤 법률도 의회를 통과한 것으로 간주하지 않는다; 위의 조건을 따르지 않는 법률안은 주지사가 거부권을 행사하여야 하며, 의회의 상원과 하원에서 표결을 통하여 의원 3/4의 찬성으로 결정된 경우가 아니면 법률이 성립되지 않는다.

(4) 주민발의와 주민투표의 청구: 접수. 주민발의권에 근거하여 제출되는 모든 청구는 주민발의 청구로 공지하며, 적어도 제안된 발의는 투표가 실시될 선거 4개월 전에 총무성(secretary of state)에 접수되어야 한다. 주민투표권에 근거하여 제출되는 모든 청구는 주민투표 청구로 공지하며, 주민

투표의 대상이 되는 의회가 통과시킨 법률안은 그 법률안을 통과시킨 의회의 회기가 종료된 후 90일 이내에 총무성에 접수되어야 한다. 주민투표 대상 법안의 항목, 절 또는 법안의 일부에 대한 주민투표 청구의 접수는 그 법안의 나머지 부분의 시행을 방해해서는 안 된다.

(5) 주민발의안과 주민투표안의 발효 일자. 주민발의권에 근거하여 청구된 발의안이나 헌법수정안, 그리고 주민투표의 대상이 되는 법안은, 달리 규정된 바에 의하지 않으면 유권자의 투표에 회부되며, 그 투표에 의하여 다수의 찬성을 얻고, 주지사의 공포로써 법률이 된다.

(6)(A) 주민발의나 주민투표 법률안의 거부권. 주민발의와 주민투표 결과에 대한 주지사의 거부권은 주민투표에서 다수결로 승인된 주민발의 법률안과 주민투표에 회부하도록 발의되어 유권자의 다수결로 승인된 법률안에는 적용되지 않는다.

(6)(B) 주민발의 법률안과 주민투표에 회부된 법률안에 대한 의회의 폐지. 입법부는 주민발의로써 유권자의 다수결로 승인한 법률안과 주민투표 발의로써 유권자의 다수결로 승인한 법률안을 폐지할 수 없다.

(6)(C) 주민발의 법률안과 주민투표에 회부된 법률안에 대한 의회의 개정. 입법부는 주민발의 법률안과 주민투표에 회부된 법률안의 제정 목적을 실현하는 내용의 개정이나 상원과 하원의 표결을 통하여 의원 3/4 이상이 해당 법률안을 수정하도록 찬성한 경우가 아니면 개정할 수 없다.

(6)(D) 주민발의 법률이나 주민투표에 회부되어 채택된 법률에 의하여 발생하는 재원의 예산 책정 또는 전용에 관한 의회의 권한. 입법부는 재정의 지출이나 전용이 주민발의에 의한 법률이나 주민투표로써 채택한 법률의 목적을 실현하는 경우, 최소한 상원과 하원에서 의원 3/4 이상의 찬성으로써 재정의 지출이나 전용을 결정하지 않는 한 주민발의로써 제정한 법률과 주민투표로써 채택한 법률에 의하여 발생한 기금의 지원이나 전용, 그러한 법률로써 특정한 목적에 배정된 재정의 지출이나 전용에 관한 권한이 없다.

(7) 서명자 수. 주 또는 카운티의 주민발의와 주민투표 발의안의 청구가 접수되기 전에 실시된 총선에서 주지사 후보 전체에게 투표한 유권자 수

전체를 주민발의나 주민투표 발의의 청구에 필요한 유권자 수를 산정하는 근거로 삼는다.

(8) 지방, 시, 타운 또는 카운티 업무. 주민발의와 주민투표권은 법인격을 가진 시, 타운, 그리고 카운티는 그들의 업무에 관련된 법률을 제정하기 위하여 일반법(general laws)에 근거하여 권한이 부여되거나 권한이 부여되어야 하므로 법인격을 지닌 모든 시, 타운, 그리고 카운티의 유권자들에게 확대되어 부여된 것이다. 이러한 시, 타운, 그리고 카운티는 일반법의 테두리 안에서 그러한 권한의 행사 방식이 규정된다. 주민발의권에 따라 15%의 유권자는 시와 타운, 카운티 문제에 관련된 발의안을 제출할 수 있으며, 10%의 유권자는 시와 타운, 카운티가 제정한 법규에 대하여 주민투표를 청구할 수 있다. 일반법이 규정하지 않으면, 열거한 시, 타운, 카운티는 위에 규정한 서명자의 비율에 따라 서명자를 산정한다.

(9) 주민발의와 주민투표 청구의 양식과 내용. 각 주민발의나 주민투표 청구는 주정부와 관련된 경우는 총무성에 제출하고, 카운티, 시티, 타운의 주민발의와 주민투표 청구는 카운티 집행위원회의 총무국장, 시의 총무국장, 또는 담당 공무원에게 제출하여야 하며, 주민발의와 주민투표의 청구서에는 서명자가 주의 유권자(시, 타운, 카운티의 경우는 해당 시, 타운, 카운티의 유권자)이며, 해당 서명자의 주거를 증명하는 우편 주소, 거리명과 번지, 그리고 서명 일자 등 유권자 자신에 의한 진술이 포함되어야 한다. 주의 유권자들에게 발의나 심사에 회부할 발의안이나 투표안의 발의나 시, 타운, 카운티의 주민발의나 주민투표 안을 유권자에게 회부할 발의안과 관련된 서명의 경우, 서명 용지는 제목(title)과 내용(text)의 전문과 정확한 복사본이 첨부되어야 하며, 서명이 첨부된 청구서의 모든 페이지는 서명이 된 그 페이지의 서명자는 서명 수집자가 보는 가운데서 서명하였다는 사실과 각 서명자는 애리조나 주의 유권자라는 사실 등이 입증되어야 한다.

(10) 공식적 투표 발의(official ballot). 입법부(legislature)가 주민발의나 주민투표를 유권자에게 회부하는 경우, 이 절에 따라서 주 총무성에 접수되어야 하며, 주 총무성 장관은 다음 정기 총선에 제목과 발의안의 번호, 유권자가 '찬성'과 '반대'를 투표에서 승인 또는 거부를 표현할 수 있도록

인쇄를 발주한다.

(11) 발의안의 공표(publication of measures). 유권자의 투표에 회부되는 모든 발의안의 본문은 헌법 개정안으로 공표되어야 하며, 그러한 발의안과 헌법개정안을 회부할 때 총무성 장관과 여타 모든 공직자는 특별히 법률이 따로 규정하지 않는 한 일반법의 절차를 따라야 한다.

(12) 헌법개정안의 대안적 발의안(conflicting measures of constitutional amendments). 두 개 이상의 법률안 또는 헌법개정안이 동일한 선거에서 유권자에 의하여 승인되는 경우, 가장 많은 찬성표를 받은 법률안 또는 헌법개정안이 대립된 모든 발의안을 지배한다.

(13) 투표 결과의 확인(canvass of votes)과 결과의 발표. 선거 후 30일 이내에 주지사와 대법원 수석판사의 입회 아래 해당 발의안 또는 헌법개정안에 대한 찬성 또는 반대를 확인하는 것은 총무성 장관의 책무로서, 검표가 완료되면 지사는 각각의 발의안 또는 헌법개정안에 찬성 또는 반대한 총 투표 수를 공표하고, 해당 발의안과 개정안이 투표에 의하여 다수결로 승인되어 법률 제정이 완료된 것을 선언하는 절차로서 공표한다.

(14) 입법권의 유보(reservation of legislative power). 이 절은 입법부가 대안적 발의를 통하여 주민발의안이나 주민투표안을 제시하지 않는 이상, 또한 상원과 하원의 구성원 3/4 이상이 표결을 거쳐서 해당 주민발의안 또는 주민투표안을 대체하는 표결을 하는 경우가 아닌 한, 유권자 다수의 표를 얻어 승인된 특정한 주민발의안 또는 주민투표안 전체 또는 일부를 대체하는 의안을 채택하는 권한을 제외하고는 특정한 의안을 법률로 제정하는 입법권을 박탈하는 것으로 간주되어서는 안 된다.

(15) 의회의 주민투표 회부권. 이 절의 어떤 부분도 특정한 의안, 항목, 절 또는 특정한 의안의 일부에 대하여 의회가 주민투표에 회부하는 권리를 박탈하거나 제한하는 것으로 해석될 수 없다.

(16) 자동 시행(self-executing). 헌법의 이 절은 모두 다른 법률의 규정이 없더라도 자동적으로 시행된다.

제 4 절 오리건 주의 헌법과 법률

여기서도 이 책의 장절의 편제와 해당 주의 법률 편제로서 장절이 사용되고 있으므로 혼란을 겪지 않기를 기대한다.

1 오리건 헌법 제4장 입법권

제1절 입법권: 주민발의와 주민투표

(1) 주의 입법권은 주민(州民)에게 부여된 주민발의 및 주민투표권을 제외하고, 상원과 하원으로 구성되는 의회에 속한다.

(2) (a) 주민(州民)은 주민발의권을 보유하며, 주민발의권은 법률안과 헌법개정안을 제안하고, 의회와 독립적으로 선거 때 투표를 통하여 제정하거나 거부하는 권리이다.

(b) 주민발의안 접수 바로 전 4년 임기로 선출된 주지사 선거에 출마한 모든 후보에게 투표한 유권자 총수의 6%에 해당하는 유권자가 서명한 경우에만 법률안의 주민발의 청구를 접수할 수 있다.

(c) 헌법 개정을 위한 주민발의의 접수 직전 4년 임기로 주지사가 선출된 선거에 출마한 모든 주지사 후보들에게 투표한 유권자 총수의 8%에 해당하는 유권자가 서명한 경우에만 헌법개정안 주민발의 청구를 접수할 수 있다.

(d) 주민발의의 청구에는 발의된 법률이나 헌법안의 전문을 포함하여야 한다. 발의된 법률이나 헌법개정안은 한 주제, 그리고 그것과 적합하게 연관된 내용만 포함되어야 한다.

(e) 주민발의안의 청구는 제안된 법률안이나 헌법개정안을 투표에 부칠 선거가 실시되기 전 4개월 이상을 앞서 접수되어야 한다.

(3) (a) 주민은 주민투표권을 주민 스스로에게 유보하며, 주민투표는 법률안이 의회를 통과한 회기의 종료로부터 90일 이전에, 시행되지 않는 법률 또는 그 일부를 선거에서 투표를 통하여 승인이나 거부하는 절차이다.

(b) 특정한 법률안이나 그 일부에 대한 주민투표 청구는 발의안이 접수되는 시점에 현직 주지사의 선거에서 전체 주지사 후보들에게 투표한 유권자 총수의 4%에 해당하는 유권자의 서명으로 성립한다. 주민투표의 청구는 해당 법률이 의회를 통과한 날로부터 90일 이내에 접수하여야 한다.

(c) 법률안에 대한 주민투표는 법률에 따라 의회에서도 발의할 수 있다. 헌법 제5장 제15절 b에도 불구하고 주민투표를 규정하는 법률안과 주민투표를 통과한 법률은 주지사가 거부권을 행사할 수 없다.

(4) (a) 주민발의나 주민투표의 청구나 요구(orders)는 주의 총무성에 접수하여야 한다. 의회는 법률로써 주 총무장관이 발의안 청구서가 유권자의 서명자 수를 충족시켰는가를 결정하는 방식을 규정하여야 한다. 주 총무성 장관은 (2)의 (e) 또는 (3)의 (b)에 규정한 대로 청구가 접수된 날로부터 30일 이내에 확인 절차를 마쳐야 한다.

(b) 주민발의안과 주민투표안은 제1절에 규정된 바와 법률이 규정한 대로 유권자의 투표에 회부되어야 한다.

(c) 주민발의안 및 주민투표안과 관련된 모든 선거는 따로 의회가 규정하지 않는 한 정기 총선에 실시한다.

(d) 헌법 제4장 제1절에도 불구하고 주민발의 또는 주민투표에 의한 법률안은 관련된 선거에서 다수결로 제정 또는 승인된 날로부터 30일 이후 발효된다. 법률의 일부에 대한 발의의 청구에 의하여 주민투표가 실시된 경우에는 그 법률의 다른 조항의 시행은 지체되지 않는다.

(5) 이 절의 (2)와 (3)의 규정에 따라 주민에게 귀속된 주민발의권과 주민투표권은 마찬가지로 자치단체 또는 디스트릭스(district)의 모든 분야에 걸쳐 모든 지방정부, 특별구, 자치단체의 입법과 관련하여 해당 자치단체 및 특별구의 유권자에게 귀속된다. 주민발의권과 주민투표권의 행사 방법

에 관해서는 일반법(general laws)으로 규정하지만, 시(city)는 자체적으로 자치법규와 관련된 주민발의권과 주민투표권 행사에 관하여 규정한다. 시의 경우, 주민발의안은 유권자의 15%, 주민투표안은 유권자 10%의 서명으로써 청구한다.

2 법률의 내용

250.015 청구의 양식; 서명지의 번호

주 총무장관은 규정에 따라

(1) 주민발의와 주민투표에 사용될 주민발의와 주민투표의 청구서 양식과 서명지의 양식을 작성하여야 한다.

(2) 서명을 명료하게 파악하기 위하여 서명지의 질을 지정하여야 한다.

(3) 주민발의나 주민투표의 청구에 사용하기 위한 서명지의 번호 체계를 규정하여야 한다.

250.025 청구 서명자의 서명과 철회

(1) 투표권이 있는 선거권자는 특정한 주민발의안 또는 주민투표안의 청구를 위하여 서명할 수 있다.

(2) 주민발의안 또는 주민투표안의 청구와 관련된 서명의 검증 절차가 완료된 후에는 누구든지 서명을 철회할 수 없다.

250.029 주민발의안 또는 주민투표안 청구의 철회: 양식

주민발의안 또는 주민투표안의 청구인 대표는 서명자의 검증 절차를 위하여 제출하기 전에는 그 청구를 언제든지 철회할 수 있다. 주 총무성 장관은 규정에 따라 주민발의안 또는 주민투표안의 철회를 위하여 사용할 양식을 갖추어야 한다. 발의안 청구를 철회할 경우에는 청구인 대표자가 서명하여 접수 담당 공직자에게 제출하여야 한다.

250.031 헌법 제11장 제11절에 따른 선거의 실시에 관한 규정

주 총무성 장관은 다음과 같은 조항을 포함하는 오리건 주 헌법의 제11장 제11절에 따라 선거의 실시에 관한 시행령을 제정하여야 한다.

(1) ORS 제247장의 유권자 등록 요건과 연방정부의 유권자 등록법(1993)에 일치하며, 오리건 주 헌법의 제11장, 제11절 (8)에 따라 실시되는 선거에 적용할 수 있는 요건을 공표한다.

(2) 선거관리 공직자에게 투표권이 있는 등록한 유권자가 등록하였는가를 판단하는 지침을 규정하여야 한다.

(3) 헌법 제11장 제11절 (8)의 'cast a ballot'는 유권자가 투표할 자격이라기보다 해당 투표의 결과가 여러 사유들이 합법적으로 고려되었는가, 아닌가에 따라 투표가 합법적으로 실시되는 것을 의미하는 것으로 해석하여야 한다.

250.035 주와 지방정부의 발의안 투표 제목의 형식

(1) 주정부 수준의 주민발의 외에 주민발의 및 주민투표안의 제목은 다음과 같은 내용으로 이루어져야 한다.

(a) 발의안의 주제를 합리적으로 드러내는 15 단어 이내의 표제

(b) 발의안의 주요 목적을 분명하게 표현하여 해당 설문에 찬성하는 응답과 찬성하는 투표가 일치하도록 20 단어 이내로 구성된 설문

(c) 발의안과 그 효과를 요약하는 175개 단어 이내의 정확하고 공정한 진술문

(2) 주정부 수준의 주민발의 및 주민투표 안의 제목은 다음과 같은 내용으로 구성되어야 한다.

(a) 발의안의 주제를 합리적으로 드러내는 15 단어 이내의 표제. 헌법 개정을 위한 주민발의 및 주민투표안의 제목은 15자 제한과 무관하게 "헌법 개정과 관련된"이라는 자구로 시작하여야 한다.

(b) 해당 발의안이 투표를 통하여 통과되었을 경우 그 결과에 관한 25개 단어 이내의 간단하고 이해할 수 있는 진술문. 진술문의 요건은 "나는 투표한다(I vote)" 또는 "나는 찬성한다(vote yes)"라는 구절 또

는 이와 매우 유사한 구절을 포함하는 내용이 진술문 안에 포함되어야 한다.

(c) 해당 발의안이 투표를 통하여 거부되었을 경우 그 결과에 관한 25개 단어 이내의 간단하고 이해할 수 있는 진술문. 진술문의 요건은 현재의 법률이나 헌법의 조항을 언급하여 평균적인 투표자들이 투표로써 승인하면 위 조항들이 폐지될 것이라고, 만약 승인되지 않으면 그러한 결과를 이루지 못할 것이라고 오해하도록 해서는 안 된다는 것이다. 이 절의 (b)에 따라 규정된 진술문과 (c)에 따라 이루어지는 사물이나 행동은 두 진술문 모두 동일한, 실용적인 영역의 용어들로써 진술되어야 한다. 어떤 다른 용어는 평균적인 유권자가 동일한 사물이나 행동을 참조하여 이해할 수 있도록 지칭하여야 한다.

(d) 발의안의 내용과 효과를 요약하는 125단어 이내의 간결하고 공평한 진술문

(3) 이 절의 (2)(b)와 (c)의 규정에 따른 진술문이 작성되어 실제적으로 두 진술문이 대조되도록 한다.

(4) 이 절의 (2)(b)와 (c)의 규정에 따른 진술문이 작성되어 발의안의 진술문에 대하여 찬성하는 투표자는 찬성하는 투표와 일치하도록 한다.

(5) 이 절의 (2)(b)와 (c)의 규정에 따른 진술문이 작성되어 발의안의 진술문에 반대하는 투표자는 발의안에 반대는 투표와 일치하도록 한다.

(6) 혼란을 방지하기 위하여 발의안 투표의 제목은 해당 선거 때 투표에 회부된 다른 발의안의 제목과 유사하지 않도록 하여야 한다.

(7) 이 절의 (2)(b)와 (c), (d)의 규정에 따른 진술문은 보통의 유권자들이 혼란을 겪지 않고 또 오해가 생기지 않도록 하기 위하여 관사나 접속사의 사용이 허용되어야 한다.

제3절

(1) 1999년 제정된 이 절에 근거한 오리건 법률(ORS) 250.035의 개정 내용은 다음 발의의 투표안 제목에는 적용하지 않는다.

(a) 요건으로 규정된 유권자 수의 서명을 받아서 주 총무성에 접수한 경

우의 주민발의로서 2000년 11월 첫 월요일 이후의 첫 화요일에 실시되는 총선에 유권자의 투표에 회부되는 발의안 또는

(b) 2000년 11월 첫 월요일 이후의 첫 화요일에 실시되는 총선에 유권자의 투표에 회부되는 주민투표안

(2) 1999년 제정된 이 절에 근거한 오리건 법률 250.035의 개정 내용은 다음 발의의 투표안 제목에는 적용한다.

(a) 주민발의 청구가 요건으로 규정된 수의 유권자 서명을 받아서 총무성에 접수된 경우, 이러한 주민발의 청구의 준비가 이루어진 시기와 상관없이 2000년 11월 첫 월요일 이후의 첫 화요일에 실시되는 총선에 유권자의 투표에 회부되는 발의안

(b) 2000년 11월 첫 월요일 이후의 첫 화요일에 실시되는 총선에 유권자의 투표에 회부되는 주민투표안

(3) 1999년에 제정된 법률의 이 절에 근거한 오리건 법률 250.035의 개정 내용은 1999년에 제정된 법률의 시행일 또는 그 이후 이루어진 청구로써 접수된 주민발의 또는 주민투표에 적용된다.

250.036 오리건 헌법 제4장 제11절 (8)에 따른 투표안 제목의 양식과 예외

(1) 법률의 다른 조항에도 불구하고 오리건 헌법의 제4장 제11절 (8)의 규정에 따라 모든 투표안 제목은 그 요약문에 다음의 진술 내용을 첫 진술에 포함시켜야 한다. 즉, 이 투표안은 최소한 50% 이상의 유권자가 투표한 경우에만 통과될 수 있다.

(2) 이 절에 규정한 “최소한 50% 이상의 투표율”은 투표율이 오리건 헌법 제11장 제11절 (8)의 요건을 충족시켜야 한다는 의미이다.

(3) 이 절이 규정한 진술 내용은 오리건 법률(ORS) 250.035의 단어 수 요건을 결정하는 데 포함되지 않는다.

(4) 이 절의 (1)은 짝수 해에 실시되는 총선에서 유권자 투표에 회부된 발의안의 투표 제목에는 적용되지 않는다.

250.037 기채에 대한 승인을 요구하는 투표 제목의 형식이나 우편투표

(1) 오리건 헌법 제11장 제11절과 제11절 b의 제한이 적용되지 않는 재

산 또는 재산 소유자에게 부과된 조세로써 지불될 수 있는 기채의 승인, 원금과 이자의 지불을 필요로 하는 발의안의 투표 제목은 오리건 법률(ORS) 250.035에 규정한 바에 덧붙여 투표 제목의 문제, 그리고 바로 다음에 규정하는 진술을 포함하고 있어야 한다. (이곳에 질문을 진술하고) 만약 기채가 승인된다면, 그것은 오리건 헌법 제11장의 제11절과 11절 b의 제한이 적용되지 않는 재산 또는 재산 소유자에게 부과된 조세로 지불할 수 있다.

(2) 이 절의 (1)에 규정한 진술문의 단어는 오리건 법률(ORS) 250.035에 규정한 수에 포함되지 않는다.

(3) 오리건 헌법 제11장 제11절과 제11절 b의 규정이 적용되지 않는 재산 또는 재산 소유자에게 부과되는 조세로써 지불할 수 있는 기채의 유권자 승인, 원금과 이자를 요구하는 발의안의 투표안 제목은 오리건 법률(ORS) 250.035가 규정한 내용 외에 간단하고 이해 가능한 절차의 이용에 관한 기술을 추가한다.

(4) 이 절을 적용하는 발의안을 위한 투표가 우편으로 실시되는 경우, 투표안 제목이 들어 있는 봉투의 바깥 면의 앞면에는 붉은 색으로 명료하고 굵은 글씨로 "CONTAINS VOTE ON PROPOSED TAX INCREASE"라고 쓴다.

250.038 지방정부의 선택적 조세권 또는 세율의 영구적 제한을 설정하는 것을 허용하는 발의안의 제목, 우편투표

이 장의 여타 요건의 충족 외에도

(1) 지방정부의 조세 부과를 허용하는 발의안의 제목은 오리건 법률(ORS) 280.070 (4)(a), 그리고 오리건 법률(ORS) 280.070 (5)에 규정한 정보를 포함시켜야 하며,

(2) 세율의 영구적 제한을 설정하는 것을 허용하는 발의안의 제목에는 오리건 법률(ORS) 280.070 (6)에 규정한 정보를 포함시켜야 하고,

(3) 지방정부에 선택적 조세권을 부여하거나 세율의 영구적 제한을 설정하는 발의안에 관한 투표를 우편으로 실시하는 경우, 투표의 제목을 보내는 봉투의 전면에는 명료하고 굵은 글씨로 "CONTAINS VOTE ON

PROPOSED TAX INCREASE"라고 쓴다.

250.041 카운티와 시의 오리건 법률(ORS) 250.005부터 250.037까지 규정의 적용

오리건 법률(ORS) 250.005부터 250.037까지 규정을 주민발의나 주민투표의 시행에 적용:

(1) 카운티 발의안의 경우는 카운티 헌장 또는 조례의 규정과 상관없이 적용

(2) 시 발의안의 경우는 카운티 헌장 또는 조례의 규정과 상관없이 적용

250.043 원본 서명이 없는 주민발의나 주민투표 발의의 수용

(1) 오리건 법률(ORS) 250.105, 250.215, 250.315, 그리고 255.175에 상관없이, 따로 원본 서명을 요건으로 하는 주민발의나 주민투표 청구를 제외하고는 서명 검증을 위하여 하나 이상의 서명지 복사본을 가지고 접수 담당 공무원에게 접수할 수 있는 바,

(a) 원본 서명지가 화재, 자연재해나 여타 신의 뜻으로 도난 또는 파괴된 경우

(b) 오리건 법률(ORS) 250.015에 근거하여 주 총무성 장관이 규정한 바, 원래 서명자의 수를 포함하고 있는 각 서명지 원본의 사진이 제시된 경우

(2) 이 절에서 사용된 용어의 의미:

(a) "신의 뜻(Acts of God)"이란 예기치 못한 자연재해나 극히 예외적인, 불가피한, 불가항력적 성격의 여타 자연 현상으로서 절차의 준수나 예측을 통하여 예방, 방지가 이루어질 수 없는 그런 결과를 갖는 경우를 의미한다.

(b) "접수 담당 공무원(Filing Officer)"이란 주와 관련된 발의안을 청구하는 경우는 주 총무성 장관, 카운티 발의안의 청구와 관련된 경우는 카운티 총무국장, 시의 발의안을 청구하는 경우는 시의 선거관리국장, 디스트릭트 발의안을 청구하는 경우는 오리건 법률(ORS) 255.005에 규정한 대로 선거관리국장을 의미한다.

250.044 주 발의안의 위헌성 제기는 매리온 카운티 순회법원에 접수

(1) 유권자가 발의한 주민발의안이나 투표 발의안의 위헌성에 관해서는 매리온 카운티(Marion County)의 순회법원(Circuit Court)에 제소한다.

(a) 원고가 주의 법률 또는 오리건 헌법 제4장 제1절 (1)부터 (4)에 규정한 헌법개정안의 위헌성에 관하여 주장하는 소를 접수하는 경우와

(b) 주 총무성 장관은 위헌성 제소를 받은 발의안이 투표자에 의하여 채택된 것으로 확인한 날짜 또는 그 이후에, 그리고 그 발의안의 시행일로부터 180일 이내에 제소된 경우는

(c) 오리건 조세법원(Oregon Tax Court)에 제소를 접수하지 않을 수 있다.

(2) 이 절의 (1)에 따라 이루어지는 제소는 순회법원의 관할구역에서 이루어져야 하며, 재판에 부쳐야 할 논점을 제시하여야 한다. 이 절의 요건을 적용받는 원고는 법무성 장관에게 그 복사본을 제출하여야 한다.

(3) 이 절의 요건에 따른 제소가 매리온 순회법원이 아닌 다른 법원에 제기된 경우, 그 다른 법원은 법원 스스로의 제안이나 그 제소에 관련된 다른 당사자의 제안에 따라 제소를 기각하거나 매리온 순회법원으로 이관하여야 한다.

(4) 이 절은 주 법률 또는 오리건 헌법 조항의 위헌성과 관련하여 제소하는 민사 또는 형사절차에는 적용하지 않는다.

(5) 이 절의 규정에 따른 제소에 관하여 판사가 제소된 바의 전부 또는 일부에 관하여 제소 사유가 성립되지 않는다고 판결한 경우, 그 상대가 되는 당사자는 오리건 법률(ORS) 제19장 항소법원에 대한 항소 규정에 따라 정해진 기간 안에, 정해진 절차에 따라 대법원에 접수함으로써 항소할 수 있다. 이 항에 따라 항소를 접수하는 당사자는 항소의 접수 내용에 이 사례가 이 항의 적용에 따른 다는 사실을 명기하여야 한다.

(6) 이 절의 규정에 따른 제소에 관하여 판사가 제소의 사유가 타당하다고 판결한 경우에 그 상대가 되는 당사자는 오리건 법률(ORS) 제19장 항소법원에 대한 항소 규정에 따라 정해진 기간 안에, 정해진 절차에 따라 대법원에 접수함으로써 항소할 수 있다. 오리건 법률(ORS) 19.045 (1)에 관계 없이 제소의 당사자는 항소한 내용을 검증하기 위하여 항소법원에서 대

법원으로 이송할 수 있으며, 항소법원도 독자적 재량에 의하여 대법원에 항소할 수 있다. 항소법원이 대법원에 항소하는 경우, 대법원은 오리건 법률(ORS) 19.405 (2)에 규정된 대로 항소 접수를 수용하거나 거부하여야 한다.

250.045 청구의 예비 접수; 청구 양식, 청구를 위한 서명활동에 대한 비용 지급 진술, 서명지의 요건

(1) 오리건 헌법 제4장 제1절에 따라 주민발의나 주민투표를 발의하기 위하여 청구할 때 서명 수집을 하기 전에 청구자는 주 총무성 장관에게 발의의 청구를 접수하여야 한다. 주 법률안의 발의를 위한 청구에는 최소 25명의 유권자가 서명하여 지지하는 진술이 포함되어야 한다. 이 진술문에는 유권자가 거주하는 카운티의 총무국장이 서명자의 친필이라는 것을 확인하는 확인서를 첨부하여야 한다. 주 총무성 장관은 발의의 청구 일자와 시간을 스탬프로 표시하고, 서명의 수집활동을 위하여 인쇄될 청구서의 양식을 지정하여야 한다. 주 총무성 장관은 서명 결과의 확인을 위하여 총무성에 서명지가 제출된 후 5일 이내에 승인 또는 불승인 여부를 결정하여야 한다. 주 총무성 장관은 접수된 발의의 청구서를 계속 보관하여야 한다.

(2) 다음과 같은 경우 발의안 청구의 대표는 주 총무성에 접수시킨 발의안을 수정할 수 있다.

(a) 법무성 장관이 총무성 장관에게 수정안이 원래 제출한 발의안의 내용을 크게 변경하지 않은 것이라고 확인한 경우

(b) 발의안 초안의 제목에 검토 결과를 문서화하여 제출하는 시한이 경과하지 않은 경우

(3) 주민발의나 주민투표의 발의를 위한 청구서의 표지는 3명 이하의 이름, 거주지 주소를 표시하고, 서명활동의 대상자들을 위한 지침을 포함시켜야 한다. 이 지침은 주 총무성 장관에 의하여 규정으로 채택되어야 한다. 주민투표 발의 청구서의 표지는 오리건 법률(ORS) 250.065 (1)에 기술된 제목을 포함하여야 한다. 그러나 대법원이 투표의 제목을 확인한 경우에는 표지에 대법원이 확인한 제목이 표기되어야 한다.

(4) 발의안 청구인 대표는 청구서에 주민발의안 또는 주민투표안을 위한

서명활동에 1명 이상의 유급자가 포함되어 있는지를 진술하는 내용과 서명을 포함시켜야 한다. 청구서가 접수된 후 청구인 대표는 본인이 다음의 사실을 처음 알게 된 날로부터 10일 이내에 청구서 접수 담당 공무원에게 알려야 한다.

(a) 접수한 청구서에는 유급 활동가가 아무도 없다고 밝혔으나 서명활동 중에 보수를 받은 경우

(b) 청구서 접수 때는 1명 이상이 보수를 받는다고 밝혔으나 아무도 지급을 받지 않는 경우

(5) (a) 주민발의 청구를 위한 각 서명지의 제목에는 투표 제목의 설명문을 포함하여야 한다. 주민투표 청구를 위한 각 서명지의 제목에는 투표에 부칠 법률안의 제목에 나타난 주제를 포함하여야 한다.

(b) 주민발의 또는 주민투표 청구의 각 서명지는 아래 사항을 포함하여야 한다.

(A) 한 카운티의 유권자들만 포함하여야 한다.

(B) 만약 서명의 확보를 위하여 1인 이상의 유급직을 두는 경우, "이 발의안의 청구를 위하여 보수를 받는 서명 수집자(Some Circulators For This Petition Are Being Paid)"라는 내용의 고지문을 포함하여야 한다. 이 고지문은 서명지 위에 굵은 글씨로 명료하게 표시되어야 한다.

(c) 주 총무성 장관은 동일한 주제로, 동일한 기간에 서명이 수집되는 주민투표 청구의 서명지를 구별하기 위하여 지정된 방식을 채택하여 규정하여야 한다.

(6) 주민발의나 주민투표 청구의 표지 뒷면은 주민발의나 주민투표 청구의 서명을 받는 데 사용하여야 한다.

(7) 주민발의나 주민투표 청구의 서명지에 서명은 20개 이내로 한정한다. 그리고 서명지에는 각 서명자가 서명 수집자의 입회하에 서명하였고, 서명 수집자는 서명자가 유권자라는 사실을 확인하여야 한다.

(8) 청구서에 서명을 받은 사람은 주민발의 또는 주민투표에 부칠 발의안의 본문 전체의 정확한 사본을 적어도 1부를 지니고 다녀야 하며, 서명자

는 그것을 확인하도록 요구할 수 있다.

250.065 특정한 주 발의안의 투표를 위한 제목의 준비

(1) 주민투표의 발의안을 위한 청구를 주 총무성에 접수할 때, 장관은 투표안의 제목이 아니라 요약문을 근거로 서명활동을 승인하여야 한다. 발의안의 청구가 이루어지고나서 총무성 장관은 서명자 수를 비롯하여 청구서의 사본 2부를 법무성 장관에게 보내야 한다.

(2) 청구가 승인된 발의안의 복사본 2부를 총무성은 법무성에 보내야 한다.

(3) 이 복사본을 받은 법무성은 15일 이내에 법무성 장관은 발의안의 제목을 제시하고 그 복사본 1부와 제목 등을 총무성 장관에게 보내야 한다.

250.067 발의안 초안의 제목 공지, 의견서, 제목의 확인서

(1) 총무성 장관은 오리건 법률(ORS) 250.065 또는 250.075에 준하여 법무성으로부터 발의안 초안의 제목을 받는 즉시 그 접수 사실과 이 절에 제시된 대로 의견서를 제출케 하는 시민의 권리에 따라 주 전역에 고시하여야 한다. 발의안 초안의 제목에 대한 의견서는 총무성 장관이 법무성으로부터 발의안 제목의 초안을 받은 날로부터 10일 이내에 제출한다. 총무성 장관은 의견서의 사본을 법무성 장관에게 이송하며, 법무성 장관은 이 의견서를 보관한다.

(2) 법무성 장관은 이 절의 (1)에 따라 제출된 의견서를 검토하여야 하며, 총무성 장관의 발의안 초안의 제목 또는 수정한 발의안 초안의 제목을 받은 후 5일 내에 확인하여야 한다. 주 총무성의 의견서가 제출되지 않으면, 법무성 장관은 발의안 초안의 제목을 접수한 후 15일 이내에 발의안 초안의 제목을 확인하여야 한다. 총무성 장관은 청구인 대표에게 발의안 제목의 사본을 제공하여야 한다.

(3) 대법원이 따로 발의안의 제목을 제시하지 않는다면, 이 절의 (2)에 따라 법무성이 제시한 발의안의 투표 제목이 유권자에게 제공될 팸플릿과 투표지에 인쇄하는 제목이 된다.

(4) 투표안 제목의 심사를 위한 청구가 오리건 법률(ORS) 250.085에 따

라 대법원에 접수되면, 총무성 장관은 대법원에 발의안과 관련된 투표안 제목의 심사를 위하여 의견서 사본을 접수한다.

(5) 총무성 규칙에 근거하여 투표를 위한 발의안에 대한 검토 결과를 제출하는 절차에 관하여 합당하게 공지하는 방법을 적시하여야 한다.

250.075 특정 발의안의 투표를 위한 제목의 준비

(1) 의회가 유권자들에게 의안을 회부할 때 그 의안을 위한 투표의 제목은 의회가 준비하여야 한다. 의안을 총무성에 접수할 때 투표안의 제목도 접수시켜야 한다.

(2) 이 절의 (1)에 따라 투표안의 제목이 준비되지 않은 경우에는 총무성은 의안이 접수될 때 장관이 투표에 부칠 의안의 복사본 2부를 법무성 장관에게 보내야 한다. 의회가 휴회한 후 20일 이내에 법무성 장관은 그 의안을 위한 초안의 제목을 제출하여야 한다. 법무성 장관은 의회의 의원들에게 의안 초안의 제목 사본을 보내야 하며, 총무성에서는 투표에 부칠 의안과 제목의 사본 1부를 각 의원에게 발송하였다는 확인서를 접수하여야 한다.

250.085 발의안의 제목에 대한 유권자의 이의 제기 절차

(1) 의회는 의회가 유권자의 투표에 부치려고 총무성에 접수한 의안과 관련하여 준비한 투표안의 제목에 불만을 가진 유권자는 대법원에 다른 제목을 모색하도록 청구할 수 있다. 청구서에는 의회가 총무성에 접수한 투표안의 제목이 오리건 법률(ORS) 250.035에 동의하지 않는 핵심적 사유를 진술하여야 한다.

(2) 법무성 장관이 확인한 주민발의안 또는 주민투표안의 투표안 제목에 동의하지 않고 발의안에 대하여 의견서를 정해진 기간에 제출한 유권자는 대법원에 여타 투표안 제목을 모색하도록 청구할 수 있다. 청구서에는 의회가 총무성에 접수한 투표안의 제목이 오리건 법률(ORS) 250.035에 동의하지 않는 핵심적 사유를 진술하여야 한다.

(3) 위 청구서는 법무성 장관을 상대 당사자로 하며, 반드시 다음의 사항을 지켜서 접수하여야 한다.

(a) 법무성 장관이 총무성 장관에게 투표안 제목을 확인한 후 10일 이내
(b) 오리건 법률(ORS) 250.075에 따라 의회가 발의안의 제목을 제시하는 경우, 의회가 투표안 제목을 총무성에 접수한 날로부터 10일 이내

(4) 이 절에 따라 발의를 청구하는 유권자는 총무성에 서면으로 청구가 접수되었다는 사실을 통지하여야 한다. 이 통지는 청구가 접수된 다음 근무일(business day)의 오후 5시까지 이루어져야 한다.

(5) 법원은 투표 발의안 제목이 정해진 기준을 총족시킨다는 사실을 확인하여야 한다.

(6) 법무성 장관이 준비한 투표 발의안 제목을 심사할 때 법원이, 오리건 법률(ORS) 250.067에 규정한 바에 따라 의견 제시 기간이 지난 후 투표의 발의안 제목에 부가되거나 제거된 언어와 관련된 논쟁으로 결정하지 않으면, 총무성에 문서로 제출되지 않은 발의안 제목과 관련된 논쟁은 심사하지 않는다.

(7) 대법원의 심사는 발의안의 청구를 위한 서명활동이 그 발의안을 투표에 부칠 선거에 맞추어 적절한 시간에 진행될 수 있도록 이루어져야 한다.

250.095 카운티나 디스트릭트에 영향을 미치는 주 발의안

의회가 가결한 법률안이 카운티나 디스트릭트와 관련된 법률안인 경우에는 해당 카운티나 디스트릭트 유권자의 투표에 부칠 수 있다. 이 절에 따른 주민투표 청구는 오리긴 헌법 제4장 제1조에 규정한 서명 비율은 카운티나 디스트릭트 내의 주지사 투표자 수를 근거로 삼는다.

250.105 접수 담당자, 접수 요건, 서명자 확인

(1) 주정부와 관련된 주민발의나 주민투표 청구는 서명자 수의 요건을 확인하기 위하여 주 총무성에 접수하여야 한다. 접수된 청구서는 서명 원안을 포함하여야 한다. 각 청구서는 총무성에 접수된 순서대로 확인한다.

(2) 주정부와 관련된 주민발의나 주민투표 청구는 요건으로 규정한 서명자 수에 미달하는 경우 접수하여서는 안 된다.

(3) 주민발의나 주민투표를 제안하는 발의안이 그 발의안에 대한 투표가 165일 이상 남은 시점에 제출되고, 주 총무성이 서명자 수를 확인하여 미달

인 경우 마감일이 남아 있다면 발의의 청구자는 서명을 추가하여 제출할 수 있다.

(4) 총무성은 발의안의 서명 요건의 충족 여부를 확인하기 위한 통계의 표본추출 회사를 지정하여야 한다. 발의안의 청구는 두 차례 별개의 표본추출 방법에서 모두 서명자 수의 미달이라고 확증되지 않으면 청구를 기각할 수 없다. 두 번째 표본검사는 첫 번째 표본검사보다 더 많은 수의 서명을 포함하여야 한다. 이 규정에 따라 두 차례의 표본검사가 요구된다면, 청구 과정에 확인하는 서명자의 수는 서명자 총수의 5% 이상이어야 한다.

(5) 청구서에 포함된 중복 서명을 추정하기 위하여 총무성은 모든 청구의 첫 번째 표본검사에서 8%를 검색하여야 한다. 이 절의 (4)에 따라 두 번째 표본검사가 이루어지는 경우, 제2차 표본검사가 요구하는 표본추출의 비율을 따라야 한다. 제2차 표본검사에서 중복 서명을 확인하기 위한 규정된 표본추출의 목적을 위하여 카운티 총무국장은 특정한 청구서에 1회 이상 서명하도록 결정된 유권자의 수를 총무성 장관에게 보고하여야 한다.

(6) 주정부의 주민발의나 주민투표를 청구하는 서명을 검사할 때, 카운티 총무국장은 유권자 등록 자료나 주민발의나 주민투표의 청구에 서명한 유권자의 여타 자료를 확인하여야 한다.

(7) 주 총무성 장관은 이 절의 (4)에 따라 표본검사 방식을 지정하기 위하여 전문가의 자문을 받아야 한다.

250.115 주정부의 발의안 번호 부여

(1) 주 총무성 장관은 주 전역에 걸쳐 실시되는 투표에 부칠 발의안은 1번부터 시작하여 차례대로 번호를 부여하여야 하며, 발의안의 번호가 99에 이르기까지 후속 투표에서도 같은 번호를 반복하여서는 안 된다. 발의안의 번호가 99에 이르면, 다음 선거 때 투표에 부칠 발의안부터 다시 1번을 부여한다. 발의안은 주 총무성에 접수하는 순서대로 번호를 부여한다.

(2) 주 총무성 장관은 이 절의 (1)에 규정하지 않은 발의안의 경우에도 주 총무성에 접수된 순서에 따라 이 절 (1)의 규정에 따라 번호를 부여하여야 한다.

250.125 발의안의 재정적 영향 추정

(1) 특정한 발의안이 주 재정의 지출, 지출의 감소, 세입의 감소 또는 조세 부과를 수반하는 기금의 조성, 부채의 결정 등과 관련된 경우 주 총무성 장관, 재무성 장관, 오리건 주 행정국장, 예산국장은 그 발의안이 법률로 제정될 경우에 그 법률의 조항에 규정된 바에 따라 직접 지출되는 액수, 지출의 감소, 주 세입의 감소, 직접적인 조세액이나 이자 등을 예측하여야 한다. 그 예측치는 매년 되풀이해서 발생하는 액수 또는 그 발의안과 상관이 없는 경우에는 그 총액을 진술하여야 한다.

(2) 이 절의 (1)에 거론한 직위의 공직자들은 그 발의안의 규정에 따라 시, 카운티 또는 디스트릭트에 발생하는 직접 지출의 총액, 지출의 감소액, 세입의 직접적 감소, 직접적인 조세액이나 이자를 예측하여야 한다.

(3) 이 예측치에는 연간 10만 달러 미만인 주 행정기관의 지출과 관련된 경우를 제외하고는 투표안의 공보 자료에 인쇄되어야 한다.

(4) 이 절의 (1)에 거론된 공직자들은 발의안에 법률로 제정될 경우 이 절 (3)에 규정된 것 외에 재정적 효과가 없는 것으로 확인되었을 때는 "주와 지방정부의 세입이나 세출에 재정적 영향이 없음"이라고 투표안의 공보물에 인쇄하여야 한다.

(5) 입법부의 행정위원회는 이 절의 (1)에 거론된 공직자들이 이 절 또는 오리건 법률(ORS) 250.127에 규정한 바에 따른 직무 수행을 돕는 행정 지원 인력을 제공하여야 한다.

250.127 주 발의안의 재정적 영향 예측과 준비 및 접수

(1) 2년마다 열리는 예비선거 또는 총선에 유권자들의 투표에 부쳐질 발의안의 투표일 제99일 이전에 오리건 법률(ORS) 250.125에 거론된 공직자들은 오리건 법률(ORS) 250.125에 규정한 재정적 예측치를 준비하여 주 총무성에 접수하여야 한다. 오리건 법률(ORS) 250.125에 거론된 공직자들은 오리건 법률(ORS) 250.125에 따라 발의안 청구와 관련된 서명의 검증을 거쳐 청구안이 접수된 날 또는 그 발의안이 의회의 심사를 위하여 주 총무성에 접수된 날, 어느 것이든 적용할 수 있는 날로부터 오리건 법률

(ORS) 250.125에 규정된 재정적 예측치 추정작업의 준비를 시작할 수 있다.

(2) 발의안에 대한 투표를 실시하는 선거일 전 98일과 95일 사이에 주 총무성 장관은 주도(州都) 세일럼(Salem)에서 제시된 재정적 영향의 예측치나 여타 정보를 얻기 위하여 합당한 공지를 거쳐 공청회를 가져야 한다. 공청회 석상에서 유권자 누구나 재정적 변동이나 여타의 정보를 구두로 또는 문서로 제기할 수 있다.

(3) 오리건 법률(ORS) 250.125에 거명된 공직자들은 이 절의 (2)에 따라 제시된 제안과 여타 정보를 검토하여야 하며, 선거 전 최소한 90일 전까지 수정된 예측치를 총무성에 접수하여야 한다.

(4) 이 절의 (5)에 규정된 것을 제외하고 원래 예측치와 수정된 예측치는 오리건 법률(ORS) 250.125에 거명된 공직자들 3명 이상의 승인을 받아야 한다. 한 명의 공직자가 동의하지 않는다면, 그는 동의하지 않는 공직자를 공개하여야 한다. 주 총무성 장관은 발의안에 대하여 투표를 실시할 선거일로부터 90일 안에 최종 예측치를 확정하여야 한다. 오리건 법률(ORS) 250.125와 이 절에 따라 준비된 모든 재정적 예측치는 공중에게 공개되어야 한다.

(5) 오리건 법률(ORS) 250.125에 거명된 공직자 가운데 2명 이상이 재정적 예측치를 승인하지 않는 경우, 주 총무성 장관은 그 재정적 예측치를 그 근거가 되는 자료와 함께 발의안을 두고 투표할 선거 일의 88일 전에 준비, 접수, 확정하여야 한다.

(6) 오리건 법률(ORS) 250.125에 거명된 공직자들의 재정적 예측치 원안과 수정된 재정적 예측치에 대한 지지와 반대는 공직자들의 회의록에 기록되어야 한다. 공직자들의 회의는 공중에 공개되어야 한다. 오리건 법률(ORS) 250.125에 거명된 공직자들이 지명한 공직자는 공직자들의 어떤 회의에도 참석할 수 있으나 지명을 받은 공직자는 재정적 예측치를 찬성하거나 반대하는 투표는 참가할 수 없다.

(7) 오리건 법률(ORS) 250.125 또는 오리건 법률(ORS) 250.131에 따라 재정적 예측치를 준비, 접수, 확정하지 못하였다고 하더라도 발의안의 투표를 위한 유권자 공보물에 포함시키거나 투표에 부치는 것을 막지 못한다.

(8) 발의안의 법률 제정으로 인하여 발생할 것으로 예측되는 재정적 영향치가 카운티 총무국장에게 발의안을 투표할 선거일 61일 전에 전달되지 못하더라도 총무국장은 투표안의 인쇄를 시작하여야 한다. 카운티 총무국장에게 재정적 예측치 또는 그것을 포함한 보완적 정보를 제시하기 위하여 투표안의 재인쇄를 요구할 수 없다.

250.131 주 발의안으로 인한 재정적 영향치에 관한 법원의 심사절차

(1) 오리건 법률(ORS) 250.125에서 규정한 재정적 예측치가 오리건 법률(ORS) 250.125 또는 오리건 법률(ORS) 250.127에 정해진 절차를 어기고 준비, 접수, 확정되었다고 주장하는 유권자는 그 발의안이 따라야 할 절차를 따르도록 하기 위하여 또 법원에 접수한 그 발의안이 절차적 요건을 총족시키지 못하는 바를 진술하여 대법원에 청구할 수 있다. 발의안의 재정적 영향치의 액수나 그러한 예측치의 준비 여부에 관해서는 법원에의 청구가 불가하다.

(2) 그러한 청구가 해당 발의안에 대하여 투표가 실시될 선거일보다 85일 이전에 접수된 경우, 법원은 그 발의안이 준비, 접수, 확정된 절차를 심사하여야 하며, 논점을 청취하고, 오리건 법률(ORS) 250.125 또는 오리건 법률(ORS) 250.127에 규정된 절차의 총족 여부를 결정하여야 한다. 대법원의 심사는 그 발의안을 순서에 따라 시간 계획에 맞추어 유권자의 투표에 부치기 위한 선거를 실시할 수 있도록 신속하게 이루어져야 한다.

(3) 법원의 심사 결과 그 발의안의 준비, 접수, 확정절차가 오리건 법률(ORS) 250.125 또는 오리건 법률(ORS) 250.127에 정해진 요건을 충족시키지 못한 경우, 법원은 다음의 경우를 제외하고, 오리건 법률(ORS) 250.125 또는 오리건 법률(ORS) 250.127의 규정에 따라 제2차 재정적 예측치를 준비, 접수, 확정하도록 명령할 수 있다.

(a) 오리건 법률(ORS) 250.125에 거명된 공직자들이 법원의 결정에 따라 2일 이내에 예측치를 준비하여 총무성에 접수한 경우

(b) 그 예측치가 총무성에 접수된 후 2일 내에 공청회를 가진 경우

(c) 법원의 결정 후 7일 이내에 예측치가 확정된 경우, 그리고 제2차 예

측치가 준비, 접수, 확정되는 절차에 관하여 상고가 이루어지지 않을 것으로 간주되는 경우

250.135 발의안 청구 자료의 보존

총무성은 접수된 주민발의 또는 주민투표 청구의 서명지와 발의안의 사본을 보존하여야 한다. 청구된 발의안이 유권자의 승인을 받으면, 보존하고 있는 사본은 유권자에 의하여 승인된 해당 발의안을 주지사 공표문의 사본과 함께 철한다. 발의안의 내용은 주지사 공표문과 함께 영구 보존하고, 서명지는 6년간 보존한다.

250.150 헌법 제6장 내용의 적용

(1) 오리건 법률(ORS) 250.165부터 250.235까지는 오리건 헌법 제6장 제10조의 규정을 실시하며, 카운티 헌장 또는 조례가 다르게 규정하지 않는 한 카운티 발의안에 관련된 주민발의나 주민투표권의 행사에 적용하여야 한다.

(2) 오리건 법률(ORS) 250.165부터 250.235까지는 오리건 헌법 제6장 제10조에 규정한 헌장을 채택하지 않은 카운티에서 카운티의 발의안과 관련된 주민발의권과 주민투표권의 시행에 적용한다.

250.165 발의안 청구의 제출, 청구 양식, 유급제 서명 수집자의 보수에 관한 내용, 서명지의 요건

(1) 카운티에서 주민발의 또는 주민투표 발의안을 청구하는 서명을 실시하기 전에 발의의 청구자는 카운티 총무국장에게 발의를 위한 청구를 접수하여야 한다. 카운티 총무국장은 발의를 위한 청구에 날짜와 시간을 스탬프로 표시하고, 서명활동을 위하여 인쇄될 청구서의 양식을 결정하여야 한다. 카운티 총무국장은 발의를 위한 청구서를 보존하여야 한다.

(2) 주민발의나 주민투표 발의의 청구서 표지에는 청구인 대표로서 3명 이내의 청구인과 주소를 표시하고, 서명 활동자에 관한 설명이 포함되어야 한다. 서명 활동자에 관한 설명에 관해서는 주 총무성 장관이 규정으로 채택하여야 한다. 주민투표 청구서의 표지는 오리건 법률(ORS) 250.175의

(1)에 기술된 제목을 포함하여야 한다. 순회법원이 오리건 법률(ORS) 250.196 규정에 따라 주민투표 발의안의 제목을 심사하지 않은 경우에는, 오리건 법률(ORS) 250.175의 (1)에 규정한 주민발의를 위한 투표 발의안의 제목이 포함되어야 한다. 순회법원이 투표 발의안의 제목을 심사한 경우에는 주민발의를 위한 투표의 청구는 법원이 확정한 투표안의 제목을 포함시킨다.

(3) 발의안의 청구인 대표는 발의안의 청구서에 주민발의나 주민투표 청구를 위하여 유권자의 서명을 받는 자가 돈 또는 다른 가치를 가진 보수를 받는지에 관하여 진술하는 내용을 포함시켜야 한다. 발의안의 청구서가 접수된 후 청구인 대표는 본인이 다음 내용을 처음 알게 된 날로부터 10일 이내에 청구의 접수 공직자에게 통지하여야 한다.

(a) 청구서에는 유급직이 없다고 진술하였으나 특정 서명 수집자가 보수를 받은 경우

(b) 청구서에는 1명 이상에게 보수를 지급한다고 진술하였으나 아무도 보수를 지급받지 않은 경우

(4) (a) 주민발의 청구의 각 서명지는 투표 발의안의 제목의 내용을 포함하여야 한다. 주민투표 청구의 각 서명지에는 참고하여야 하는 조례나 규칙의 번호, 필요한 경우, 카운티의 정부에서 그 조례나 규칙이 채택된 일시를 포함시켜야 한다.

(b) 주민발의나 주민투표의 청구를 위한 각 서명지에는

(A) 청구서를 위하여 1명 이상의 서명 활동자가 보수를 지급받는 경우, “이 청구를 위한 서명 활동가는 유급직”임을 알리는 내용을 포함하여야 하고,

(B) 청구서를 위한 서명 활동자가 보수를 지급받는 경우, 해당 서명 활동자는 보수를 받는 자임을 알리는 내용이 포함되어야 한다. 이러한 통지문은 서명지에 굵고 명료하게 표시되어야 한다.

(5) 주민발의나 주민투표 청구서의 표지 뒷면은 서명을 받는 데 사용하여야 한다.

(6) 주민발의 또는 주민투표 청구의 서명은 한 서명지에 20개 이하만 계

산한다. 주민발의나 주민투표 청구서의 서명지에 서명자는 서명 수집자의 입회하에 서명하였으며, 서명 수집자는 각 서명자가 카운티의 등록된 유권자라는 사실을 믿고 확인하여야 한다.

(7) 서명의 수집활동은 서명 수집 승인을 받은 시점으로부터 1년 이상을 요하게 되는 경우, 청구인 대표 중 1명은 청구를 위한 서명의 승인을 받은 날로부터 1년이 되는 날 또는 그 이전에 다음과 같은 조치를 취하여야 한다.

(a) 카운티 총무국장에게 주민발의를 위한 서명활동이 계속 진행 중이라는 진술을 접수시켜야 한다.

(b) 카운티 총무국장에게 지난 1년간 수집한 서명의 결과를 검증하기 위하여 제출할 수 있어야 한다.

(8) 청구인 대표가 이 절의 (7)에 따라 위의 진술과 서명 내용을 제출하기 최소 30일 전에 카운티 총무국장은 청구인 대표자에게 이 절의 (7)에 규정한 요건을 문서로 통지하여야 한다. 이 통지는 등기로 보내며, 청구인 대표에게 확실하게 배달되었다는 확인 자료를 요구하여야 한다.

(9) 카운티 총무국장은 이 절의 (7)의 규정을 충족시키지 못하는 청구서를 접수하여서는 안 된다.

(10) 청구서에 서명을 받는 자는 주민발의 또는 주민투표가 실시될 발의안의 본문 전체의 정확한 사본을 최소 1부를 소지하여야 하며, 유권자가 요구할 경우 그 사본을 제시할 수 있어야 한다.

250.168 한 가지 발의 주제의 결정, 통지, 상고

(1) 주민발의안의 청구서를 접수한 5일 이내에 카운티 총무국장은 해당 발의안이 오리건 헌법 제4장 제1절 (2)(d)의 요건을 충족시켰는지를 문서로 결정하여야 한다.

(2) 해당 발의안이 오리건 헌법 제4장 제1절 (2)(d)의 요건을 충족시켰다고 총무국장이 결정한 경우, 총무국장은 오리건 법률(ORS) 250.175에 규정한 대로 절차를 진행시켜야 한다. 총무국장은 오리건 법률(ORS) 250.175(5)에 규정한 대로 해당 주민발의 안이 오리건 헌법 제4장 제1절 (2)(d)가 규정한 요건을 충족시켰다고 확인한 진술을 공보물에 포함시켜야 한다.

(3) 카운티 총무국장이 해당 주민발의안이 오리건 헌법 제4장 제1절 (2)(d)의 요건을 충족시키지 못한다고 결정한 경우, 총무국장은 즉시 청구인 대표에게 서면으로 그것을 확인하는 메일을 보내어 통지하여야 하며, 청구인 대표 본인에게 배달되었음을 확인하는 자료를 요구하여야 한다.

(4) 이 절의 (1)에 규정한 대로 카운티 총무국장의 결정에 어느 유권자가 불만을 가지고 있다면, 해당 카운티가 소재하는 법원 구역의 순회법원에 총무국장의 결정을 번복하도록 심판을 청구할 수 있다. 만약 유권자가 주민발의 안이 오리건 헌법 제4장 제1절 (2)(d)에 규정한 요건을 충족시킨다는 결정에 불만이 있는 경우에는 투표안의 제목이 총무국장에게 접수된 후 7일 이내에 청구를 접수시켜야 한다. 만약 유권자가 주민발의안이 오리건 헌법 제4장 제1절 (2)(d)의 요건을 충종시키지 못한다는 총무국장의 결정에 불만을 가진 경우, 총무국장이 문서로 그러한 결정을 내린 후 7일 이내에 청구를 접수시켜야 한다.

(5) 순회법원의 심사는 처음이자 최종적 절차이며, 순서와 시간에 맞게 청구를 위한 서명이 이루어질 수 있도록 신속하게 실시되어야 한다.

250.175 카운티 발의안의 투표안 준비와 통지

(1) 주민투표에 부칠 카운티 발의안의 청구를 카운티 총무국장에게 접수할 때, 총무국장은 카운티 의회가 제정한 법률안의 제목을, 제목이 없는 경우에는 청구서를 접수하는 청구인 대표가 제시한 제목을 포함한 청구서의 복사본 2부를 구역 법무국장에게 보내야 한다.

(2) 주민발의하려는 카운티 발의안의 청구를 카운티 총무국장에게 접수하고 6일 내에 총무국장은 발의안이 오리건 법률(ORS) 250.168에 규정된 대로 오리건 헌법 제4장 제1절 (2)(d)에 합치 여부에 관한 결정의 사본 2부를 법무국장에게 전달한다.

(3) 법무국장은 그 사본을 받은 후 5일 내에, 오리건 법률(ORS) 250.145의 (3)에도 불구하고, 주민발의 또는 주민투표가 실시될 카운티 발의안의 투표안 제목을 준비하여 발의 청구서 사본 1부와 투표안 제목을 총무국장에게 전달하여야 한다. 순회법원이 이의를 제기하지 않는 이상 그 투표안

제목을 인쇄되는 투표안의 제목으로 하여야 한다.

(4) 청구인 대표에게 투표안 제목의 사본을 전달하여야 한다.

(5) 카운티 총무국장은 법무국장 또는 카운티 의회로부터 발의 또는 투표의 발의가 이루어지는 카운티 발의안의 투표안 제목을 전달받는 즉시 카운티에서 발행되는 신문의 다음 편집되는 신문에 투표안 제목의 전달 결과, 공지 그리고 유권자가 오리건 법률(ORS) 250.196에 따라 회부될 일자 안에 투표안 심사를 위한 청구를 접수할 수 있다는 내용 등의 공지 사항을 공표하여야 한다.

250.185 카운티 정부에 의한 특정 발의안의 투표안 제목의 결정

(1) 카운티 정부가 유권자들에게 발의안을 주민투표에 부칠 때, 발의안의 투표안 제목은 카운티 정부가 준비할 수 있다. 발의안과 이 조항에 따라 준비된 투표안 제목은 카운티 총무국장에게 동시에 접수하여야 한다.

(2) 이 절의 (1)에 규정한 투표안 제목이 준비되지 않은 경우, 카운티 총무국장에게 그 발의안이 접수될 때 총무국장은 사본 2부를 법무국장에게 전달하여야 한다. 그 사본을 받은 법무국장은 5일 이내에 그 발의안의 투표안 제목을 제시하여야 하며, 그 사본을 카운티 정부의 총무국장에게 전달하여야 한다.

250.195 카운티 발의안의 투표안 제목에 불만이 있는 유권자를 위한 절차

(1) 법무국장 또는 카운티 정부는 카운티 총무국장에게 접수된 투표안 제목에 불만이 있는 유권자는 그 카운티가 소재한 사법구역의 순회법원에 다른 제목을 찾도록 요구할 수 있으며, 유권자는 순회법원에 투표안 제목의 미비점－간결하지 않거나 공정하지 않은 점 등－을 내용으로 하는 사유를 적시하여 청구할 수 있다. 이 경우 청구서는 유권자가 법무국장 또는 카운티 의회 가운데 선택하여 상대자로 지목하여 접수할 수 있다. 법원은 주민발의 또는 주민투표를 발의하는 투표안의 제목을 심사하고, 논점을 청취하며, 카운티 총무국장에게 오리건 법률(ORS) 250.035의 요건을 충족하는 투표안의 제목을 확정한다.

(2) 이 절에 따라 청구서를 접수하는 유권자는 카운티 총무국장에게 서

면으로 청구서가 접수되었다는 사실을 통지하여야 한다. 이 통지는 청구서를 접수한 다음 날 오후 5시 이전에 이루어지도록 한다.

(3) 순회법원의 심사는 처음이자 최종의 심사에 해당하며, 발의안 청구를 위한 서명 또는 발의안에 대하여 유권자의 투표가 실시될 선거 등을 위하여 신속하게 실행되어야 한다.

250.205 자치헌장제를 채택하지 않은 카운티의 청구와 서명 요건

(1) 이 절은 오리건 헌법 제6장 제10조의 규정대로 헌장을 채택하지 않은 카운티에 적용한다.

(2) 카운티가 채택한 의안으로서 긴급을 요하지 않는 카운티 의안은 채택 후 90일 이내에 주민투표 발의의 청구가 이루어져야 한다.

(3) 카운티가 채택한 의안에 관련된 주민투표 청구의 경우, 청구 접수 전 4년 임기의 주지사 선거에서 모든 후보들에게 해당 카운티에서 투표한 총수의 4% 이상의 유권자 서명을 받아야 한다.

(4) 카운티의 주민발의를 위한 청구의 경우, 청구의 접수 전 4년 임기의 주지사 선거에서 모든 후보들에게 해당 카운티에서 투표한 총수의 6% 이상의 유권자 서명을 받아야 한다.

250.215 카운티 발의안의 접수 공직자, 접수 요건, 서명 검증

(1) 카운티 발의안과 관련하여 주민발의나 주민투표의 청구에 규정된 수의 유권자 서명을 확보하고 있는지 검증하기 위하여 카운티 총무국장에게 접수하여야 한다. 제출된 청구서는 서명 원본에 한정한다.

(2) 카운티 발의안과 관련하여 주민발의나 주민투표의 청구에 규정된 수의 유권자 서명은 규정된 서명자 수보다 적은 경우, 이를 접수하여서는 안 된다.

(3) 4,500명 이상의 서명을 요구하는 발의안 청구의 경우, 주 총무성은 해당 청구가 제대로 서명이 이루어졌는지를 검증하기 위하여 통계적인 방법을 규정하여야 한다. 발의의 청구는 두 차례 별도의 표본추출 방식에서 모두 서명자 수 미달이라고 확인되지 않는 이상 서명자 수를 사유로 기각하여서는 안 된다. 제2차 표본추출은 제1차 표본추출 때보다 더 많은 수의

서명자를 추출하여야 한다.

(4) 주 총무성 장관은 이 절의 (3)에 따라 표본추출 방법을 지정하기 위하여 전문가의 자문을 받아야 한다.

250.221 선거일

주민발의나 주민투표의 청구가 서명자 수의 요건을 충족시킨 경우, 카운티 발의안에 대한 투표는 발의안이 카운티 총무국에 접수된 후 90일 이후, 오리건 법률(ORS) 203.085의 규정에 따라 가능한 선거일에 실시한다.

250.235 청구자료의 보존

카운티 총무국장은 접수된 주민발의나 주민투표 청구의 서명지와 발의안 내용의 사본을 보존하여야 한다. 그 발의안이 유권자들에 의하여 승인된 경우, 발의안 사본을 영구 보존 기록으로 보존하며, 서명지는 6년간 보존한다.

250.255 하부 조항의 적용

카운티 헌장 또는 조례가 따로 규정하지 않는 한 오리건 법률(ORS) 250.265에서 250.346까지 규정한 내용은 오리건 헌법 제6장 제10조의 카운티 발의안의 주민발의나 주민투표권의 시행에 적용하여야 한다.

250.265 발의안 청구의사의 접수, 청구 양식, 서명 수집자의 보수, 서명지의 요건

(1) 시의 의안을 주민발의나 주민투표와 관련된 청구서를 위한 서명을 시작하기 전에 청구자는 시의 선거국장에게 청구의 발의(prospective petition)를 접수하여야 한다. 선거국장은 즉시 접수된 청구의 발의에 일시를 표시하고, 서명을 수집하기 위하여 인쇄될 청구서의 양식을 지정하여야 한다. 선거국장은 접수된 청구의 발의서를 보존하여야 한다.

(2) 어떤 주민발의나 주민투표를 위한 청구의 발의는 표지에 청구의 대표자 3명 이내의 유권자 이름과 주소를 기록하고, 유권자의 서명을 받기 위한 지침을 포함시켜야 한다. 유권자를 위한 지침에 관한 내용은 주 총무성의 규정으로 채택되어야 한다. 주민투표를 위한 청구의 발의는 표지에 오리건 법률(ORS) 250.275의 (1)에 규정한 투표안 제목을 포함하여야 한다.

그러나 순회법원이 오리건 법률(ORS) 250.296에 규정한 대로 투표안 제목을 심사한 경우에는 법원이 확정한 제목을 포함하여야 한다.

(3) 청구의 대표자는 청구의 발의에 주민발의나 주민투표의 청구를 위한 서명활동에서 1인 이상의 유급자의 존재 여부에 관한 내용을 포함하여야 한다. 청구의 발의가 접수된 후, 청구인 대표는 본인이 아래 내용을 인지한 후 10일 이내에 통지하여야 한다.

(a) 청구의 발의에는 서명활동 유급자가 없다고 선언하였으나 특정인이 서명활동과 관련하여 보수를 받은 경우

(b) 청구의 발의에는 1명 이상 서명활동 유급자가 포함되었다고 선언하였으나 아무도 보수를 받지 않은 경우

(4) (a) 주민발의 청구의 각 서명 용지에는 투표안의 제목을 포함하여야 한다. 주민투표 청구의 각 서명 용지에는 조례안이나 규정안의 번호와 의결기관에서 채택된 일자를 포함하여야 한다.

(b) 주민발의나 주민투표 청구의 각 서명 용지는 다음을 따라야 한다.

(A) 유권자의 서명을 받을 때 1명 이상의 유급자가 포함된다면, "이 청구서의 서명 수집자는 보수를 지급받음"이라는 내용을 청구서에 표시하여야 한다.

(B) 주민발의나 주민투표의 청구에 유급의 서명 수집자가 포함된다면, 유급자라는 사실을 포함시켜야 하고, 굵은 글씨로 명료하게 표시하여야 한다.

(5) 주민발의나 주민투표 청구의 표지 뒷면은 주민발의나 주민투표 청구를 위하여 서명을 받는 데 사용하여야 한다.

(6) 주민발의나 주민투표 청구의 각 서명 용지에는 20개 이하의 서명을 받는다. 주민발의나 주민투표 청구의 각 서명 용지에 서명한 유권자는 서명 수집자의 입회하에 서명하였으며, 서명 수집자는 서명자가 해당 시의 등록된 유권자로 신뢰한 사실을 확인하여야 한다.

(7) 서명을 수집하는 활동이 청구의 발의를 승인받은 시점으로부터 1년 이상 소요한다면, 청구인 대표 중 1명이 승인받은 후 1년이 되는 날 또는 그보다 앞서 아래와 같은 조치를 취하여야 한다.

(a) 시의 선거국장에게 허용받은 1년마다 주민발의의 청구활동이 계속 진행 중이라는 내용을 제출하여야 한다.

(b) 시의 선거국장에게 지난 1년간 청구서에 서명을 받은 내용을 제출할 수 있어야 한다.

(8) 시의 선거국장은 이 절의 (7)에 따라 청구인 대표에게 이 절의 (7)에 규정한 내용을 그가 서명활동이 계속 진행 중이라는 사실의 확인과 서명자료의 제출이 있기 전 30일까지 이 절의 (7)에 규정한 내용을 서면으로 통지하여야 한다. 이 통지는 등기우편으로 보내야 하며, 그것을 증명하는 자료를 요구하여야 한다.

(9) 시의 선거국장은 이 절의 (7)에 규정한 내용을 충족시키지 못한 청구의 접수를 허용하여서는 안 된다.

(10) 청구서에 서명한 유권자는 주민발의나 주민투표 발의안의 본문 전체를 포함한 복사본을 1부 이상 소지하여야 하며, 유권자가 요구할 경우 그 유권자가 그 사본을 확인할 수 있어야 한다.

250.270 한 가지 주제, 통지, 제소

(1) 주민발의를 위한 청구의 발의를 접수한 후 5일 이내에 시의 선거국장은 주민발의가 오리건 헌법 제4장, 제1조 (2)(d)의 요건을 충족시키는가를 서면으로 결정하여야 한다.

(2) 시의 선거국장이 주민발의를 위한 의안이 오리건 헌법 제4장 제1조 (2)(d)의 요건을 충족시킨다고 결정하는 경우, 선거국장은 오리건 법률(ORS) 250.275에 규정한 대로 진행시켜야 한다. 시의 선거국장은 오리건 법률(ORS) 250.275의 (5)에 규정한 주민발의를 위한 의안이 오리건 헌법 제4장 제1조 (2)(d)의 요건을 충족시킨다는 내용을 공보 자료에 포함시켜야 한다.

(3) 시 선거국장이 주민발의를 위한 의안이 오리건 헌법 제4장 제1조 (2)(d)의 요건을 충족시키지 못한다고 결정하는 경우, 선거국장은 즉시 청구인에게 서면으로 등기우편을 통하여 해당 결정 사항을 통지하여야 하며, 그것을 확인하는 증명을 요구하여야 한다.

(4) 이 조의 (1)에 따라 시 선거국장의 결정에 이견이 있는 유권자는 그 시가 소재하는 지역의 순회법원에 선거국장의 결정을 번복하는 내용의 청구를 제기할 수 있다. 유권자가 주민발의를 위한 의안이 오리건 헌법 제4장 제1조 (2)(d)의 요건을 충족한다는 결정에 이견이 있는 유권자는 투표안의 제목이 시 선거국장에게 접수된 후 7일 이내에 청구를 접수하여야 한다. 만약 유권자가 주민발의를 위한 의안이 오리건 헌법 제4장 제1조 (2)(d)의 요건을 충족하지 못한다는 결정에 이견이 있는 유권자는 시 선거국장의 서면 결정 이후 7일 이내에 청구를 접수하여야 한다.

(5) 순회법원의 심사는 최초이자 최후의 심사여야 하며, 계획된 대로 시간에 맞추어 청구를 위한 서명활동을 위하여 신속하게 이루어져야 한다.

250.275 시의 주민발의를 위한 투표 제목의 준비, 통지

(1) 주민투표에 부칠 시의 의안을 위한 청구의 발의를 시 선거국장에게 접수할 때, 총무국장은 시의 의결기관이 통과시킨 의안의 제목을, 그러나 의안의 제목이 없다면 청구의 발의를 접수한 청구자가 제시한 제목을 포함하여 청구를 위한 서명활동을 승인하여야 한다. 시의 선거국장은 즉시 청구의 발의 사본 2부를 시의 법무국장에게 보내야 한다.

(2) 주민발의를 추진하는 의안을 위한 청구의 발의는 시 선거국장에게 접수하고, 6일 이내에 선거국장은 해당 의안이 오리건 법률(ORS) 250.270에 규정된 대로 오리건 헌법 제4장 제1조 (2)(d)에 합치 여부를 결정하고, 그 사본 2부를 시의 법무국장에게 보내야 한다.

(3) 청구의 발의와 관련된 사본 2부를 받은 법무국장은 5일 내에 주민발의나 주민투표에 부칠 의안의 투표안 제목을 제시하여야 하며, 청구의 발의 사본 1부와 투표안 제목을 시의 선거국장에게 보내야 한다. 순회법원이 따로 결정하지 않는 한 이 투표안 제목을 투표에 부치기 위하여 인쇄하는 의안의 제목으로 한다.

(4) 청구인 대표에게 투표안 제목의 사본을 전달하여야 한다.

(5) 시의 선거국장은 시의 법무국장 또는 의결기관으로부터 주민투표에 부치거나 주민발의할 카운티 의안의 투표안 제목을 받는 즉시 시 전역에

배포되는 다음 판 신문에 유권자들이 오리건 법률(ORS) 250.296에 규정된 일자 안에 투표안 제목의 심사를 위한 청구가 가능하도록 투표안 제목의 접수 사실과 함께 공시하여야 한다.

250.285 시의 의결기관의 투표안 제목 준비

(1) 시의 의결기관은 유권자들에게 의안을 투표에 부칠 때, 투표에 부칠 의안의 제목을 준비할 수 있다. 이 투표안의 제목은 시의 선거국장에게 접수한다.

(2) 이 조의 (1)에 따라 투표안 제목이 준비되지 않은 경우, 시 선거국장에게 의안이 접수될 때 선거국장은 그 사본 2부를 시의 법무국장에게 보내야 한다. 그 사본을 받은 후 5일 내에 시의 법무국장은 그 의안을 위한 투표안 제목을 제시하여야 하며, 그 투표안 제목의 사본을 의결기관과 시 선거국장에게 보내야 한다.

250.296 투표안 제목에 대한 유권자의 이견 표시 절차

(1) 시의 법무국장 또는 의결기관이 시의 선거국장에게 접수한 투표안 제목에 이견을 가진 유권자는 시가 소재한 지역의 사법구역 순회법원에 투표안 제목을 모색하는, 즉 투표안 제목의 미비점, 복잡성, 불공정성 등의 사유를 진술하는 청구를 낼 수 있다. 법원은 이에 대하여 심의하고, 논점을 청취하며, 시의 선거국장에게 오리건 법률(ORS) 250.035의 요건을 충족시키는 투표안의 제목을 확정한다.

(2) 이 조에 근거하여 청구를 접수하는 유권자는 시 선거국장에게 서면으로 청구가 접수되었다는 사실을 통지하여야 한다. 이 통지는 청구를 접수한 다음 날 오후 5시 이내에 이루어져야 한다.

(3) 순회법원의 투표안 제목에 관한 심사는 처음이자 최종의 심사이며, 서명의 수입 또는 유권자의 투표에 부칠 계획된 시간에 맞추어 신속하게 추진되어야 한다.

250.035 서명 요건

(1) 시의 의안을 투표에 부치려는 청구에서 그 청구의 발의는 접수될 당

시 시의 등록 유권자 10% 이상의 서명을 받아야 한다. 이 청구는 시의 의결기관이 의안을 의결한 날로부터 30일 이내에 시의 선거국장에게 접수하여야 한다.

(2) 시의 의안을 주민발의의 청구는 청구의 발의가 접수될 당시 시의 등록 유권자 15% 이상이 서명하여야 한다.

250.315 접수 담장 공직자, 접수 요건, 서명의 검증

시의 의안과 관련된 주민발의나 주민투표의 청구는 서명의 검증을 위하여 시 선거국장에게 접수하여야 한다. 접수된 청구에는 서명 원본만 포함되어야 한다.

(2) 시의 의안과 관련된 주민발의나 주민투표는 요건으로 정하여 서명자보다 미달하는 청구를 접수하여서는 안 된다.

(3) 4,500개 이상의 서명을 요구하는 청구의 경우, 주의 총무성 장관은 청구 요건으로 정해진 서명자의 서명을 검증하기 위한 통계적 표본추출 방식을 지정하여 규정하여야 한다. 청구에는 2차의 표본추출에 의한 검사에서 모두 요건 이하로 판명되지 않는 한 기각되어서는 안 된다. 제2차 검증 시에는 1차보다 더 많은 서명을 표본으로 추출하여 검증하여야 한다.

(4) 주 총무성 장관은 이 조의 (3)에 따라 지정할 표본추출 기법을 결정하기 위하여 전문가의 조언을 활용하여야 한다.

250.324 주민발의 청구의 접수 절차

(1) 주민발의의 청구에서 요건으로 정한 수 이상의 서명이 이루어진 것으로 확인된 경우, 시의 선거국장은 발의된 의안을 다음의 회기에 의결기관에 접수하여야 한다.

(2) 시의 의결기관은 의안이 접수된 후 30일 이내에 시의 헌장이나 주 법률에 따라 시의 유권자의 투표에 부치도록 규정되어 있는 경우, 의안이 의결기관에 접수된 후 90일 이후, 오리건 법률(ORS) 221.230에 규정한 바에 따라 다음 선거에서 유권자의 투표에 부쳐야 한다.

(3) 의결기관은 주민발의된 의안에 대하여 경쟁하는 의안을 주민투표에 회부할 수 있다. 의결기관이 유권자에게 경쟁하는 의안을 투표에 부치려는

경우에는 주민이 발의한 의안이 접수된 후 30일 이내에 경쟁하는 의안을 준비하여야 한다. 시장은 주민발의된 의안 또는 의결기관의 경쟁하는 의안에 대하여 거부권을 행사할 수 없다.

250.346 청구 자료의 보존

시의 선거국장은 접수된 주민발의나 주민투표 청구의 서명 용지와 시의 의안 사본을 보존하여야 한다. 만약 의안이 유권자의 승인을 얻은 경우, 의안의 복사본은 영구 보존하며, 서명 용지는 6년간 보존한다.

250.355 선거일

주민발의나 주민투표 청구에서 서명자의 요건을 충족시키면 시의 의안에 대한 선거의 실시는 의안이 카운티 총무국장에게 접수된 후 90일 이후에, 오리건 법률(ORS) 221.230의 규정에 따라 다음에 실시되는 선거일에 투표를 실시한다.

제 5 절 주민발의 절차의 비교: 6개 주를 중심으로

제4장에서는 사우스 다코타 주와 오리건 주 등 미국 6개 주의 주민발의 채택 배경과 과정을 살펴보았고, 제5장에서는 미국 주민발의의 채택 과정을 종합·정리하였다. 또 제6장의 앞부분은 헌법과 법률의 내용을 소개하였으므로, 이제 제도의 내용을 좀 더 정확하게 이해하기 위한 방편으로 미국에서 주민발의 활용도가 가장 높은 6개 주의 주민발의 절차를 비교해 보기로 한다.

1 주민발의의 절차

미국에서 주민발의를 채택한 24개 주의 주민발의 절차에 관하여 짐머만(Zimmerman, 1999: 163-173)이 개략적으로 다루었으며, 거버와 동료들

(Gerber, Lupia, McCubbins, & Kiewiet, 2001: 8-14)은 캘리포니아 주민발의의 절차를 발의안의 기초, 요건 구비 단계, 캠페인 단계 등으로 나누었다. 그러나 주민발의의 절차를 주제로 다룬 문헌은 워터스(Waters, 2003)와 카우프만과 워터스(Kaufmann & Waters, 2004)의 연구를 들 수 있다. 워터스가 대표로 활동하는 미국 주민발의 및 주민투표 연구소(IRI 홈페이지 자료)도 주민발의의 절차를 비중 있게 다루었다. 이들은 헌법과 법률에 규정된 절차와 핵심 요소들을 추려서 정리하고 있다. 김영기(2008)는 이들의 논의를 바탕으로 핵심 절차와 핵심 요소들을 적시하여 우리나라의 주민발의 핵심 절차와 핵심 요소를 비교한 바 있다.

워터스(Waters, 2003)와 IRI는, 미국의 주민발의가 각 주별로 많이 다르지만, 5개의 기본 단계를 따르는 것이 공통점이라고 지적하였는데, 그것은 지정된 공직자에게 발의안의 접수 단계(preliminary filing), 발의안의 심사 단계(review of the initiative), 청구를 위한 서명 단계(circulation of the petition), 청구의 제출 단계(submission of the petition), 발의안의 투표 단계(placement of the initiative on ballot) 등이다.

거버와 동료들의 주민발의 절차에 관한 논의와 워터스(Waters, 2003)와 IRI의 고찰도 매우 유용한 지식이라는 점을 전제하고 필자는 두 가지를 덧붙여 논의하고자 한다. 하나는 제도화 단계에 관한 것이고, 다른 하나는 캠페인 단계에 관한 것이다.

첫째, 제도화 단계와 관련하여 지적하자면, 이 책의 제4장과 제5장에서 살펴본 대로 법령을 제정하여 주민발의의 근거를 마련하는 제도화 단계는 반드시 필요하고, 제도의 내용 또한 제대로 갖추어야 한다. 앞에서 미국의 서부 주에서는 주민발의를 채택하기 위하여 농민과 노동자들이 얼마나 극심한 고통을 겪었으며, 또 얼마나 많은 양심적 지식인들의 노고가 있었고, 또 얼마나 긴 시간이 필요했는가를 알 수 있었기에 이렇게 주장하는 것이다. 거기다 제도는 자연발생 현상이 아니라 인간의 문제를 효과적으로 해결하는 기능을 기대하여 창안하는 것이므로 제도화 단계가 중요하다. 사우스 다코타처럼 가장 먼저 헌법을 개정하여 주민발의를 채택하였지만, 제도의 경로의존성의 영향으로 그 활용이 제대로 이루어지지 못하는 현상을 확인하였고, 또 불비한 우리나라 주민발의제가 시민의 노력을 헛되게 하면서 제도의 효과성이 낮은 점을 알기 때문이기도 하다. 한편 오리건이나 캘리포니아처럼 주민발의의 활용도가 높은 주도 있는 바, 어느 경우든 제도화 단계가 필요하고, 기왕 창안하는 제도는 기대 효과를 확보할 수 있도록 충실하게 만들어야 한다는 것이다. 그러나 워터스(Waters, 2003)와 IRI는 주어진 조건(the givens)으로 간주하였을 것이라고 본다. 이렇게 강조만 해두고, 여기서도 제도는 주어진 조건으로 간주한다.

둘째, 캠페인 단계에 관한 것이다. 워터스와 IRI의 절차 설정은 캠페인 단계가 빠져 있다. 주민발의는 "시민의 직접 참여에 의한 정책결정"이라는 본질에 비추어 생각할 때, 이들이 왜 직접 주민발의의 절차에서 캠페인 단계에 관한 논의를 소홀히 하였는지 의문이 생긴다. 이들은 따로 나누어 설정하고 논의하지 않은 것은 분명하다.

그러나 필자는, 서명활동을 통해서도 홍보나 캠페인이 일부 이루어지기도 하겠지만, 법률이나 조례는 항상 비용 부담자와 편익 수혜자를 만든다는 점에서 찬성과 반대 의견의 개진이 필요하고, 또 그러기 위해서는 정보와 지식의 전파가 필요하며, 이러한 활동이 곧 시민의 직접 참여와 다르지 않다는 점에서 캠페인 단계는 중요하다고 생각한다.

그러므로 다음에 워터스(Waters, 2003)와 IRI의 자료를 바탕으로 하되 필자는 주민발의의 절차를 ① 청구의 접수 단계, ② 청구 내용 심사 단계, ③ 서명 단계, ④ 서명 검증과 발의 단계, ⑤ 캠페인 단계, ⑥ 투표 단계 등 6단계로 나누어 설정하고자 한다.

2 주민발의 절차의 비교: 6개 주를 대상으로

앞에서 설정한 주민발의의 절차에 따라 이번에는 미국에서 가장 주민발의의 활용도가 높은 오리건, 캘리포니아, 콜로라도, 노스 다코타, 애리조나, 워싱턴 등 6개 주로 한정하여 각 단계에 따라 서로 다르게 규정한 요건 등을 비교하고자 한다(Waters, 2003: 15-29; IRI 홈페이지 비교 자료).

1) 청구의 접수 단계

발의안 청구의 접수는 주민발의안의 청구를 접수하는 것, 즉 유권자들이 특정한 법률이나 조례를 주민발의로 제정할 의사를 공개적으로 드러내어 주민발의와 관련된 법령에 규정된 접수 때의 요건을 갖추어서 청구서를 담당기관에 제출하여 수용하려는 절차이다. 주민발의안의 청구를 접수시키기 위한 사전 준비가 필요하고 또 준비된 정도가 다음 단계에 영향을 미치게 되므로 중요하기도 하다.

주민발의로써 제정하고자 하는 법률이나 조례의 안을 기초하는 데는 주별로 환경과 요건이 다르다. 환경적 조건은 유권자의 동의 규정, 공탁금 규정, 법률이나 조례안의 기초작업 지원 여부 등이 있고, 요건으로는 주민발의안 제목, 그 요약문, 주민발의의 주제 요건 등을 지적할 수 있다.

첫째, 주민발의의 환경 조건을 보면, 유권자의 동의를 얻어 청구서를 접수하게 하거나 일정한 비용의 공탁금을 걸게 하는 것, 접수기관을 어디로 할 것인가, 발의안 수의 제한 등이다. 9개 주는 5명(몬태나 주)에서 100명(알래스카 주)까지 유권자의 서명을 요구하고, 5개 주는 5달러(워싱턴 주), 25달러(오하이오 주), 500달러(와이오밍 주) 등 공탁금을 걸고 발의안 청구서를 접수하기도 한다.

발의안을 접수할 때 함께 제출할 법률이나 조례안을 기초하는 작업의 지원 여부도 중요한 환경 조건이 된다. 법률이나 조례안의 기초는 "이론상 어느 시민이든 발의안을 기초할 수 있으나, 실제로 전문적인 자문가의 도움이 절실히 필요하다" (Gerber, Lupia, McCubbins, & Kiewiet, 2001: 9). 그래서 캘리포니아 주는 시민들의 주민발의안 기초를 지원하는 기관을 활용케 함으로써 제도의 효과성을 높이려고 노력하는 경우이다.

또 주민발의를 위한 청구서를 접수하는 주 정부의 기관은 대개 부지사, 총무성 장관, 법무성 장관 등이다. 애리조나, 캘리포니아, 노스 다코타, 워싱턴의 주민발의는 총무성에서 접수하며, 콜로라도의 주민발의는 법무성 입법지원국에 접수하고, 오리건의 주민발의는 법무성에 접수한다.

발의안 수와 기간에 관한 제한 내용을 보면, 네브래스카 주는 지난 3년 사이에 청구되었다가 실패한 발의안과 동일한 내용의 청구를 제한하며, 와이오밍은 동일한 규정에 기간만 최근 5년 사이로 다르게 제한하고, 매사추세츠는 현저하게 동일한 발의안 청구는 두 차례 총선에 잇달아 투표에 부치지 못하도록 제한하며, 미시시피는 주민발의안의 수를 선착순으로 접수된 5개로 제한하고, 또 유권자 투표에서 부결된 발의안은 2년간 발의를 제한한다.

둘째, 발의안의 접수를 위한 제목의 제출 요건이다. 먼저 발의안 제목은 유권자들이 서명을 받을 때 유권자들에게 그들이 이해하고 확인할 수 있도록 하기 위하여 간결하고 정확하게 핵심 내용을 전달하는 제목이 있어야 한다. 애리조나 주는 주민발의 지지자들이 제목을 작성하도록 허용한다. 캘리포니아 주는 법무성 장관이 제목을 작성하고, 콜로라도 주는 발의안(법률이나 조례안) 기초위원회가 제목을 작성하며, 노스 다코타 주는 총무성 장관이 접수된 발의안을 심사한 후 그 발의안을 정확하게 표현하는 제목을 정하여 법무성 장관에게 전달한다. 오리건 주와 워싱턴 주는 법무성 장관이 제목을 정한다. 이처럼 서명활동을 하기 전, 그러니까 주민발의안 청구서 접수 단계에 제목을 부여하는 경우도 있고, 서명활동이 이루어진 다음 투표에 부치기 위한 준비 단계에서 공식 명칭을 부여하는 경우도 있는데, 이에 관해서는 서명 검증과 발의 단계에서 살펴본다.

셋째, 주민발의안의 요약문 제출 요건이다. 서명활동을 위하여 필요한 요약문은 유권자들이 발의하고자 하는 법률이나 조례안의 내용을 간결하고 정확하게, 그리고 쉬운 말로 요약한 것이며, 이것은 서명을 요청할 때 유권자에게 보여 주게 된다. 애리조나 주는 일단 발의안 내용을 갖추고 또 필요한 수의 서명을 받아서 청구가 접수된 후에 총무성 장관이 발의안의 제목과 요약문을 작성하여 투표를 위한 준비를 한다. 캘리포니아 주와 오리건 주, 워싱턴 주는 법무성 장관이 요약문을 작성한다. 콜로라도 주는 발의안 기초위원회가 요약문을 작성하며, 노스 다코타 주는 총무성 장관이 요약문을 작성하여 법무성 장관의 승인을 받는 경우이다.

넷째, 주민발의의 주제를 제한하는 요건이다. 모든 주가 의회에 허용하는 범위를 넘어서는 주민발의의 주체 채택은 금지한다. 또 대개 한 가지 주제로 한정하여 주민발의를 허용하는 경향이다. 애리조나 주와 오리건 주, 워싱턴 주는 오로지 한 가지 주제, 그리고 의회의 결정 영역으로 한정하는 경우이고, 캘리포니아와 콜로라도, 플로리다 주는 주제만 한 가지로 제한하는 경우이다.

그러면 이렇게 주제를 한정하는 이유는 무엇인가를 이해하는 것이 필요하다. 실제로 시간이 흐르면서 시민의 역량은 향상, 발전되어 온 것이 사실이지만, 여전히 시민의 전문적 역량과 정책에 대한 관심 등을 전폭적으로 주민발의에 끌어들이는 것은 쉽지 않다. 그런데, 만약 여러 주제의 발의안을 동시에 다루게 한다면, 주민발의 비판자들의 지적대로 시민들의 역량과 관심 부족으로 인하여 부실한 정책결정으로 귀결될 수 있다. 그러므로 단일 주제로 한정하여 정책 과정의 단순화를 통하여 유권자의 집중도를 높이려는 제도적 취지가 엿보인다.

주민발의 청구인 대표들(chief petitioners)은 위와 같은 요건을 갖추어서 주민발의 제안을 위한 청구(prospective initiative petition)를 접수시켜야 한다.

2) 청구 내용 심사 단계

접수가 완료되면, 주정부나 지방정부의 담당기관은 주민발의 제안을 위한 청구의 내용, 즉 법률이나 조례안의 내용이 헌법이나 법률에 합치되는지를 심사하게 된다.

애리조나와 노스 다코타의 주민발의는 일단 접수 단계에서 청구서 양식의 구비 여부만 심사하며, 콜로라도의 주민발의는 법무성 입법지원국에 접수하여 반드시 내용의 심사를 받아야 한다. 오리건의 주민발의는 법무성에 접수하여 반드시 단일 주제의 요건을 충족시키는지 심사하며, 이 요건을 지키지 않는 경우 법무성은 주민발의 절차를 취소할 수 있다. 워싱턴의 주민발의는 총무성에 접수하며, 법령 자문위의 심사를 반드시 거쳐야 하며, 여기서 접수되거나 거부되기도 한다. 그런데 워터스는 청구 내용의 심사는 아칸소, 유타, 오리건, 플로리다 등 4개 주를 제외한 나머지 주의 청구 내용 심사는 대개 자문의 성격이라고 지적하였다(Waters, 2003: 15).

이러한 심사 결과 주민발의 청구 내용이 요건을 충족시킨다고 판단되면 주정부나 지방정부의 해당 기관은 청구인대표를 비롯하여 그 법률이나 조례가 제정되는 경우 영향을 받는 집단이나 기관, 청구인 대표들에게 문서로 접수 사실을 통보한다.

3) 서명 단계

첫째, 서명 단계의 환경 조건도 주별로 차이가 있다. 서명 단계의 환경 조건은 서명활동가의 자격, 서명활동 기간, 유급제 또는 기업을 통한 서명활동의 허용, 서명지역의 분산 조건 등을 들 수 있다. 1999년 이후 서명 수집자는 반드시 그 주의 등록된 유권자가 아니더라도 서명 수집이 가능하게 되었다. 실제로 캘리포니아와 오리건 주에서 서명 수집자는 반드시 그 주의 주민이 아니어도 가능하다. 그리고 캘리포니아와 오리건 주에서는 유급제 서명 수집자 또는 서명 수집활동을 전문으로 하는 기업을 이용하기도 한다. 그리고 서명활동 기간은 매사추세츠 주의 64일, 아칸소와 오하이오, 유타 주는 서명활동 기간에 제한이 없다. 오클라호마는 서명활동 기간이 90일, 캘리포니아는 150일, 오리건 주는 2년이다. 그리고 서명지역의 분산 조건은 미국 주민발의의 60% 이상의 활용 비율을 나타내는 것은 지역분산 조건을 설정하지 않은 애리조나, 캘리포니아, 콜로라도, 노스 다코타, 오리건, 워싱턴 등 6개 주이다.

둘째, 서명자 수의 요건이다. 주민발의를 채택한 미국의 모든 주는 숫자를 사용하기보다 비율(%)을 사용하여 서명자 수 요건을 규정한다. IRI가 제시한 주민발의 표준 법률에는 헌법 주민발의안을 위해서는 주지사 후보 투표자의 8%, 법률 주민발의안을 위해서는 5%의 서명 비율을 설정하고 있다(Waters, 2003: 532). 그러나 실제 서명자 수 요건을 보면, 와이오밍 주는 15%로 가장 높게 설정한 경우이고, 노스 다코타 주는 주민(州民)의 2%로 가장 낮게 설정한 경우이다. 주민발의 활용도가 높은 주들을 중심으로 살펴보면, 애리조나는 헌법개정안 발의에는 주지사 선거 투표자 15%, 법률안 발의에는 10%로 설정하고 있으며, 캘리포니아 주는 헌법개정안 발의는 8%, 법률안 발의는 5%이다. 콜로라도 주는 헌법개정안과 법률안 주민발의 모두 동일하게 5%로 설정하고 있고, 노스 다코타는 헌법개정안 주민발의는 인구의 4%, 법률안 주민발의는 2%로 설정하였으며, 오리건 주는 헌법개정안 주민발의는 8%, 법률안 주민발의는 6%로 설정하였고, 워싱턴 주는 헌법 개정안 주민발의는 허용하지 않으며, 법률안 주민발의는 주지사 투표자의 8%를 서명 요건으로 설정하고 있다. 주민발의를 채택하고 있는 미국 24개 주의 서명자 수와 지역 분산, 서명활동 기간, 그리고 서명자료 제출 시한 등을 정리하면 <표 6-2>와 같다.

〈표 6-2〉 서명자 수/지역 분산/서명 활동 기간/제출 시한 요건

주	헌법 발의 서명자 비율	법률발의 서명자 비율	서명자의 지역 분산	서명활동 기간/ 제출 시한
AK	헌법 발의를 채택하지 않았음.	직전 총선 투표자의 10%	선거구 ⅔에서 최소 1명 이상	1년/ 의회 개원 전
AZ	주지사 선거 투표자 15%	주지사 선거 투표자 10%	지역 분산 요건 없음.	20개월/ 선거 4개월 전
AR	주지사 선거 투표자 10%	주지사 선거 투표자 8%	15/75개 카운티에서 5% 이상	무제한/선거 4개월 전
CA	주지사 선거 투표자 8%	주지사 선거 투표자 5%	지역 분산 요건 없음.	150일/주정부가 매년 결정
CO	SOS[2] 투표자의 5%	SOS 선거 투표자 5%	지역 분산 요건 없음.	6개월/선거 3개월 전
FL	최근 대통령 선거 투표자의 8%	헌법이 법률 발의를 허용하지 않았음.	연방의원 선거구 12/23개에서 8%	4년/선거 90일 전
ID	헌법 발의를 채택하지 않았음	등록 유권자의 6%	22개 카운티마다 6%	18개월/선거 4개월 전
ME	헌법 발의를 채택하지 않았음.	주지사 선거 투표자 10%	지역 분산 요건 없음.	1년/매년 주정부가 결정
MA	주지사 선거 투표자 3%	주지사 선거 투표자 3½%	한 카운티에서 25% 미만	64일/매년 주정부가 결정
MI	주지사 선거 투표자 10%	주지사 선거 투표자 8%	지역분산 요건 없음.	180일/헌법: 총선 120일 전 법률: 의회 회기 10일 전
MS	주지사 선거 투표자 12%	헌법이 법률 발의를 허용하지 않았음.	연방의원 선거구마다 20%	1년/의회개원 90일 전
MO	주지사 선거 투표자 8%	주지사 선거 투표자 5%	연방의원 선거구 6/9에서 5%	16개월/선거 8개월 전

MT	주지사 선거 투표자 10%	주지사 선거 투표자 5%	헌법 40/50 의원선거구-10%, 법률 34/50개-5%	1년/선거 전 4개월의 둘째 금요일
ND	인구의 4%	인구의 2%	지역 분산 요건 없음.	1년/선거 90일 전
NE	등록 유권자의 10%	등록유권자의 7%	38/93 카운티, 5%	1년/선거 4개월 전
NV	등록 유권자의 10%	직전 총선 투표자의 10%	13/17 카운티, 10%	헌법: 11개월, 법률 10개월/헌법: 선거 90일 전, 법률 선거 30일 전
OH	주지사 선거 투표자 10%	주지사 선거 투표자 6%	44/88 카운티, 헌법 5%, 법률 1½%	무제한/헌법: 선거 90일 전, 법률: 개원 10일 전
OK	주지사 선거 투표자 15%	주지사 선거 투표자 8%	지역 분산 요건 없음.	90일/선거 8개월 전
OR	주지사 선거 투표자 8%	주지사 선거 투표자 6%	지역 분산 요건 없음.	무제한/선거 4개월 전
SD	주지사 선거 투표자 10%	주지사 선거 투표자 5%	지역 분산 요건 없음,	1년/헌법: 선거전 1년, 법률: 선거해 5월 첫 화요일까지
UT	헌법 발의를 채택하지 않았음.	직접 발의: 주지사 선거 투표자 10% 간접 발의: 주지사 선거 투표자 10%	20/29 카운티, 10%	직접 발의: 무제한/선거 4개월 전, 간접 발의: 무제한/의회 정기회 전 10일
WA	헌법 발의를 채택하지 않았음.	주지사 선거 투표자 8%	지역 분산 요건 없음.	직접 발의: 6개월/선거전 4개월, 간접 발의: 10개월/정기회 전 10일
WY	헌법 발의를 채택하지 않았음.	직전 총선 투표자의 15%	2/3 카운티 선거 총 투표자 15%	18개월/의회 개원 1일 전

자료: IRI 홈페이지; Waters, 2003; Braunstein, 2004: 151-154.

4) 서명 검증과 발의 단계

발의는 회의체에서 심의할 의제로 공식화하는 절차이다. 주민발의의 서명 검증과 발의 단계에서는 서명 검증, 발의, 투표에 부칠 의안의 공식 명칭 부여와 요약문 결정, 발의안 및 공보물 인쇄 등이 이루어진다.

첫째, 서명 검증(verification of petition signatures)은 주민발의 청구인

2) Secretary of State의 이니셜임.

측이 서명활동을 전개한 결과로 수집한 서명 자료들을 가지고, 서명자의 자격 등을 확인하는 절차이다. 서명 검증은 세 가지 방식이 있는 바, ① 서명자 명단만 계산하고 모두 타당한 서명자로 간주하는 방식(presumed valid), ② 표본추출 검사 방식(random sampling), ③ 전수조사 방식(full certification)이 있다. 3개 주는 ①의 방식을 사용하고, 12개 주는 ③의 방식을 사용하고, 10개 주는 ②의 방식을 사용한다.

애리조나 주, 콜로라도 주, 워싱턴 주는 주 총무성이 검증작업을 담당하며, 무작위 추출 표본검사 방식을 채택하고 있다. 캘리포니아 주는 카운티 총무국장의 주관으로 무작위 추출 표본검사 방식을 사용하며, 검증 결과를 총무성 장관에게 보고하고, 그 결과에 따라 발의 여부를 결정한다. 노스 다코타 주는 등록유권자(registered voter) 제도를 채택하지 않았기 때문에 정해진 비율의 주민 서명을 받되, 주 총무성 장관이 무작위 추출 표본검사 방식으로 확인한다. 오리건 주는 주 총무성 장관이 무작위 추출 표본검사 방식으로 표본을 가려서 해당 카운티에 보내어 검증한다.

둘째, 서명 검증작업이 종료되고, 검증 결과 서명자 비율 요건을 충족시키는 것으로 나타나면, 대개 총무성 장관은 해당 주민발의 법률안에 번호를 부여하여 투표에 부칠 의안으로 결정하고, 청구인 대표 등 관련자에게 통지함으로써 유권자 투표에 부칠 의안의 발의가 이루어진다. 이러한 절차는 거의 모든 주가 동일하다.

셋째, 투표에 부치기로 발의된 의안의 공식 명칭 부여 및 요약문 결정이 이루어진다. 의안의 공식 명칭과 요약문은, 접수 단계에서도 잠시 거론하였지만, 캠페인 단계를 거쳐 유권자의 투표에 이르기까지 의안에 대한 유권자들의 찬성과 반대 의견을 선택하는 데 유용한 정보와 지식을 제공하는 역할을 한다. 그런데 의안의 공식 명칭을 부여하는 시점은 서명활동 전에 부여하느냐 그 후에 부여하느냐를 각 주별로 달리하고 있다. 의안에 대한 공식 명칭의 부여 기관과 시기, 요약문 작성을 보면 다음과 같다.

애리조나 주는 주민발의 추진 측에서 의안의 명칭을 작성하고, 총무성 장관은 요약문을 작성하며, 법무성 장관의 승인을 받는데, 의안 명칭 부여는 서명활동 후에 이루어진다. 캘리포니아 주는 서명활동이 전개되기 전에 법무성 장관이 의안의 공식 명칭을 부여하고 요약문을 작성한다. 콜로라도 주는 서명활동 전에 발의안 기초위원회가 공청회를 거쳐서 의안의 제목과 요약문을 작성한다. 노스 다코타 주는 서명활동 전에 제목은 부여하지 않고, 총무성 장관이 요약문을 작성하여 법무성 장관의 승인을 받는다. 오리건 주는 법무성 장관이 서명활동 전에 의안 명칭과 요약문을 기초하여 공공의 의견을 청취하고, 의안의 공식 명칭과 요약문을 결정한다. 워싱턴 주는 법무성 장관이 서명활동 전에 의안 명칭과 요약문을 작성한다.

넷째, 발의안 및 공보물 인쇄작업이다. 아칸소, 플로리다, 미주리, 메인, 노스 다코타, 오클라호마, 와이오밍을 제외한 나머지 주는 유권자를 위한 팸플릿을 제작하여 우편 등의 수단을 이용하여 배포한다. 팸플릿은 투표에 부칠 발의안의 공식적 명칭, 그리고 해당 법률안이나 조례안이 투표로써 통과될 경우에 발생할 재정적 영향의 분석 내용, 찬성론과 반대론 등을 포함하여 제작한다.

다섯째, 투표 일자의 결정이다. 주민발의를 채택한 24개 주는 총선일을 주민발의안에 대한 투표일로 사용하도록 한다. 또 캘리포니아, 노스 다코타, 알래스카, 오클라호마 주는 예비선거일 또는 임시선거일 투표도 허용한다. 그리고 콜로라도, 워싱턴, 메인, 미시시피 주는 홀수년 주민발의 투표를 허용하며, 미시시피를 제외한 주들은 짝수년 주민발의 투표도 허용한다.

5) 캠페인 단계

서명활동, 투표와 함께 캠페인 활동은 주민발의의 본질을 구현하는 핵심적 절차이다. 가장 기본적으로 캠페인 활동은 주민발의의 절차를 밟고 있는 법률과 조례안의 공식 명칭, 요약문, 그리고 전문, 거기다가 재정적 영향 분석 내용, 찬성론과 반대론이 포함된 팸플릿을 유권자들에게 배포하는 경우이다. 그 밖에도 대부분의 주가 유권자들에게 투표에 부칠 주민발의안에 관하여 주요 신문에 게재하는데 일부 주는 발의안 내용 전체를 신문에 싣기도 한다. 신문은 공정한 입장에서 찬성론과 반대론을 보도한다. 거기다가 투표에 부칠 법률안이나 조례안에 의하여 편익을 얻거나 비용을 부담하게 될 것이라고 판단하는 유권자 집단 간에 인력과 재정[3] 등 전력을 다한 찬성과 반대의 캠페인이 전개된다.

6) 투표 단계

일단 주민발의 법률안이나 조례안을 투표에 부치면, 일반적으로 투표자의 단순 다수 찬성으로 통과된다. 그러나 달리 규정한 주도 있는 바, 네브래스카는 총투표자의 35%, 매사추세츠는 총 투표자의 30%, 미시시피는 총 투표자의 40%가 찬성하여야 통과된다. 와이오밍의 경우는 지난 총선 투표 참가자의 50% 이상의 찬성을 요구한다. 그리고 네바다 주는 헌법개정안 주민발의인 경우 두 차례 연속 총선 투표에서 통과되어야 하도록 규정하고 있으며, 워싱턴 주는 도박과 관련된 주민발의만 투표자의 60% 지지를 얻어야 통과하도록 하였고, 나머지 모든 주민발의안은 단순 다수 찬성으로 통과된다.

3) 캘리포니아 주에서 1998년 주민발의 절차를 거친 주민발의 제5호 '인디언 게임 운용 관련 주민발의(The Indian Gaming Initiative)'를 둘러싼 캠페인에 찬성 측에서 6천 6백만 달러, 반대 측에서 2천 6백만 달러 등 무려 9천 2백만 달러가 투입되어 역사상 가장 많은 캠페인 비용을 기록하였다(Gerber et al., 2001: 10).

Chapter

07 주민발의 추진 절차와 활용

제7장에서는 먼저, 미국에서 주민발의제의 활용도가 가장 높은 오리건 주와 캘리포니아 주 등의 주민발의 절차를 워터스(Waters, 2003)가 정리한 내용과 오리건 주 총무성의 지방정부 주민발의 매뉴얼을 중심으로 소개한 다음, 이어서 주민발의의 본질을 구현하기 위하여 필요한 보편적 주민발의의 절차와 그 핵심 요소 등을 정리하고,[1] 미국 주정부 전체적인 주민발의 활용 내용과 유형을 개관한다.

제1절 주민발의의 기본 절차: 오리건과 캘리포니아 사례

1 오리건 주의 사례

오리건 주에서 주민발의와 관련된 기본 절차는 헌법과 법률의 내용을 통해서도 확인할 수 있으나 여기서는 축약한 내용을 중심으로 소개한다.

1) 주민발의의 절차와 핵심 요소는 필자의 논문, "미국과 스위스, 한국의 주민발의제도 비교연구: 직접 참여의 최적 단계와 핵심 요소를 중심으로," 한국지방행정연구원, 『지방행정연구』 제22권 제2호(2008)의 내용을 미국의 자료를 중심으로 재구성한 것이다.

첫째, 주민발의의 절차를 사용하고자 하는 유권자들과 이들의 대표들, 즉 청구인 대표들(chief petitioners)이 주정부의 법률이나 헌법개정안 또는 지방정부의 조례개정안의 초안을 기초하여 양식에 맞추어 주정부의 경우는 총무성 장관에게, 지방정부의 경우는 총무국장에게 접수한다.

둘째, 접수를 받은 총무성 장관은 즉시 그 사본 1부를 법무성 장관에게, 총무국장은 즉시 그 사본 1부를 법무국장에게 보낸다.

셋째, 법무성 장관이나 법무국장은 그 사본을 받은 날로부터 5일 이내에 주민발의안 초안의 청구를 위한 서명활동과 그 후 유권자의 투표에 부치는데 사용할 주민발의안의 공식 투표안 명칭(ballot title)과 요약문을 작성하여 총무성 장관이나 법무국장에게 보낸다.

넷째, 법무성 장관이나 법무국장으로부터 주민발의안의 공식 투표안 명칭과 요약문을 받은 총무성 장관이나 총무국장은 주민발의의 청구인들이 접수시킨 발의안의 전문과 공식 명칭, 요약문 등을 의회, 청구인 대표, 언론과 시민활동가 등 여타의 이해집단에 보낸다.

다섯째, 15일 간의 공론 기간(comment period)을 가진다. 이 기간에 주민(州民) 또는 시민들은 주민발의안의 공식 명칭, 요약문, 전문 등에 관한 심사와 토론을 전개하되, 공청회는 갖지 않는 것이 특징이다. 그리고 이 기간에 청구인을 비롯하여 이해 당사자들이 공식 명칭이나 요약문 등에 관하여 주정부 발의안인 경우는 오리건 대법원, 지방정부의 발의안인 경우는 관할 지방법원에 이의 신청을 할 수 있으며, 법원은 단 한 차례 그 내용을 심사하여 법원의 결정을 내린다.

여섯째, 주민발의안의 청구인이 공식 명칭과 요약문 등에 동의하는 경우에는 이 자료들, 즉 발의안의 초안과 공식 명칭, 요약문 등을 정해진 양식에 맞추어서 정식으로 주민발의안의 청구를 총무성 또는 총무국에 접수하게 된다. 그리고 총무성이나 총무국은 서명활동에 필요한 자료를 정해진 양식에 따라 공식 명칭, 요약문, 서명지 등을 인쇄하여 공급한다.

일곱째, 주민발의안의 청구가 완료된 후부터 청구인들은 그로부터 유권자들을 상대로 서명활동을 전개하며, 2년마다 총선을 실시하므로 서명 기간은 최장 2년이지만, 서명 결과의 검증과 공고, 지지와 반대활동 등 선거

관리를 위하여 필요한 기간을 설정하여 서명 결과를 제출하도록 규정하고 있다.

여덟째, 정해진 수의 서명을 확보하면 그 서명 자료를 주 총무성과 지방정부 총무국에 제출한다. 참고로 주민발의를 통하여 주 헌법 개정을 하려는 경우에는 등록된 유권자로서, 바로 앞의 주지사 선거 때 총 투표자 수의 8%, 주의 법률을 발의하려는 경우에는 등록된 유권자로서, 주지사 선거 때 총 투표자 수의 6%에 해당하는 서명자를 필요로 한다.

아홉째, 주 총무성과 지방정부 총무국은 서명 자료를 검증한다. 검증하는 방법은 서명자 명단 가운데서 무작위로 추출하여 그 서명자가 거주하는 카운티 정부에 보내어 사실 확인작업을 실시한다.

열 번째, 주 총무성과 지방정부 총무국은 서명 검증이 완료되면, 청구가 이루어진 주민발의안, 즉 헌법개정안이나 법률 제정 또는 개정안을 다음에 실시되는 총선에서 유권자의 투표를 실시한다는 사실을 공고한다.

열한 번째, 주민발의안을 두고 청구인 측과 그 법률이나 조례로 인하여 손익을 겪을 것으로 예상되는 이해집단 간의 찬성과 반대운동이 거의 선거운동과 유사하게 전개된다.

열두 번째, 주민발의에 의하여 제시된 헌법개정안이나 법률안, 그리고 지방정부의 조례안 등에 대하여 유권자의 투표가 실시된다.

이상의 내용은 시간의 순서에 따라 추진되는 절차를 간략하게 정리한 것이지만, 이런 시간 조건과 관계없이 오리건 주의 주민발의제를 구성하는 요소들은 더 있다. 부연하자면, 오리건 주의 헌법과 법률은 주민발의를 청구할 때, 한 가지 주민발의에 한 가지 주제로 엄격하게 제한하고 있으며, 또 주민발의를 위한 서명활동은 반드시 오리건 주민이 아니어도 참여할 수 있도록 허용하고 있는 것 등이다.

2 캘리포니아 주의 사례

캘리포니아 주의 주민발의 절차는 첫째, 발의하려는 법률안의 작성으로부터 시작된다. 캘리포니아 주는 주민발의의 청구인들에게 헌법이나 법률의 개정안을 기초하는 단계에서 의회의 입법지원국(Legislative Counsel)의 도움을 받을 수 있다. 이러한 도움을 받기 위해서는 유권자 25명 이상의 서명을 받아 법률안에 관한 구상을 제출하여야 한다. 입법지원국에서는 청구인들의 구상 내용을 검토하여 최종 단계인 유권자의 투표까지 도달할 가능성이 있다고 판단되면 법률안의 기초작업을 시작한다.

둘째, 이렇게 기초된 법률안은 주 법무성 장관에게 제출하며, 법무성 장관은 발의안의 공식 명칭과 요약문을 작성하게 된다.

셋째, 법무성 장관은 입법지원국의 법률안을 접수한 후 15일 이내에 작성한 법률안과 공식 명칭, 요약문의 사본 1부를 주 총무성 장관에게 제출하게 된다. 이 과정에서 법무성 장관은 주민발의 청구인들과 긴밀하게 협조하여 용어 등을 조율하고, 이들의 동의를 얻는다.

넷째, 법무성 장관은 해당 주민발의안, 즉 법률안과 관련하여 재정분석이 필요하다고 판단되는 경우, 그 법률안을 접수한 후 25일 이내에 주 재무성과 의회의 상원과 하원 합동재정위원회에 재정분석을 요구한다. 재정분석은 주민발의된 법률안이 유권자의 투표로써 채택·제정되는 경우에 발생할 재정의 증액이나 감소 등의 추정액을 포함하여야 한다. 이 자료는 주민발의의 요약문에 포함시킨다.

다섯째, 법무성 장관은 공식적 요약문이 완성되면, 이 자료를 주민발의 청구인, 상원과 하원, 총무성 장관에게 보낸다.

여섯째, 주민발의 청구인은 유권자를 상대로 서명활동을 시작한다. 헌법개정안을 청구하는 데 필요한 서명자 수는 바로 앞서 실시된 주지사 선거 투표자 총 수의 8%이며, 법률안의 경우는 5%이다. 서명활동 허용 기간은 150일이다.

일곱째, 의회는 주민발의안에 대하여 공청회를 개최할 수 있으나 그 내용을 수정할 수 없다.

여덟째, 서명활동이 종료되면 서명 자료는 각 카운티 선거국장에게 서명 허용 기간 150일 이내에 제출한다. 150일이 경과한 이후에는 접수할 수 없다. 각 카운티별로 무작위 추출 방법으로 서명 자료를 검증한다.

아홉째, 검증이 완료된 주민발의안은 다음 총선 또는 임시선거에 유권자의 투표에 부친다.

이 밖에도 캘리포니아 주의 주민발의는 여타의 요건으로서 주민(州民)이 아니더라도 서명 수집활동이 가능하고, 한 가지 주민발의는 한 가지 주제로만 가능하며, 의회는 주민발의제도가 허용하지 않는 한 주민발의로써 제정한 법률을 폐지하거나 개정할 수 없다. 그리고 서명자의 지역 분산 조건은 적용하지 않는다.

제 2 절 지방정부의 주민발의 절차: 오리건 주 카운티

오리건 주 총무성의 선거국이 2002년에 발행한 주민발의 및 주민투표 매뉴얼, 그리고 헌법과 법률의 시행을 위하여 채택한 행정규칙(165-010-0005)을 중심으로 정리하여 소개한다. 여기서는 매뉴얼이 설정한 절차, 즉 주민발의 청구의 접수, 헌법상 절차적 요건, 투표안의 공식 명칭, 주민발의 청구의 표지와 서명지, 서명활동과 주민발의의 청구, 청구절차의 완성, 서명의 검증, 투표 발의의 확인, 주민발의 철회의 절차 등의 순서에 따라 내용을 소개한다. 다음의 내용은 매뉴얼의 내용을 그대로 옮긴 것이다.

1 주민발의 청구의 접수

1) 매뉴얼의 의미와 요건

주민발의 청구안(prospective initiative petition)[2)]은 오리건 헌법 제4장,

2) 주민발의 청구안은 헌장이나 조례안, 또는 헌장이나 조례의 개정안에 관하여 주민발의를 추진하겠다는 청구인들의 의사를 청구서 작성 등 정해진 양식을 갖추어 카운티의 담당부서, 즉 선거국장에게 접수하는 것을 가리킨다.

제1조와 오리건 법률(ORS) 250.165에 따라 이루어지는 절차이다.

주민발의 청구안의 접수는 카운티 선거국장에게 주민발의 청구의 접수가 이루어지기 전에 구비하여야 할 양식을 갖추는 것과 함께 카운티 헌장이나 조례를 제안하는 내용, 또는 기존의 헌장이나 조례의 개정안 내용으로 구성된다. 주민발의 청구의 접수에 필요한 요건의 모든 양식, 그리고 그러한 양식을 완성시키는 데 필요한 지침을 이 매뉴얼에 포함되고 있다.

카운티 헌장이나 조례가 규정한 요건은 투표안 명칭과 관련된 내용을 제외하고는 주 법률의 규정에 우선한다.

2) 청구인 대표

청구인 대표가 카운티 정부에 주민발의 청구안을 접수한다. 접수 시기는 제한이 없으며, 접수하는 청구안에는 다음을 갖추어야 한다.

- 발의하고자 하는 헌장이나 조례안 또는 그 개정안의 내용 청구인들은 그러한 발의안의 내용을 기초할 때 법률적 조언을 받도록 권장한다.
- 1인 이상의 유급직 서명자/ 무급직 서명자(SEL 300)
- 지방정부 발의안의 청구안(SEL 370)은 3명 이상의 청구인을 지명한다. 3명 이하를 지명한 경우, 투표안의 표지와 서명지가 최종 확정되기 전에 전체 3명이 될 때까지 추가 지명을 실시한다. 투표안의 표지와 서명 용지가 최종 확정되기 전에 특정 청구인이 사임하거나 특정 청구인을 교체할 수 있다. SEL 370에 따라 청구인을 추가 지명하거나 다른 청구인으로 교체하는 경우, 현재의 청구인이 서명한 문안을 제출하여야 한다. 최소한 1명의 원래 청구인은 주민발의 전 과정에 남아 있어야 한다. 만약 전체 청구인이 사임하는 경우에는 주민발의의 청구안은 새로 접수하여야 한다. [그림 7-1]은 오리건 주의 지방정부가 사용하는 주민발의나 주민투표 청구서 양식이다.

3) 주민발의 청구안 접수를 위한 점검 사항

다음 사항은 주민발의 청구안을 접수할 때 점검하여야 할 모든 요소의 목록이다. 청구인이 필요한 요소들을 간과하지 않았는지, 그리고 모든 양식

[그림 7-1] 주민발의나 주민투표 청구서 양식(오리건 주 지방정부)

PROSPECTIVE PETITION FOR LOCAL MEASURE

☐ INITIATIVE ☐ REFERENDUM

COUNTY ____________ CITY ____________ DISTRICT ____________

TO THE COUNTY ELECTIONS FILING OFFICER/CITY RECORDER (AUDITOR):
We, the undersigned, request the (circle one) district attorney/city attorney prepare a ballot title for the attached proposed measure to be submitted to the people of (name of county/city/district) ____________

DESIGNATING CHIEF PETITIONERS

Every petition shall designate not more than three persons as chief petitioners, setting forth the name, residence address and title (if officer of sponsoring organization) of each.

1.
NAME (PRINT) ____________ SIGNATURE ____________
RESIDENCE ADDRESS ____________
MAILING ADDRESS (IF DIFFERENT) ____________
EMAIL ADDRESS AND/OR WEBSITE ____________ DAY TELEPHONE ____________
SPONSORING ORGANIZATION (IF ANY) ____________

2.
NAME (PRINT) ____________ SIGNATURE ____________
RESIDENCE ADDRESS ____________
MAILING ADDRESS (IF DIFFERENT) ____________
EMAIL ADDRESS AND/OR WEBSITE ____________ DAY TELEPHONE ____________
SPONSORING ORGANIZATION (IF ANY) ____________

3.
NAME (PRINT) ____________ SIGNATURE ____________
RESIDENCE ADDRESS ____________
MAILING ADDRESS (IF DIFFERENT) ____________
EMAIL ADDRESS AND/OR WEBSITE ____________ DAY TELEPHONE ____________
SPONSORING ORGANIZATION (IF ANY) ____________

INSTRUCTIONS FOR CIRCULATORS

Only active registered voters of the county, city or district may sign a petition.
All signers on any one signature sheet must be active registered voters of the same county.
It is advisable to have signers use a pen for signing petitions or for certifying petitions.
Only one circulator may collect signatures on any one sheet of a petition.
Each circulator must personally witness all signatures the circulator collects.
Circulators shall not file a petition knowing it to contain a false signature.
Circulators shall not knowingly make any false statement to any person who signs it or requests information about it.
Circulators shall not attempt to obtain the signature of a person knowing that the person signing the petition is not qualified to sign it.
Circulators shall not offer money or any thing of value to another person to sign or not sign a petition.
Circulators shall not sell or offer to sell signature sheets.
Warning: Violations of the circulator requirements may result in conviction of a felony with a fine of up to $100,000 and/or prison for up to five years.

INSTRUCTIONS FOR SIGNERS

Only active registered voters of the county, city or district may sign a petition. Sign your full name, as you did when you registered to vote.
Please fill in the date on which you signed the petition, your printed name and your residence address in the spaces provided.
It is advisable to use a pen for signing petitions.
It is unlawful to sign any person's name other than your own. Do not sign another person's name under any circumstances.
It is unlawful to sign a petition more than once.
It is unlawful for a person to knowingly sign a petition when the person is not qualified to sign it.

SEL 370 REV 11/01 ORS 250.045; 250.165; 250.265; 255.135

을 갖추었는지를 시간을 가지고 점검할 필요가 있다.

- 주민발의를 시도하고 있는 발의안의 내용
- 서명활동에 있어서 유급자/무급자에 관한 진술(SEL 300)
- 주민발의 청구서(SEL 370)

2 헌법상의 절차 요건

이 부분은 오리건 헌법 제4장 제1조와 오리건 법률(ORS) 250.168에 근거하고 있다.

주민발의 청구안을 접수한 후 카운티 선거국장(county elections official)은 청구인들이 발의하고자 하는 헌장안이나 조례안이 헌법상의 절차 요건을 충족시키는가를 결정할 수 있는 6일간의 기간을 가지고 있다. 청구안을 점검한 후 선거국장은 청구인 대표에게 결정의 결과를 통지한다.

1) 카운티 선거국장의 업무처리

주민발의 청구안이 헌법이 규정한 요건을 충족시키는 경우, 선거국장은 다음의 조치를 취한다.

(1) 제1단계 조치

카운티 선거국장은 주민발의 청구안이 접수된 후 6일 내에 해당 청구안이 헌법이 정한 요건을 충족시킨다는 내용을 문안으로 청구인 대표에게 통지한다.

(2) 제2단계 조치

카운티 선거국장은 주민발의 청구안이 접수된 후 6일 내에, 투표안의 명칭을 준비할 수 있도록 법무국장(District Attorney)에게 사본 2부를 전달한다.

만약 주민발의 청구안이 헌법에 규정한 절차에 부합되지 않는 경우, 카운티 선거국장은 청구인 대표에게 해당 청구안이 헌법의 규정에 부합되지 않는다는 내용을 등기문서로 통지한다. 이 통지문은 주민발의 청구안이 접수된 후 6일 내에 발송한다.

2) 유권자의 이의 청구

카운티 법무국장이 주민발의 청구안의 헌법 합치 결정에 대하여 이견을 가진 오리건 주 등록 유권자는 그러한 결정에 반대하는 청구를 순회법원에 청구할 수 있다.

만약 카운티 선거국장이 주민발의 청구안이 접수된 후 6일 내에 해당 청구안이 헌법이 정한 요건을 충족시킨다고 결정한 경우, 헌법 합치 결정에 대한 이의의 청구는 카운티 선거국장에게 주민발의 청구안을 투표에 부치기 위한 명칭을 접수한 날로부터 7일 이내에 이루어져야 한다.

만약 카운티 선거국장이 주민발의 청구안이 헌법에 합치되지 않는다고 결정한 경우, 카운티 선거국장이 그러한 결정을 문서로 작성한 날로부터 7일 이내에 이의의 청구를 접수해야 한다.

3 투표 발의안의 제목

투표안(title of ballot measure)[3]의 제목은 오리건 법률(ORS) 250.035, 250.175, 그리고 250.195의 규정에 근거하여 시행되는 절차이다.

카운티 선거국장이 주민발의를 청구한 카운티 헌장이나 조례안이 헌법에 합치된다고 결정한 경우, 카운티 선거국장은 해당 헌장이나 조례의 발의안을 투표에 부치기 위한 명칭을 준비하도록 사본 2부를 법무국장에게 보낸다.

---

3) ballot measure란 공직자 후보가 아니면서 투표를 위하여 회부되는 것을 가리킨다(IRI 홈페이지 자료).

1) 법무국장의 업무 처리

카운티 선거국장으로부터 사본을 받은 법무국장은 5일 내에 투표에 부칠 헌장안이나 조례안의 제목을 정해서 카운티 선거국장에게 회송한다. 오리건 법률은 법무국장의 투표안 명칭에 다음과 같은 요소들을 포함하도록 규정하고 있다.

- 10단어 이내의 내용으로서 주민발의안, 즉 헌장안이나 조례안의 주제를 합리적으로 표현하여야 한다.
- 20단어 이내의 질문으로서 쉬운 말로 주민발의안의 목표를 나타내어 그 발의안에 찬성하는 유권자는 Yes라고 일치되는 응답을 하도록 하여야 한다.
- 175개 단어 이내의 발의안 요약문으로서 그 발의안을 간결하고, 공평하여야 하며, 해당 발의안과 그 효과를 압축하여야 한다.

2) 카운티 선거국장의 업무 처리

법무국장으로부터 투표안의 명칭을 받는 즉시 카운티 선거국장은 다음과 같이 투표안 명칭 결정의 절차를 완료한다.

(1) 제1단계

카운티 선거국장은 발의안의 명칭의 사본을 청구인 대표들에게 제공한다.

(2) 제2단계

카운티 선거국장은 해당 카운티 지역에서 일반 독자들에게 배부되는 신문의 다음 판에 다음의 내용을 포함하여 발의안의 명칭을 제공한 사실을 공표한다.

- 주민발의 청구안이 헌법이 규정한 요건을 충족시킨다.
- 주민발의 청구안의 명칭에 대하여 유권자는 재심을 요구하는 청구를 접수할 수 있다.
- 지방순회법원에 이의 청구를 접수할 수 있는 시한

3) 유권자의 발의안 명칭에 대한 이의 제기

(1) 제1단계

발의안 명칭에 이견이 있는 오리건 주의 등록 유권자는 법무국장이 결정한 명칭에 대하여 지방순회법원에 재심을 요청하는 청구를 낼 수 있다. 명칭의 재심 청구를 접수하는 개인은 오리건 주의 유권자여야 한다. 이 청구는 법무국장을 당사자로 한다. 재심청구서에는 명칭이 충분하지 않고, 간결하지 않거나 공정하지 않다는 등의 사유를 진술하여야 한다.

재심 청구는 카운티 선거국장에게 발의안 명칭이 접수된 후 근무일 7일 이내에 제기하여야 한다.

(2) 제2단계

유권자가 지방순회법원에 발의안의 명칭에 대하여 재심 청구를 접수한 경우, 해당 유권자는 또한 카운티 선거국장에게 문서로 재심 청구가 접수된 사실을 통지하여야 한다.

이 통지는 지방순회법원에 발의안 명칭의 재심 청구를 접수한 다음의 첫 근무일 오후 5시 이내에 카운티 선거국장에게 접수되어야 한다.

4) 지방순회법원의 업무 처리

(1) 제1단계

법원은 재심 청구가 접수된 후 심사를 실시한다. 법원의 발의안 명칭에 관한 심사는 처음이자 마지막 심사여야 한다.

(2) 제2단계

발의안의 명칭에 관하여 심사를 실시한 법원은 그 결정을 카운티 선거국장에게 전달하여야 하며, 발의안 명칭이 오리건 법률(ORS) 250.035에 규정한 바를 충족시킨다는 사실을 확인하여야 한다.

카운티 선거국장은 재심 청구 기간이 만료되기 전, 또는 재심 청구가 이루어진 경우, 법원의 결정을 카운티 선거국장이 접수하기 전에는 발의안의 표지와 서명 용지를 승인할 수 없다.

4 주민발의 청구안의 표지와 서명 용지

이 절차는 오리건 법률(ORS) 250.165의 규정에 따른다.

주민발의 청구안의 표지와 서명 용지는 청구인 대표들이 청구를 위한 서명활동을 시작하기 전에 카운티 선거국장에 의하여 문서로써 승인되어야 한다.

발의안 청구인 대표들은 발의안의 명칭과 서명 용지를 준비할 때 그 구체적 요건을 따라야 한다. 이 매뉴얼의 21~23쪽의 구체적 요건을 충족시키지 못하는 경우 서명활동의 시작을 문서로써 승인하는 절차가 연기된다.

1) 청구인 대표들의 업무 처리

발의안의 표지와 서명지의 준비가 끝나면 청구인 대표들은 그 내용의 심사를 위하여 첫 인쇄본을 카운티 선거국장에게 제출한다. 발의안의 내용이 표지에 인쇄되지 않은 경우에는 전체 내용의 인쇄본의 사본을 표지 및 서명지와 함께 제출하여야 한다. 발의안의 표지와 서명지 인쇄본을 청구인 대표가 아닌 다른 이가 제출하는 경우에는 카운티 선거국장에 의하여 심사를 시작하기 전에 청구인 대표들 전체의 동의서를 제출하여야 한다.

2) 카운티 선거국장의 업무 처리

청구인 대표로부터 첫 인쇄본을 접수한 후, 카운티 선거국장은 카운티의 주민발의 청구의 요건을 갖추었는가를 심사한다.

(1) 제1단계

카운티 선거국장은 청구인 대표들이 제출한 인쇄본이 원래 접수시킨 발의안 내용과 일치하는지를 확인하는 심사를 실시한다. 카운티 선거국장은 또 발의안의 표지와 서명 용지의 카운티의 발의안 청구 요건 충족 여부를 확인한다.

(2) 제2단계

카운티 선거국장은 서명활동을 승인하기에 앞서서 발의안의 내용, 표지, 서명 용지 등에 교정하여야 할 내용이 있는 경우 문서로써 통지문을 발송한다.

(3) 제3단계

일단 발의안의 내용, 표지, 서명 용지 등이 모든 요건을 충족시키는 경우, 카운티 선거국장은 주민발의안의 청구를 위한 서명활동을 승인하는 문서를 발송한다.

5 주민발의안 청구를 위한 서명활동

이 절차는 오리건 법률(ORS) 250.165의 규정에 따른 것이다.

일단 청구인 대표는 선거국장으로부터 서명활동 승인서를 받은 경우, 주민발의안을 투표에 부치기 위한 발의의 청구를 위하여 서명을 수집할 수 있다.

1) 청구인 대표들의 업무 처리

서명활동에 앞서 청구인 대표들은 주민발의안의 서명활동을 전개할 때 서명 수집자들이 지켜야 할 금기 사항과 지침 등을 검토하여야 한다.

2) 청구인 대표와 서명 수집자의 준수 사항

법적 요건과 지침 등을 검토한 후, 청구인 대표들과 서명 수집자들은 청구를 위한 서명활동을 할 수 있다.

서명을 수집하는 자는 주민발의안의 전문을 최소 1부 이상 소지하여야 하며, 서명자가 확인을 요구하는 경우 그의 확인을 허용하여야 한다.

수집된 각 서명은 발의안 청구서의 하단에 있는 서명 수집자가 개인적으로 확인하여야 한다.

서명 수집자는 서명의 자격이 없는 개인이라는 사실을 알고도 서명을 받으려고 하여서는 안 된다.

서명 수집자는 발의안 청구를 위한 서명을 얻거나 서명을 하지 않도록 하기 위하여 타인에게 금품을 제공하여서는 안 되며, 서명 용지를 팔도록 제안하여서도 안 된다.

서명 수집활동의 요건을 위반하는 경우 10만 달러 이하의 벌금 또는 5년 이하의 징역형의 유죄 판결을 받을 수 있다.

3) 선거국장의 업무 처리

주민발의의 청구가 서명활동을 위한 표지와 서명 용지의 승인을 받은 날로부터 1년 내에 완결되지 않은 경우, 선거국장은 청구인 대표들에게 서명활동이 계속 추진되고 있는지를 문의하는 등기 서신을 보낸다.

선거국장은 서명활동을 승인받은 날로부터 1년이 되는 날의 30일 이전에 서신을 보내야 한다.

4) 청구인 대표의 업무 처리

주민발의안의 청구를 위한 서명활동을 승인받은 날로부터 1년이 경과하기 전에 청구인 대표들은 서명활동의 계속 여부를 진술하는 문서를 선거국장에게 제출하여야 한다. 서명활동이 지속되고 있는 경우, 청구인 대표는 선거국장이 확인할 수 있도록 그간 서명한 내용을 제출하여야 한다.

청구인 대표가 정해진 기일 안에 진술서를 제출하지 못한 경우, 선거국장은 서명활동의 자료를 접수하지 않으며, 해당 주민발의의 청구는 접수를 거부하여야 한다.

6 주민발의 청구의 접수

이 절차는 오리건 법률(ORS) 250.215의 규정에 따른 것이다.

주민발의안을 유권자의 투표에 부치기 위한 청구의 접수에 필요한 서명자 수를 확보한 청구인 대표는 서명 용지의 내용을 선거국장에게 제출한다.

청구인 대표만이 서명 자료의 검증을 위하여 선거국장에게 그 자료를 제출할 수 있다. 서명 수집자, 대리인, 서명 수집 대행회사, 또는 여타 개인이나 실체도 서명받은 자료를 제출할 수 없다.

(1) **제1단계**

선거국장에게 서명 자료의 검증을 위하여 제출하기 전에 청구인 대표는 서명 용지에 1번부터 시작하여 연속으로 모든 서명 용지에 번호를 부여하여야 한다.

서명 자료의 검증을 위하여 제출하기 전에 청구인 대표는 서명 용지에 1번부터 시작하여 연속으로 모든 서명 용지에 번호를 부여하는 것은 청구인 대표의 책임이다. 이 규정을 지키지 않은 경우 서명 자료의 접수를 거절하게 될 것이다.

(2) **제2단계**

청구인 대표는 번호를 부여한 서명 자료를 검증하기 위하여 선거국장에게 제출한다.

주민발의안은 법령이 규정한 서명자 수의 최소한 100% 이상을 확보하여야 한다.

7 서명 자료의 검증

이 절차는 오리건 법률(ORS) 250.215와 오리건 행정규칙 165-014-0110에 규정한 바에 따른다.

서명 자료를 청구인 대표로부터 제출받은 선거국장은 주민발의안을 투표에 부칠 수 있도록 충분히 합당한 서명자를 포함하고 있는가를 결정하기 위하여 서명 내용을 검증한다.

서명의 검증은 서명 자료가 선거국장에게 제출된 날로부터 15일 내에 완료되어야 한다.

선거국장은 서명 검증을 위하여 제출된 자료를 다음의 방식으로 검증을 진행시켜야 한다.

- 제출된 발의안의 표지와 서명 용지를 원래 승인해 준 것과 일치하는가를 비교한다.
- 서명 용지의 검사와 서명 수집자의 확인을 점검한다.
- 각 서명 용지가 승인해 준 표지와 연결되어 있는가를 검사한다.
- 서명자의 서명을 유권자 등록 자료와 대조한다.

만약 주민발의의 청구에서 4,500명 이상의 서명을 요하는 경우, 선거국장은 서명의 수를 검증하기 위하여 표본추출에 의한 통계 방식을 사용할 수 있다.

제출된 서명자 수와 서명 검증에서 서명 자료가 청구의 합당성을 보여주지 못하는 경우, 청구인 대표는 검증을 위한 부가적인 서명을 제출할 수 있다.

8 주민투표의 회부

이 절차는 오리건 법률(ORS) 250.221과 250.108의 규정에 따른다.

선거국장은 서명 자료의 검증 결과 카운티의 주민발의안으로서 합당한 서명자 수를 확보한 것으로 결정된 경우, 성립된 주민발의안 청구에 대하여 다음의 방식을 따라 주민발의안 번호를 부여한다.

1) 제1단계

주민발의안 번호는 발의안 청구를 위하여 접수한 주민발의안 순서에 따라 연속적으로 부여한다. 각 주민발의안의 번호는 카운티에 특정하게 구별되는 접두어를 사용하여 부여한다. 투표에 부쳐지는 주민발의안의 번호는 반복하여 부여할 수 없다.

2) 제2단계

주민발의안에 번호를 부여한 후, 선거국장은 투표를 위하여 주민발의안을 적정한 선거에 배정한다. 선거일은 선거국장에게 서명 검증을 위하여 자료가 제출된 날로부터 90일 이후에 가능한 다음 선거일을 배정하여야 한다.

9 주민발의안의 철회

이 절차는 오리건 법률(ORS) 250.029의 규정에 근거한 것이다.

청구인 대표는 현재의 모든 청구인 대표들이 서명함으로써 주민발의안 또는 주민투표안의 철회 의사를 선거국장에게 제출함으로써 철회할 수 있다.

철회의 시기는 서명의 검증을 위하여 서명지를 제출하기 전에는 언제든지 가능하다.

선거국장은 주민발의의 절차를 중단한다. 청구인 대표는 철회한 주민발의안을 재발의할 수 없다.

제 3 절 주민발의 활용의 영역과 활용도

1 영역별 주민발의 활용

1) 개관

미국은 사우스 다코타 주가 1898년 주민발의를 채택하는 헌법 개정을 실시한 이래, 그리고 오리건 주가 1904년 주민발의제를 처음으로 활용한 이래 2009년까지 <표 7-1>에 정리한 자료와 같이 활용하였으며, 2000년부터 2009년

〈표 7-1〉 미국 주민발의의 주제 영역별 활용도

주제 영역	주민발의 수	활용 순위
조세	363	1
정부 행정	317	2
교육 개혁	120	3
알코올 규제	114	4
환경 개혁	108	5
기업 규제	94	6
노동 개혁	92	7
게임	90	8
선거 개혁	80	9
임기 제한	62	10
보건 의료	61	11
동물 보호	53	12
공기업 규제	50	13
캠페인 비용 개혁	47	14
복지	45	15
위원 수 할당/선거구 개정	39	16/17
핵무기 및 폐기물	39	16/17
법률	36	18
시민권리	34	19
주민발의/주민투표	31	20
부채	30	21
약물통제정책	23	22
낙태	20	23
사법 개혁	18	24
은행 규제	16	25
낮 시간의 근무시간 조정	11	26
사형제도	10	27/28
제대군인	10	27/28
불법행위(tort) 개혁	9	29
총기 규제	7	30
주택	6	31
분류 불가 영역	6	32
외국인권리	5	33
안락사	3	34

* 출처: Waters(2003: 481).

까지 벌써 264건의 주민발의 활용의 사례가 나타나 그 활용도가 더 크게 늘어나는 경향을 보였다(IRI 자료).

바로 앞에서는 시간의 흐름과 관련된 주민발의 활용의 경향을 정리하였으나, 여기서는 워터스(Waters, 2003, 481-520)와 IRI 자료(http://www.iandrinstitute.org/New/201904-2000.pdf)를 통하여 미국 각 주의 주민발의 활용을 영역별로 정리해 보고자 한다.

먼저, 워터스(M. Dane Waters)가 분류한 자료에 따르면, <표 7-1>에서 알 수 있는 것처럼, 1904년부터 2001년까지 미국의 각 주에서 이루어진 주민발의는 2,018건이며, 이러한 수치를 주민발의의 영역별로 분류한 것이다. 미국 각 주의 주민발의 사례 가운데서 가장 많은 사례를 보여 주는 주제 영역은 조세로서 363건으로서 18.0%를 차지하며, 주정부의 행정과 관련된 주민발의가 317건으로 15.7%를 차지하였다. 그 다음 활용도를 보인 영역은 교육 개혁으로서 120건(5.9%), 알코올 규제 114건(5.6%), 환경개혁 108건(5.4%), 기업 규제 94건(4.7%), 노동개혁 92건(4.6%), 게임 분야 90건(4.5%), 선거 개혁 80건(4.0%), 임기 제한 62건(3.1%), 보건의료 61건(3.0%), 동물 권리와 보호 53건(2.6%), 공기업 규제 50건(2.5%)의 순서를 이루었다. 이 밖에도 워터스가 설정한 주민발의 영역은 캠페인 비용 47건, 복지 45건, 위원 수 할당(apportionment)/선거구 개정(redistricting) 39건, 핵무기 시설과 폐기물 39건, 법률 영역 36건, 시민권 분야 34건, 주민발의와 주민투표 관련 31건, 기채 30건, 약물 관련 정책 23건, 낙태 20건 등이며, 사법 개혁, 은행 규제, 낮 시간 근무 시간 조정(daylight savings time), 사형제도, 제대군인제도, 불법행위 개혁(tort reform), 총기 규제, 주택 등이 주제 영역을 이루었다.

2) 주제 영역별 개관

여기서는 주민발의의 주제 영역을 모두 소개하기보다는 활용도가 높았던 영역을 중심으로 워터스가 소개한 내용을 간추려 정리한다.

(1) 조세 저항 주민발의

조세와 관련된 주민발의는 1906년 오리건 주에서 처음으로 이루어져 법률 제정으로 연결되었고, 그 후 가끔 조세 관련 주민발의가 이루어졌다. 그러나 현대에 와서 가장 이목을 집중시킨 조세 관련 주민발의는 1978년 미국 캘리포니아 주에서 재산세를 제한하는 주민발의, 즉 주민발의 13호(Proposition 13)이다. 주민발의 13호는 주정부의 재산세를 재산가치 2.5%로 제한하고, 재산세의 인상은 1%를 넘지 못하도록 규정하였으며, 또한 주의 여타 조세를 인상하는 경우에도 의회의 의결 요건을 단순 과반수가 아니라 2/3 다수로 결정하도록 제한하였다. 캘리포니아 주의 조세 관련 주민발의의 성공은 미국의 다른 주로 급속하게 전파되어 1980년에는 매사추세츠 주에서도 지방세 인상을 제한하는 주민발의, 즉 주민발의 2-1/2호(Proposition 2-1/2)의 통과로 이어졌다. 그 이후 미국 각 주의 시민들은 조세 영역에서 가장 높은 빈도의 주민발의를 채택하였다.

(2) 교육 개혁 주민발의

미국의 주민발의로써 교육 개혁을 시도한 사례는 1910년 미주리, 오리건 주에서 처음으로 나타났으나 당시에 모두 투표에서 실패하였다(IRI 자료). 그러다가 1920년 캘리포니아 주가 기존의 학교에다 유치원을 병설하는 주민발의를 청구하여 통과된 것이 최초의 성공이었다.

미국의 교육은 공립과 사립학교가 분담하며, 공립교육은 기본적으로 각 지역에 소재하는 납세자의 재산세로 충당한나. 그리고 교육에 사용하는 예산의 비중은 매우 크다. 교육을 위한 재산세와 교육을 위한 차용(bonds)은 납세자인 유권자들의 관심사이다. 그리고 점차 늘어나는 공교육비는 유권자들의 반대를 불러왔다. 그리고 1970년대 말의 조세 저항도 교육비 증가에 영향을 미쳤다. 그래서 오리건 주에서는 1972년 재산세의 공교육 지원을 금하는 주민발의가 제기되었으나 유권자의 승인을 얻지 못하였던 사례도 있다. 그러다가 1988년 캘리포니아 주에서는 교육을 위한 최소 지원을 설정하는 주민발의, 1998년에는 모든 공립학교에서 영어로 수업을 진행하는 주민발의가 제기되었다. 애리조나 주도 2000년 모든 공립학교에서 영어로 수업을 진행하는 주민발의를 통과시켰다. 이렇게 보면, 교육과 관련된 주민발의는 납세자의 부담 축소, 그리고 영어교육 주민발의에서 보듯 미국 사회가 형평성보다 효율성 가치를 지향하는 정치 조류를 드러내는 경향을 보였다.

3) 알코올 규제

알코올 통제에 관한 미국은 오랜 운동의 역사를 지니고 있다. 워터스(Waters, 2003: 510)는 1820년대부터 알코올 음료의 통제가 시도되었다고 지적하며, 종교운동의 하나로 금주운동은 전국적 쟁점이 되었고, 결국 사회개혁운동의 하나로 자리잡았던 것이다.

첫 금주법은 오리건 주의회가 1843년에 제정하였다가 1848년에 폐지하였고, 1914년에 주민발의로 다시 금주법을 제정하였다. 주민발의나 주민투표와 같은 직접민주제의 장치를 포함하는 헌법개정운동에서 금주운동연합이 영향을 미친 사례는 사우스 다코타 주와 오리건 주의 주민발의 채택 과정에서 소개한 바 있다. 그 결과 1910년 오리건 주에서는 주민발의에 의하여 시나 타운 등 지방정부에 주류의 운송에 대한 규제권을 부여하는 법률을 제정하였으며, 1914년 주 전역에 걸쳐 금주법을 주민발의로 제정하였고, 많은 주에서 금주법을 제정하였다. 그러다가 1920년대 이후 금주법은 다시 주민발의에 의하여 폐지되었다. 그러나 여전히 알코올은 청소년 교육 등 사회적 쟁점으로 부각되어 금주보다는 주민발의에 의하여 주류 구입 연령을 설정하는 법률을 제정하거나 주류 판매 시간을 제한하려고 주민발의를 시도하거나(1952, 노스 다코타; 1954, 워싱턴), 주류 판매 장소를 제한하는 주민발의(1950, 사우스 다코타)를 시도하는 경향을 드러내었다. 알코올문제는 여전히 미국 사회의 쟁점이고, 앞으로 어떤 방향으로 법률 제정을 통한 규제가 이루어질 것인지 속단하기 어렵다.

4) 환경 보호

지난 30년 간 환경운동가들은 주민발의와 주민투표를 적극 활용하였다. 환경운동가들은 자연공간의 보존을 위한 기금 조성 등에 상당한 성공을 거두었으나, 이러한 규제로 영향을 받는 기업들은 그 반대를 위한 자금 지원이나 직접 상대하는 주민발의를 제기하기도 하였다.

1998년에는 지방의 환경운동가들은 개발, 공간 보전 등과 관련하여 172개의 주민발의안에서 성공을 거두었는데, 이러한 수치는 전체 240개 주민발의안 가운데 72%의 통과라는 매우 인상적인 기록이다. 이렇게 해서 1996년 자연보호기금의 조성이 뉴욕과 플로리다 주에서 이루어졌고, 1998년에는 뉴저지, 오리건, 미시간, 메인 주 등에서 잇달아 기금 조성 주민발의가 통과되었다.

독극물을 통제하는 주민발의도 1986년 매사추세츠 주에서 이루어졌고, 같은 해 캘리포니아 주에서는 식용수 안전 및 독극물통제법을 주민발의 65호(Proposition 65)로 제정하였다. 1990년 캘리포니아 주는 발암물질로서 페스티사이드(Pesticide)를 금지하는 주민발의 입법을 하였다.

이 밖에도 환경 영역의 주민발의는 에너지와 관련하여 환경운동가들이 원자력을 이용한 발전 등을 반대하여 1976년에는 애리조나, 캘리포니아, 콜로라도, 몬태나, 오하이오, 오리건, 워싱턴 주에서 핵산업을 추진하는 주민발의를 저지하기도 하였다. 또 재활용과 관련된 주민발의로서 1972년 워싱턴 주에서는 쓰레기통제법을 제정한 이래 1976년 미시간, 1978년 네브래스카, 알래스카 주에서, 1979년 워싱턴과 오하이오, 1980년 몬태나, 1982년 콜로라도, 캘리포니아, 애리조나 주에서 재활용 관련 주민발의를 활용하였다.

5) 선거 개혁

미국에서 와이오밍 주가 1869년에 여성참정권을 규정한 것은 잘 알려진 사실이지만, 더 많은 주에서 여성의 참정권은 오히려 허용되지 않았다. 그래서 1906년 오리건 주에서는 주민발의로 여성 참정을 위한 법을 제정하려고 시도하였으나 실패하였고, 캘리포니아는 1911년에 의회가 발의한 주민투표로써 여성참정권을 허용하였다. 오리건 주에서는 1912년 마침내 주민발의를 통하여 여성참정권을 규정하였다. 네바다와 몬태나가 1913년, 뉴욕이 1917년 각각 의회가 발의한 주민투표로써 여성참정권을 허용하였다.

6) 총기 통제

미국은 항상 총기 통제가 쟁점이 되고 있는 사회이다. 1976년 매사추세츠 주는 권총의 통제를 위한 주민발의를 처음 시도하였으나 실패하였고, 1982년에는 레이건 대통령 총격사건 이후 캘리포니아 주가 주민발의 15호(Proposition 15)를 발의하였으나 반대집단들의 엄청난 물량 공세로 실패하고 말았다.

2000년 오리건 주와 콜로라도 주는 총기 구입 시에는 수표의 이면에 신분을 밝히는 법률 제정을 주민발의로써 시도하였고, 유권자들이 통과시키기도 하였다.

2 주민발의 활용의 전체적 경향

미국에서 주민발의를 비롯한 직접민주제를 채택, 사용하게 된 배경의 핵심은 정부가 인민의 필요나 요구에 반응하지 않았고, 또 일부 엘리트를 중심으로 한 특수 이익의 포로가 된 점 때문이다(McCuan & Stambough, 2005: 3). 그래서 초기 개혁주의자들은 주민발의제를 통하여 그러한 강력한 이익집단과 그 배후에 있는 정당의 보스를 통제하고자 하였으나 현재의 주민발의제는 이제 이익입단들과 정당의 부가적인 정치적 장치나 수단이 되고 있어서 활용의 내용에 변화가 생겼다는 점을 학자들은 파악하고 있다(McCuan & Stambough, 2005: xiii). 다음에 주민발의제 채택 이후 활용 사례들을 간추려 소개하며, 각 주별 활용 내용은 따로 소개한다.

1898년 사우스 다코타 주에서 처음으로 주민발의와 주민투표제를 채택하였고, 1904년 오리건 주가 처음으로 주민발의를 실시한 이후 2008년까지 미국의 각 주가 이 제도를 활용하는 내용과 경향을 개략적으로 살펴보는 것도 필요할 것이다. 여기서는 주로 IRI가 정리하여 제시한 자료들(http://www.iandrinstitute.org/statewide_i%26r.htm)을 보면, 주민발의를 제도로 채택한 미국의 24개 주에서 1904년부터 2008년까지 모두 2,305건의 주민발

[그림 7-2] 미국의 주민발의 활용도(10년 단위)

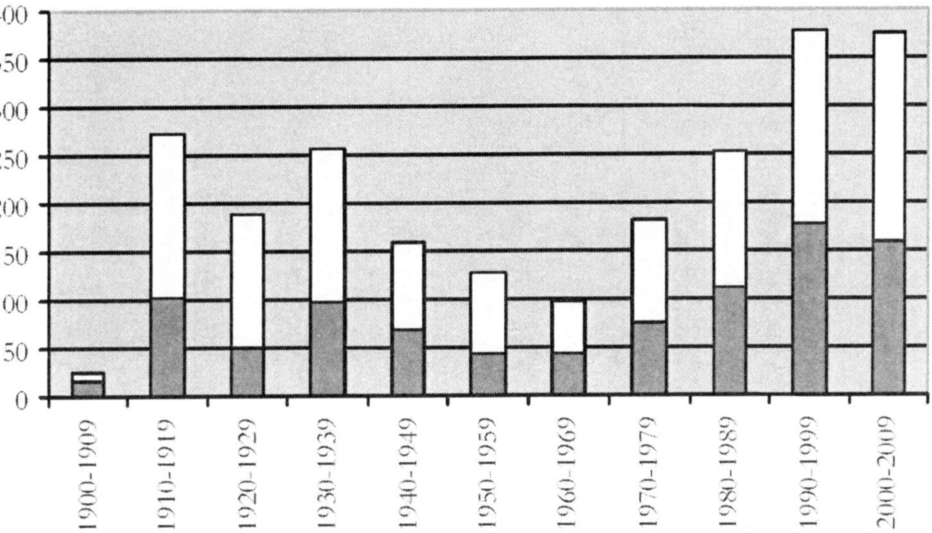

의가 이루어졌고, 이 가운데서 약 41%에 해당하는 936건이 투표를 통하여 승인되었다. 이러한 내용을 [그림 7-2]와 같이 나타낼 수 있다. 미국의 The Initiative and Referendum Institute(IRI) 홈페이지 파일을 인용한 이 자료에서 알 수 있듯이, 주민발의 채택 후 초창기에도 활용도가 상당히 높았으나 2000년대 들어 주민발의 활용도가 급격하게 높아지는 현상을 알 수 있다.

이러한 주민발의 활용 자료를 10년 단위로 정리해 보면, 1900~1909년, 23건 발의에 15건 승인(65.2%), 1910~1919년, 273건 발의에 102건 승인(50.2%), 1920~1929년, 189건 발의에 50건 승인(26.5%), 1930~1939년, 257건 발의에 97건 승인(37.7%), 1940~1949년, 160건 발의에 68건 승인(42.5%), 1950~1959년, 127건 발의에 43건 승인(33.9%), 1960~1969년, 98건 발의에 44건 승인(44.9%), 1970~1979년, 179건 발의에 72건 승인(40.2%), 1980~1989년, 227건 발의에 111건 승인(48.9%), 1990~1999년, 377건 발의에 177건 승인(46.9%), 2000~2009년, 376건 발의에 159건 승인(42.3%)되었다.[4] 이러한 내용을 구성하면 <표 7-2>과 같다.

〈표 7-2〉 미국 주의 주민발의 활용도(10년 단위)

연대별	주민발의 수	승인된 수	비율(%)
1900~1909	23	15	65.2
1910~1919	273	102	50.2
1920~1929	189	50	26.5
1930~1939	257	97	37.7
1940~1949	160	68	42.5
1950~1959	127	43	33.9
1960~1969	98	44	44.9
1970~1979	179	72	40.2
1980~1989	227	119	48.9
1990~1999	377	177	46.9
2000~2009	376	159	42.3
계	2,314	942	41.0

한편 주민발의를 채택한 미국의 주별 활용도를 미국의 IRI 홈페이지 파일을 인용한 [그림 7-3]을 보면, 오리건 주가 1904년부터 2009년까지 351건의 주민발의를 사용하여 전체에서 15.1%를 차지하여 가장 높은 활용 빈도를 나타내고 있으며, 그 다음으로 활용도가 높은 곳은 캘리포니아 주로서 모두 329건으로 주 전체의 주민발의 건수 가운데 14.3%, 콜로라도는 209건으로 미국 전체 발의 건수의 9.1%, 노스 다코타 주는 178건으로 미국 전체 주민발의의 7.7%, 애리조나 주는 171건으로 미국 전체 주민발의의 7.4%를 차지하고 있다.

위와 같은 사실들을 통하여 엿보이는 몇 가지 경향이 있는 바, 제도의 채택 후 20세기 초 활용도가 급격하게 높아졌다가 1940년대부터 1960년대까지 급격하게 감소하였으나, 1970년대 이후 그 활용이 다시 급격하게 증가하는 경향을 보였다는 점이다.

4) IRI가 2008년까지 자료를 제시하였고, 필자가 그것을 토대로 자료를 재구성하였다.

[그림 7-3] 미국의 주별 주민발의 활용도

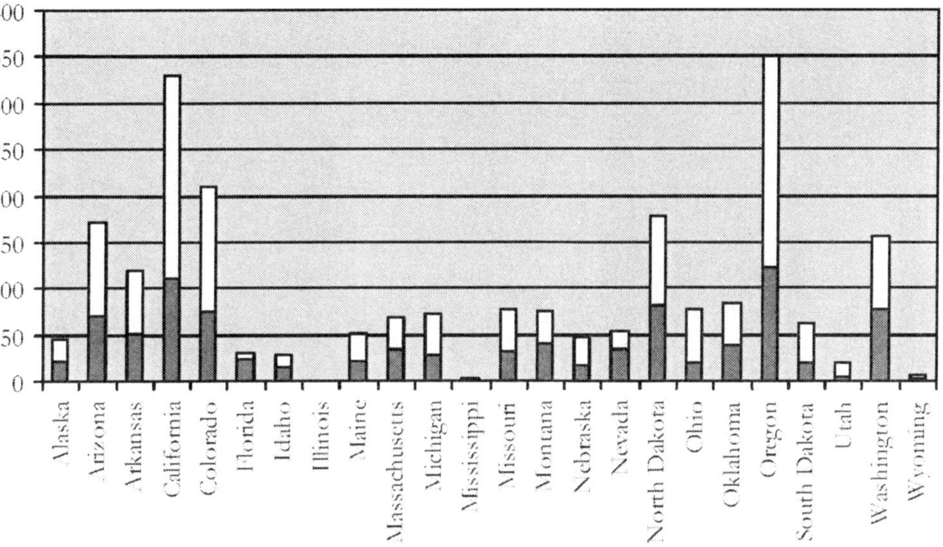

첫째, 1900년대 초 주민발의제도의 확대와 활용의 증가는, 홉스태터(Richard Hofstadter)가 지적한 대로 미국 사회의 변동기에 농민을 비롯하여 노동자 등 사회집단이 겪은 사회적 고충에 의하여 그 해결을 모색하는 열망이 진보주의 운동을 추동하였고(Hofstadter, 1955: 5), 이 운동은 민중운동과 함께 직접민주제를 채택하여 문제 해결에 활용하려는 집합적 노력의 결과로 볼 수 있다.

둘째, 제2차 세계대전 이후 1960년대까지 약 30년 동안 주민발의의 활용도가 크게 낮아진 것은 앞 세대에 세기 말의 사회적 고충들을 상당 부분 해결할 수 있었고, 거기다가 미국 사회가 대공황을 맞으면서 그 해결에 사회적 관심이 쏠렸으며, 전쟁을 겪으면서 집단 간 대립이 지양될 수밖에 없었기 때문이다.

셋째, 1970년대 이후 다시 주민발의 활용도가 급격하게 높아진 것은 그 동안 정책과 서비스 등을 통하여 정부 부문에 대한 신뢰가 떨어진 점도 있고, 또 1978년 캘리포니아 시민들이 제기한 감세 입법, 즉 주민발의 13호를 계기로 주민발의를 통하여 미국 전역에서 조세정책에 직접 시민들이 참여하게 되었으며, 또 진보 세력의 전유물처럼 인식되던 직접민주제를 기득권층인 보수 세력이 집단의 이익을 주창하거나 지켜내기 위하여 주민발의를 활용하게 되었기 때문이다.

Chapter 08

주민발의의 한·미 간 비교와 제도적 시사점

제7장까지 미국의 몇 개 주를 중심으로 주민발의제도의 내용을 정리하였다. 이렇게 다른 나라의 제도를 그냥 그대로 소개하는 것도 필요한 일이고, 효과가 어느 정도 있겠지만, 부가적 가치를 기대하자면 우리가 쓸 수 있는 지식이나 정보로 만들어 내는 작업이라고 본다. 그래서 제8장에서는 미국 주민발의제도와 우리나라 그것을 비교·분석하여 보고, 우리 제도를 개선하며, 나아가 우리 지방민주주의를 발전시키기 위한 방안을 모색하여 보기로 한다.[1)]

제1절 주민발의의 핵심적 절차 및 핵심 요소 비교

앞에서 오리건 주와 캘리포니아 주, 그리고 오리건 주내 카운티의 주민발의 절차에 관한 매뉴얼을 통하여 주민발의와 관련된 기본적인 절차를 살펴보았는데, 이들 자료는 청구 단계까지를 소개하고 있다. 그리고 구체적인 내용에서 약간의 차이는 볼 수 있으나 주민발의 절차의 전체적인 틀은 별

1) 이 부분은 필자가 한국지방행정연구원, 『지방행정연구』 제22권 제2호(2008. 3)에 게재된 글을 보완한 것이다.

로 다르지 않다. 그것은 주민발의의 본질적 측면, 즉 시민의 직접 참여와 그 결과물로서 정책결정을 지향하기 때문이다. 그래서 IRI는 직접민주제의 질은 필요한 내용과 절차의 구성(design)에 달려 있다(IRI, 2007: 87)고 강조한 것이다.

지금까지 살펴본 내용 등을 참고하여 다음에, 주민발의의 본질에 접근하는 데 필요한 보편적이며 핵심적 절차와 핵심적 요소들을 고찰하여 논의한다.

1 주민발의의 핵심적 절차

1) 주민발의의 절차에 관한 선행 연구

직접민주제의 한 장치로서 주민발의의 질은 필요한 내용과 절차의 구성에 의하여 결정된다고 하였는데, 여기서 '필요한 내용'이란 '시민 입법'이라는 본질을 확실하게 드러내는 요소를 가리킨다. 시민 입법은 곧 대표가 아니라 유권자인 시민이 직접 법률 또는 정책을 결정하는 것을 가리킨다. 그러므로 주민발의의 필요한 내용, 즉 시민의 직접 참여를 핵심 내용 또는 수단으로 하여 그 목적은 법률 또는 정책을 결정하는 것이다. 이러한 내용이 주민발의의 핵심 요소라고 할 수 있다.

직접민주제의 질을 결정하는 절차의 구성 또한 매우 중요하다. 주민발의의 목적이 시민의 직접 참여에 의한 법률이나 정책의 결정이라고 한다면, 법률 제정이나 정책결정이 효과적으로 이루어지도록 시민의 직접 참여와 관련된 활동, 즉 핵심 내용들을 시간상의 선후 등을 심사숙고하여 순서대로 배열하는 것이 절차나 과정이다. 이러한 내용을 주민발의의 최적 절차라고 지칭할 수 있다.

워터스(Waters, 2003: 12)는 발의 절차를 ① 발의안의 예비 접수, ② 발의안의 예비심사, ③ 서명 확보, ④ 서명 결과의 제출과 검증, ⑤ 발의의 성립과 투표 등 5개 단계로 나눈다.

첫째, 발의안의 예비 접수는 주민발의를 규정한 법률이 지정한 주정부 공직자에게 제안된 발의 의사를 접수시키는 단계이다.

둘째, 예비심사는 서명 수집활동을 시작하기 전에 법적 요건 등을 갖추었는지 확인하는 절차이다.

셋째, 서명 확보는 법률이 규정한 대로 유권자를 대상으로 서명을 받는 활동이다.

넷째, 서명 결과의 제출과 검증은 주민발의추진위원회를 중심으로 수집한 유권자의 서명을 담당기관에 제출하면, 그 기관이 서명자의 자격 등을 확인하는 절차이다.

다섯째, 발의의 성립과 투표는 서명 결과의 검증이 이루어진 후 최종적으로 유권자의 투표를 실시하여 법률의 제정 여부를 결정하는 절차이다.

거버 등(Gerber et al., 2001: 8-14)은 캘리포니아 주민발의의 단계를 크게 ① 초안 작성 단계(drafting stage), ② 요건 준비 단계(qualification stage), ③ 캠페인 단계(campaign stage) 등으로 나눈다.

첫째, 법률안의 기초 단계는 이론상 시민이 발의안을 기초할 수 있다고 하지만, 실제로는 많은 전문성이 요구되고, 전문 자문가를 채용할 정도의 자원도 필요하다. 법률안의 기초가 제대로 이루어져야 유권자의 관심과 지지를 끌어서 연합을 형성할 수 있게 된다.

둘째, 요건 준비 단계는 법률안이 기초된 후 주민발의를 추진하는 위원회를 구성하고, 총무성(secretary of state)에 접수하면 법무성에서 법률안의 제목을 부여하고 요약문을 작성한다. 이어서 투표에 부칠 자격을 갖추기 위하여 등록한 유권자의 서명을 확보하며, 이것을 검증하고 투표에 부치기 위한 발의안을 성립시키는 단계이다.

셋째, 캠페인 단계는 두 번째 단계보다 더 험난한 과정으로서 많은 재원을 필요로 하는데, 여기에는 지지를 확보하여야 하는 유권자의 범위, 반대세력의 재정 상태, 캠페인의 목적 등 세 가지 요인에 의하여 승리를 위한 비용이 영향을 받는다. 여기서 거버와 그 동료들은 투표 단계를 생략하고 있는데, 투표는 이미 필연적 단계로 설정되어 있다고 보았을 것이다. 간접발의의 경우를 제외하고는 주민투표라는 결정 절차가 생략되어서는 직접

입법이라는 본질을 확보하지 못하기 때문이다. 그래서 하승수, 김현 등 국내 학자들은 주민발의의 절차를 좀 더 구체적으로 나누어 설정하기도 한다.[2]

2) 주민발의의 핵심적 절차에 관한 논의와 설정

미국 주민발의의 보편적 절차는 앞의 선행 연구를 바탕으로 다음과 같은 점들을 고려하여 정리할 수 있다.

첫째, 주민발의와 관련된 활동이, 전혀 불가역적 현상은 아니고 또 세부적으로는 역진이 이루어지기도 하지만, 크게 보면 주민발의 활동은 시간의 흐름을 거스르지 않는다. 즉 정책 과정이나 절차로서 주민발의가 추진되는 논리적 단계도 시간의 흐름과 참여활동이 결합되어 정책 목표의 실현을 향하여 일정한 방향으로 진전되는 것이 정상이다.

둘째, 주민발의는 '직접 참여에 의한 법률제정'이므로 최종 목표인 '법률제정'을 지향하여 '직접 참여 활동'이 명확하게 드러나며, 직접 참여의 가시성과 집합성을 고려할 때, 주민발의에서 핵심활동은 '서명활동', '찬성과 반대활동', '투표활동'이라고 본다. 그러므로 이러한 핵심 내용이 합리적으로 시간의 선후를 유지하며 순서로 나타나야 한다.

셋째, 참여활동의 특성이 각 단계별로 뚜렷하게 식별될 수 있어야 한다. 법률 제정을 위하여 의미 있는 집합적 참여활동의 구별되는 특성들을 중심으로 각 단계별로 이루어지지 않으면, 주민발의와 주민투표의 경우처럼, 인식상의 혼란이 발생할 수 있고, 이렇게 되면 문제의 해결은 불가능하거나 어려워진다.

넷째, 주민발의의 본래의 목적대로 시민에 의하여 지역의 현안과 관련된 법률 제정이 목표가 되고, 법률 제정을 위한 수단으로서 직접 참여활동이 논리성과 합리성을 지녀야 한다.

---

2) 김현(2006: 5-16)은 주민발의의 진행을 조례안 작성과 청구 대표자 선정→청구서 제출 및 대표자 증명서 교부→수임인의 선정 및 신고, 그리고 서명운동→청구인명부의 제출→청구인명부의 열람·검사 및 청구 수리→조례안의 의회 제출 등 7단계로 적시하였다. 한편 하승수(2002)는 주민발의의 단계를 청구서 제출 및 대표자 증명서 교부→수임인의 선정 및 신고→서명운동→청구인명부 제출→청구인명부의 열람 및 청구 수리→조례(안)의 의회 제출 등 6단계로 나누었다.

앞에서 미국의 각 주가 주민발의제도를 채택하기 위하여 길게는 30년 가까이 시간과 노력을 투입하는 과정을 소개하였는데, 이것을 제도화 과정 또는 단계라고 보고, 주민발의의 추진 절차에서 제도화 단계는 선치(先置)되어 주어진 것으로 간주할 수 있다. 선치된 제도에 근거하여 법률이나 조례안을 기초하고 유권자의 서명을 받아서 관계 기관에 접수하는 서명 및 청구 단계, 요건의 심사와 확인을 거쳐 공식 의제로 삼아서 지지를 획득하기 위한 발의 및 캠페인 단계, 그리고 마침내 다수의 집합적 의사를 표현하여 확인함으로써 채택 여부를 결정하는 투표와 결정 단계, 결정된 법률의 효력을 발생시키는 시행(및 수정) 단계로 확인된다.

2 주민발의의 핵심 요소

앞에서 정리한 대로, 주민발의는 ① 서명 및 청구 단계, ② 발의 및 캠페인 단계, ③ 투표 및 결정 단계, ④ 시행 단계로 추진되므로, 이러한 각 단계별로 직접 참여를 실현하는 데 중요한 활동 또는 요소들을 살펴보고자 한다.

1) 주민발의의 핵심 요소에 관한 선행 연구

그로스(Gross, 2004: 125-126)는 최적의 주민발의 모형을 구성할 때 고려하여야 할 가장 중요한 요소들을 열여덟 개로 제시하고, 이들을 다시 ① 핵심적 또는 결정적 요소(crucial or decisive elements: 주민발의가 적용되는 쟁점의 수의 제한 여부, 서명하는 유권자의 수, 서명 확보 기간, 주민투표의 결정규칙, 헌법 또는 의회 수준에서 확보하는 내적 일관성의 유지 등), ② 매우 중요한 요소(highly important elements: 서명자를 확보하는 방법, 발의된 법률안에 대한 의회의 접수 여부와 대응 법률안을 제안 여부, 유권자 교육활동의 방법과 내용 등), ③ 합리적 요소(sensible elements: 주민발의 후 관련 당사자의 의견 청취 절차, 공청회, 토론 등의 기간, 주민투표를 위한 준비 기간, 공정하고 자유로운 여론 형성의 과정, 자유롭고 비밀이 보장되는 투표 방법, 주민발의의 본질과 목적 실현에 유익한 수단의 채택, 합리적인 수준의 캠페인 비용 등), ④ 유용한 요소(helpful elements: 주민발의 주도집단에 대한 행정적 지원, 민주적이고 개방적인 의사 소통, 정당활동의 존재 여부 등) 등 크게 4개로 범주화하였다.

2) 서명 및 청구 단계의 핵심 요소들

조례안을 기초하고 서명을 받아서 담당기관에 접수시키는 청구는 주민발의의 출발점이다. 직접 참여의 본질이 가시적으로 또 집합적으로 표현되는 핵심 단계이다.

첫째, 발의의 주체를 누구로 하느냐는 발의의 주체를 넓히거나 좁히며, 곧 참여 기회를 넓히거나 좁힌다. 미국 캘리포니아 주의 주민발의 13호(Proposition 13)를 주도한 자비스(Howard Jarvis)는 스스로 "평생 세금문제를 겪으면서 수천 번 넘게 정부로부터 농락당한 못난 인간"이라고 자조하였는데, 이처럼 문제를 절실하고 정확하게 인식한 결과 이 운동의 주도자가 되었고, 성공하였다(Smith, 1998: 27). 정책 과정의 이러한 역할 담당자를 존스(Jones, 1983: 18)는 정책중개자라고 표현하기도 한다.

둘째, 발의 영역과 발의안 수의 제한 여부이다. 발의 영역의 제한 여부는 시민 참여의 제한에 다름 아니므로 중요한 조건이다. 발의 영역과 관련하여 미국의 경우 다양한 사례를 볼 수 있으나[3] 전체적으로 볼 때, 사우스 다코타 주 헌법은 "공공 평화, 보건 또는 안전, 주 정부의 지원, 기존 공공제도의 즉각적인 보호를 위하여 필요한 법률을 제외하고" 그 외 영역은 주민발의의 대상 영역으로 규정하기도 하였으나, 대개 주민발의 영역의 확대를 통한 시민의 직접 참여를 높이려는 경향을 읽을 수 있다. 그리고 발의안 수는 발의 영역과 좀 다르게 작용하는 바, 미국의 경우 1회 1발의안으로 제한

3) 미국의 각 주는 ① 아예 제한하지 않는 경우(아이다호), ② 한 차례에 한 가지 발의안만 허용하되 영역은 제한하지 않는 경우(캘리포니아, 콜로라도, 플로리다), ③ 의회의 입법권 전반에 걸쳐 주민발의를 허용하는 경우(유타, 아칸소, 미시간), ④ 의회 입법권 중 한 번에 하나만 허용하는 경우(애리조나, 오하이오, 오클라호마, 오리건, 워싱턴), ⑤ 예산문제만 제외한 다른 영역은 허용하되 1회 1건만 허용하는 경우(알래스카, 미주리, 몬태나), ⑥ 종교, 사법(司法), 예산문제를 제외하고 허용하는 경우(매사추세츠) 등이다(Waters, 2003: 18).

하는 취지는 유권자의 정확한 판단을 돕기 위한 제한이다(Zimmerman, 1999: 168).

셋째, 법률자문제도의 존재 여부이다. 이론상 주민발의는 어떤 시민이든지 법률안을 작성할 수 있으나 실제상 발의안을 기초하고 청구하는 것은 간단한 일이 아니며, 전문성이 요구되고 또 전문적 자문이 필요(Gerber, 2001: 9)하며, 이는 주민발의의 성패에 영향을 미친다.[4)]

넷째, 서명자 수[5)] 또는 비율이다. 서명자 수나 비율을 높게 설정하면 주민발의가 제한되고, 낮게 설정하면 촉진된다고 본다.

다섯째, 서명 확보 기간[6)]을 어떻게 설정하느냐이다. 서명 확보 기간은 서명자 수나 비율과 상관이 있는데, 충분한 기간을 설정하면 시민의 직접 참여는 확대 또는 촉진될 것이며 짧으면 제한될 가능성이 크다.

여섯째, 서명 확보 방법도 중요하다. 서명을 받는 주체를 발의자로 한정하느냐 아니면 제3의 기관으로 넓히느냐에 따라 주민발의는 제한 또는 촉진될 수 있다. 미국은 캘리포니아를 비롯하여 각 주는 주민발의추진위원회는 물론 유료의 서명 대행회사도 활용한다(Gerber et al., 2001: 10). 서명

---

4) 캘리포니아 주는 의회자문단(Legislative Counsel)의 도움을 제공하는 경우이다. 발의자들은 법률안에 관련된 아이디어를 제공하고, 초안의 작성을 요구하기 위하여 유권자 25인 이상의 서명을 받아서 제시하면, 의회 내 법률자문단은 초안의 작성을 시작한다. 법률안 초안이 완성되면, 이것을 담당기관에 접수한다. 미국 주정부의 주민발의 청구접수기관은 부지사, 법무장관, 국무장관, 주 대법원 등이 있다(Waters, 2003: 15, 142-143).

5) 서명자 수를 보면, 미국의 매사추세츠 주는 주지사 선거 참여자의 3%, 노스 다코타 주는 인구의 4%, 콜로라도 주는 5%, 오리건 주는 헌법 발의안 서명 비율은 직전 주지사 투표자의 8%, 법률 발의안 서명 비율은 6%로 달리 규정하였으며, 캘리포니아 주는 주지사 선거 참여자의 8% 서명을 요구하고, 아칸소 주, 미시간 주, 몬태나 주는 주지사 선거 투표자의 10% 서명을 요구하며, 애리조나와 오클라호마 주는 주지사 투표자의 15% 서명을 요구한다(Waters, 2003: 21, 387). 스위스의 경우는 헌법의 개정을 발의하는 경우 10만 명의 서명을 받도록 규정하여 비율로는 7.1%에 해당하며, 또 주에 해당하는 캔턴(Canton)이나 자치단체(municipality)의 경우는 더 낮아서 평균 1~2% 서명을 받도록 규정하고 있어서 미국보다 낮은 것으로 본다(Kaufmann & Waters, 2004: 126).

6) 서명 기간은 미국은 아칸소, 오하이오, 유타처럼 무제한인 주도 있으나 매사추세츠 주 64일, 오클라호마 주 90일, 캘리포니아 주 150일이며, 오리건 주는 서명 기간이 2년이며(Waters, 2003: 387), 스위스는 서명 기간을 따로 정하지 않아서 길다(Kaufmann & Waters, 2004: 126).

은 대개 1/3 이상 지역에서 서명을 받는 지역분산 조건을 적용한다.

3) 발의 및 캠페인 단계의 관련 요소들

발의는 서명 내용을 담당기관이 검증한 후 공식적으로 다루어야 할 의제로 성립시키는 활동이며, 캠페인은 발의된 조례안에 대한 유권자의 판단을 위한 정보나 지식을 제공하여 지지하거나 반대하게 하는 활동이다.

정치는 "누가, 무엇을 언제, 어떻게 얻느냐"와 관련된 활동(Lasswell, 정철현 역, 2003: 236)이며, 정치적 절차[7]로서 주민발의는 이해 대립에 따른 유권자의 찬성과 반대는 필연이다. 캠페인도 서명활동과 함께 시민의 직접 참여의 본질적 측면이 핵심적으로 표현되는 두 번째 단계이다. 즉 시민 참여의 가시성과 집합성이 확인되는 단계로서 핵심적인 요소들은 다음과 같다.

첫째, 의결기관의 개입 여부이다. 미국의 간접 발의처럼 "의회 개입은 결과적으로 직접 참정의 요소를 축소시키게 된다"(Waters, 2003: 13). 헌법안 주민발의를 채택한 미국 주의 89%, 법률안 주민발의를 채택한 주의 67%가 직접 발의, 즉 의회 개입을 차단하고 유권자에게 법률안의 최종 선택권을 부여한다.

둘째, 캠페인 기간이다. 참고로 주민발의가 가장 활발한 미국 오리건 주는 주민발의안을 청구하여 발의한 날로부터 90일 이후 투표를 실시하도록 규정하고 있다(Waters, 2003: 383). 스위스는 주민발의안에 대한 서명자의 확인이 끝나면 일단 공식적으로 성립된 발의안을 공표하며, 39개월 안에 주민투표를 실시한다(Kaufmann & Waters, 2004: 120). 캠페인 기간이 짧으면 시민 참여는 제한된다고 본다.

셋째, 조직화 및 캠페인 방법이다. 미국 캘리포니아 주의 주민발의 13호(Proposition 13)를 성공적으로 이끈 자비스(Howard Jarvis)와 갠(Paul Gann)은 납세자연맹(United Organizations of Taxpayers: UOT)과 로스앤젤레스 아파트소유자협회(Los Angeles Apartment Owners Association:

---

7) 주민발의, 주민소환, 주민투표는 정치적 절차라고 보는 것이 보편적이다(Zimmerman, 김영기 역, 2002: 46-49; 2002a; 2002b; 2006: 73-74; 김준석, 2006: 111).

LAAOA) 등 두 조직을 중심으로 발의의 준비부터 서명 확보, 찬성과 반대, 그리고 기금 조성까지 필요한 활동을 전개하였다(Smith, 1998: 52-84). 조직화가 자유롭고 캠페인 방법이 다양할수록 주민발의에서 시민 참여는 촉진된다고 본다.

넷째, 기금 조성이다. 주민발의의 과정에는 각 추진 단계에서 비용이 필요하므로 기금 조성과 발의안에 대한 지지 또는 반대활동을 병행한다. 오늘날 주민발의는 돈의 영향이 더 커져서 가진 자들의 문제가 의제로 채택되어 결정되는 경향이라고 주장하기도 한다(Cronin, 1989: 90-125; Zimmerman, 1999: 57-89; Garrett & Gerber, 2001: 73-97; Matsusaka, 2004).[8] 돈의 영향은 주민발의 진행을 돕거나 방해하는 요인이 된다고 본다.

다섯째, 정당 개입 여부이다. 보편적으로 정당이 지방자치에 참여하는 경우에 비정당제의 경우보다 투표율을 높이는 것으로 조사·분석되었다(Zimmerman, 1999: 91; Smith & Tollbert, 2004: 34). 조직화와 함께 정당 개입은 주민발의에 영향 요인이 된다.

4) 투표 및 결정 단계의 핵심 요소들

투표[9][10]는 정치적 쟁점에 관련된 주권자의 선호를 최종적으로 확인하고 확정하는 절차(Kaufmann & Waters, 2004: xix)로서 유권자가 정책결정권을 공유하는 현상이며, 주민발의의 완결 단계로서 직접 참여의 가시성과

---

8) 인디언 게임운영 발의(Indian Gaming Initiative)로 알려진 1998년 미국 캘리포니아 주민발의 5호는 찬성 측에서 6천 6백만 달러, 반대 측에서 2천 6백만 달러 등 무려 9천 200만 달러를 투입함으로써 캠페인 비용을 가장 많이 사용한 사례이다(Gerber et al., 2001: 10).

9) 이 책에서 주민발의(initiative)와 주민투표(referendum)는 구별한다. 두 장치는 배경도 다르고, 그 절차도 거기에 담긴 핵심 내용도 다르기 때문이다(Magleby, 1984; Hahn & Karmieniecki, 1987; Cronin, 1989: 2001; Zimmerman, 2001; Waters et al., 2001; Waters, 2003).

10) 주민투표를 우리나라에 처음으로 소개한 문헌은 한국지방행정연구원의 『외국의 주민투표제도』(1997)가 있고, 최근에는 양영철, 『주민투표제도론: 이론과 사례연구』(2007)가 있다. 그리고 주민발의와 주민투표를 함께 논의한 논문은 김홍회·정성훈(2007), "주민발의와 주민투표제의 한·미 비교," 『국제지역연구』, 제11권 제1호가 있다. 이 글은 영문으로 게재되었다.

집합성이 확인되는 제3차 핵심 단계이다.

여기서는 첫째, 투표 시기가 영향을 미칠 수 있다. 미국의 24개 주는 다음 총선 때 병행하여 실시하고, 알래스카 등 4개 주는 임시 투표를 실시할 수 있으며, 콜로라도 등 5개 주는 매 2년마다 홀수 해에 투표를 실시한다 (Zimmerman, 1999; Waters, 2003; Smith & Tolbert, 2004).

둘째, 투표 방법이다. 투표는 '찬성'과 '반대'로 표현된다(Zimmeman, 1999: 71; Waters, 2003; Kaufmann & Waters eds., 2004). 또 미국은 초기에 투표장 투표만을 허용하다가 점차 부재자 투표도 허용하는 방향으로 변경하였다(Zimmerman, 1999: 269).

셋째, 최저 투표율과 가결 요건이다. 투표 참여를 높게 요구하면 주민발의에 의한 조례 제정은 어려울 것이며, 그 반대도 가정할 수 있다.[11]

한편 가결 요건을 보면, 미국의 네브래스카, 매사추세츠, 미시시피를 제외하고는 대개 '단순 다수 결정규칙'을 적용한다(Waters, 2003: 26).

지금까지 고찰한 주민발의, 즉 시민에 의한 법률 제정의 효과를 극대화할 수 있는 절차와 내용의 최적 모형은 <표 8-1>과 같다.

〈표 8-1〉 주민발의 핵심 단계와 핵심 요소들

단계	서명 및 청구 단계	발의 및 캠페인 단계	투표 및 결정 단계	시행 및 수정 단계
핵심 요소들	-발의 주체 -발의 수준과 영역 -법률 자문 -서명자 수 -서명 기간 -서명 방법	-서명 검증 -투표 공고 -의회개입 여부 -캠페인 기간 -조직화 및 캠페인 방법 -기금 조성 -정당 참여	-투표 시기 -투표 방법 -가결 요건	수정의 기간 제한

11) 네브래스카는 총 유권자의 35%, 매사추세츠는 30%, 미시시피는 40%의 투표 참여를 요구하고, 그 과반수의 찬성으로 결정한다. 특이하게 와이오밍의 경우는 바로 앞의 총선 투표자의 50% 이상 투표를 요구하며, 네바다 주는 헌법 수정과 관련된 법률안은 연속 두 차례의 총선에서 과반수 찬성을 요건으로 규정하고 있다(Zimmerman, 1999; Waters, 2003).

5) 시행 및 수정 단계

지금까지 미국의 각 주에서 주민발의제도가 채택되는 배경과 과정, 주도자 등을 살펴보았고, 또 주민발의의 유형도 정리하였다. 이렇게 하여 미국 주민발의제도의 개략적인 이해가 이루어졌다고 본다.

제 2 절 우리나라 제도에 대한 시사점

1 우리나라 주민발의제의 문제점

<표 8-1>을 통해서도 우리나라 주민발의의 문제는 일목요연하게 드러나지만 좀 더 구체적으로 문제점을 기술하면 다음과 같다.

1) 주민발의제도의 효과성 저하

비교 결과 우리의 제도는 주민'발의제도'라기보다 '청구제도'에 불과하다.[12] 다시 지적하자면 시민에 의한 법률 제정 또는 직접 입법으로 간주되는 주민발의는 그 본질이 직접 참여에 의한 정책결정이며, 미국과 스위스의 주민발의제도는 서명활동을 통한 청구 단계와 발의안을 두고 전개되는 캠페인 단계, 그리고 유권자의 집합적 의사를 드러내며 참여하는 투표 단계가 핵심을 이루고 있으나 우리의 주민발의제도는 청구 단계만 설정하고 있기 때문에 온전한 주민발의제도라고 보기 어렵다. 그래서 우리 지방자치

12) 청구와 발의는 우리 법률의 용례에서 분명하게 다르다. 주민소환에 관한 법률도 청구(petition)와 발의(motion)를 구별하여 사용하고 있는 바, 제7조 제1항은 "주민은 선출직 지방 공직자에 대하여 유권자의 서명을 받아서 그 소환 사유를 구체적으로 명시하여 소환투표의 실시를 청구할 수 있다"고 규정하였고, 제12조 제1항과 제2항은 청구 절차의 다음 단계로 주민투표를 발의하도록 규정하고 있다. 그리고 사전적 의미로도 청구 또는 청원은 원을 청하여 드러낸다는 뜻이고, 발의는 조치를 위한 제안(Rozakis, 1994: 89), 즉 다루어 결정하기 위하여 안을 낸다는 의미이다.

법에도 주민발의라는 용어 대신 '조례 제정 및 개폐 청구'라는 용어를 사용하였다고 보겠다.

핵심 단계의 부재도 문제이지만, 거기에 담겨야 할 중요한 요소들의 제약으로 생기는 문제들도 주민발의제도의 본질을 저해하는 결과로 나타난다. 그러한 문제들로는 주민발의 허용 범위 안에서의 영역 제한을 들 수 있다. 미국의 주와 스위스에서 헌법까지 개정할 수 있는데 비하면 우리는 지방세, 사용료, 수수료, 부담금의 부과·징수 또는 감면에 관한 사항을 대상에서 제외하고 있다는 점에서 이중의 제한이 설정되어 있다는 문제가 있다. 거기다가 우리는 법률자문제도를 기대할 수 없으며, 오로지 청구 주체에게 그러한 노력을 전담시키고 있어 체계적인 법률 지식이 부족한 주민들에게는 벅찬 과제이다. 더욱 아쉬운 점은 조례의 제정과 개폐 주체를 주민발의와 관련된 지식의 전파와 공유에 유리한 시민단체를 배제하고 개별 주민으로 한정한 점이다.

우리의 주민발의제도가 캠페인 단계와 투표 단계를 설정하지 않은데다 중요한 요소들에 제약을 가함으로써 생기는 문제는 주민의 직접 참여에 의한 정책결정권을 확대하려는 입법 의도의 진정성에 의문을 갖게 할 수 있으며, 지방민주주의의 확대와 지방정부의 책임성 제고라는 목표의 실현을 어렵게 한다.

2) 주민들의 자원 낭비

2002년 6월부터 2006년 6월까지 전국의 137만 9천 926명의 주민들이 조례 제정 및 개폐 청구를 위하여 서명에 참여하여 모두 123건의 주민발의가 추진되었고, 119건이 최종 발의되었으나 지방의회에서 원안 의결된 사례는 겨우 12건(10%)에 불과하고 52건(50%)은 부결 또는 자동 폐기, 각하되었다는 사실은 주민들의 노력이 '헛수고'에 그쳤다는 '함께하는 시민행동'의 지적이 실감난다. 주민들은 적시·적정한 정책결정을 위하여 시간과 노력 등 자원을 쏟았지만, 결실은 매우 부실하다는 사실이 드러나고 있다. 주민들의 자원이 그만큼 낭비된 것이다.

3) 지방정부 역량 제고 기회의 상실

우리 지방의회는 조례 제정과 관련된 낮은 역량으로 인하여 지방정부 전체 역량을 떨어뜨리고 있다고 지적되어 왔다는 것은 알려져 있다. 만약 캠페인 단계와 투표 단계를 설정하여 충실한 주민발의제도를 지향하였더라면, 주민들은 주민발의제도를 통하여 직접 자신들이 겪고 있는 문제 해결을 시도할 수 있었을 것이고, 지방의회의 낮은 정책결정력의 문제를 교정할 수 있었을 것이다. 그러므로 우리는 시민 참여의 핵심 단계를 설정하지 않고 의회에 정책결정권을 전속시킴으로써 지방정부 역량 제고의 기회를 무산시키는 결과가 되었다.

4) 주민발의와 주민투표 용어의 혼란 발생

주민발의의 핵심 단계를 비교하는 부분에서 상세하게 논급한 대로 주민발의와 주민투표가 용어의 내포(內包)면에서 아주 약간의 유사성이 있다는 이유와 우리나라에서 애초에 주민발의와 주민투표의 정확한 이해와 지식을 바탕으로 제대로 법률로 제정되지 못하여 우리 지방자치학계나 실무가들 간에 용어의 혼동을 일으키고 있는 점도 문제의 하나로 지적할 수 있다.

지금까지 연구자는 미국의 주민발의제도를 고찰하여 원형적 모형을 설정하였으며, 시민에 의한 법률 제정 또는 직접 입법의 본질을 살려내고 있는 원형적 모형을 '완성형 주민발의'라고 본다면, 캠페인 단계와 투표 단계가 결여되었고, 또 핵심 요소들도 크게 제약 또는 누락되어 있는 우리의 주민발의는 '부실형 주민발의 또는 1/3형 주민발의'라고 하겠다.

2 주민발의제도의 개선 방안

1) 문제의 요약

주민발의의 본질과 연관된 핵심 단계와 핵심 요소들을 확인하여 비교의 틀과 기준으로 삼아 미국과 우리의 주민발의제를 비교·분석한 결과 우리의 주민발의제도는 직접 참여의 세 가지 핵심 단계(서명과 청구, 캠페인, 투표 단계) 가운데 청구 단계만 규정하고 있으며, 나머지 두 핵심 단계와 여기에 배열되어야 할 직접 참여의 핵심 요소들도 모두 누락시키고, 결국 정책결정 여부는 지방의회에 전속시킴으로써 제도의 본래 목적을 실현하지 못하는 사실, 즉 제도의 낮은 효과성 문제, 주민들의 노력을 헛되게 만들어 자원이 낭비되는 문제, 지방정부의 정책결정 역량을 제고할 수 있는 기회의 상실문제, 거기다가 용어의 혼동을 일으켜 소통이 저해되는 문제 등을 확인하였다.

2) 문제 해결 방안

우리의 주민발의제도가 대표민주제의 한계를 극복하고 나아가 지방자치행정의 민주성과 책임성을 높이는 애초의 목표를 실현케 하기 위하여 다음과 같은 문제 해결 방안 또는 정책제안을 제시해 보고자 한다.

(1) 정치 · 행정문화의 변화

무릇 제도는 그 자체가 정부와 같은 사회적 실체의 기능에 영향을 미치는 환경을 이루기도 하고, 제도는 또 그 자체가 해당 공동체의 문화의 소재처이기도 하다는 것은 알려진 사실이다. 부실한 우리의 주민발의제도는 중앙정부 우위의 권위적 정치 행태와 무사안일 등 관료적 행정문화의 소산이며, 이것은 지방정부의 정책결정 문제를 해결하는 것을 목적으로 설치되었으면서도 오히려 주민들의 수고를 헛되게 함으로써 제도의 실효성을 떨어뜨리고 있다. 우리의 지방자치행정제도 전체가 우리 정치 · 행정문화의 소산 아닌 것이 없으므로 권위적 정치문화를 민주적 정치문화로, 관료적 행정문화를 발전적 행정문화로 개선함으로써 주민발의제도뿐만 아니라 중앙정부가 권한을 행사하여 설치하는 전체 지방제도의 발전을 기대할 수 있다고 본다.

(2) 직접민주제 연구의 체계화

주민발의의 문제에서도 지적한 대로 우리는 주민발의와 주민투표를 혼동하거나 혼용하고 있고, 이러한 조건들이 주민발의제도가 지닌 문제를 발견하지 못하거나 정확하게 포착하지 못하고 따라서 그 처방도 겉돌게 되었다고 볼 수 있다.

이러한 문제의 해결을 위하여 주민발의를 포함한 주민투표, 주민소환, 주민감사청구 및 주민소송 등 직접민주제의 장치를 망라하여 체계적인 연구모임이 형성되어 필요한 지식과 정보를 생산하고, 학계와 실무가들이 상호작용하면서 우리나라 직접민주제 발전을 위한 제도 개선이 시도될 필요가 있다.

(3) 직접 참여의 핵심 단계와 핵심 요소의 확대·보강

우리의 지방정부는 자치단체장이 의제를 상정하면 결정이 내려진 것과 다름없는 독주 체제(최창수, 2000: 65)이며, 지방 공직자들의 낮은 자질(남창우 외, 2006: 116)로 인하여 지방정부 역량이 떨어지는 문제를 해결하기 위하여 주민발의를 채택하였으나 앞서 논의한 대로 그 실효성이 떨어지고 있다.

"시민들은 점차 의회와 정당 등 대의민주주의를 떠나 참여민주주의에서 새로운 참여의 기회를 찾으며, 비판적·참여적 시민으로 등장하는 시기"(주성수, 2006: 19)에 우리도 핵심 단계와 핵심 요소들을 충실히 갖춘 완성형 주민발의를 지향할 필요는 여전하다. 거기다 "직접민주제의 영향은 단순한 정책 결과에 머물지 않고"(Bowler & Glazer, 2008: 5) 시민교육 효과도 있으므로 "직접민주제를 대표민주제를 보완하는 장치"(Roosevelt & Tolbert, 2001: 52)로 인식할 필요가 있다.

만약 주민발의제도를 개선하게 된다면 포함되어야 할 구체적 요소들은 ① 발의 제한 영역을 예시하고 그 외 영역은 제한 없이 주민발의가 가능케 하며 조례안의 초안 작성 단계부터 지방정부 법무팀이 적극적으로 도움을 주도록 개선하고, ② 서명자 수는 지방자치단체의 인구별로 비율 또는 수를 설정하여 신축성을 부여하는 한편, 서명의 검증은 철저하게 관리하면서 서명의 확보 방법도 다양한 정치 주체에게 개방하여야 하고, ③ 캠페인 단계에 의회의 개입을 배제하며, ④ 발의안의 내용을 담은 팸플릿 자료와 공청회 활용, 토론 방송 활용 등이 보강되고, 또 캠페인 기간도 최소한 3개월 이상 보장함으로써 시민 참여의 기회를 확대하고, ⑤ 투표율은 우리의 주민소환법에서 총 유권자 수의 1/3 이상이 투표에 참여하도록 한 규정과 균형을 맞추어 갈 필요가 있다.

또 하나 덧붙인다면, 우리는 주민발의, 주민투표, 주민소환 등 직접민주제 제3종 세트를 각각 따로 규정하고 있는데, 이로 인하여 학자, 실무가, 유권자 모두의 혼란과 혼동을 일으키는 원인이 되고 불편하다. 그러므로 공직선거법처럼 통합법 체계를 갖추는 것도 적극 검토하는 것도 무방하다.

위와 같은 내용과 절차를 갖추어서 우리의 '부실형 또는 1/3형 주민발의'를 미국과 스위스처럼 '완성형 주민발의'로 개혁하는 방안을 적극 검토할 필요가 있다.

부 록

핵심 용어의 정의

핵심 용어의 정의

투표안(ballot measures or ballot propositions)

공직자 후보를 뽑는 투표가 아닌 것으로서 투표에 부치기 위하여 내놓은 제안(proposals)을 가리킨다. 유권자가 투표에 의하여 승인하거나 부결시키도록 투표에 부치는 제안에는 새로운 법률을 제정하거나 헌법을 개정하거나, 기존의 법률이나 헌법을 개정하려는 제안 등 다양하다. 직접민주제와 관련된 핵심적 투표안은 주민발의 투표안과 주민투표 투표안의 두 가지 구별되는 종류로 나눌 수 있다.

주민발의(initiatives)

정해진 수의 시민의 서명을 수집하여 해당 정부의 담당기관에 청구함으로써(by petition) 새로운 법률을 제정하거나 헌법을 개정하기 위하여 시민의 투표에 부치는 절차를 가리킨다. 말하자면, 법령에 정해진 수의 시민들이 서명을 통한 청구로써 법률 제정이나 헌법 개정을 위한 제안, 해결이 필요한 문제에 관한 제안을 내어 유권자들이 그것을 채택하거나 거부할 수 있도록 투표에 부치는 경우를 가리킨다. 이 과정에서 투표에 부치기 위하여 제시하는 법률, 조례안은 주민발의안이라고 한다. 미국의 24개 주가 주민발의 절차를 채택하고 있으며, 주민발의는 다시 헌법 주민발의와 법률 주민발의로 나눈다.

헌법 주민발의(constitutional initiative)

시민들이 서명을 수집하여 헌법의 개정과 관련된 제안을 청구하고, 유권자들이 그것을 채택하거나 거부할 수 있도록 투표에 부치는 경우를 가리킨다. 24개 주 가운데 18개 주는 헌법 주민발의 절차를 채택하고 있으며, 이것을 다시 헌법의 직접주민발의와 헌법의 간접주민발의로 나눌 수 있다. 이 절차와 관련하여 내놓는 제안을 헌법 주민발의안, 헌법 간접주민발의안, 헌법 직접주민발의안이라고 부른다.

헌법 직접 주민발의(direct initiative amendment: DA)

시민들이 서명을 수집하여 헌법개정안을 제안하여 청구하고, 또 직접 유권자가 그것을 채택하거나 거부할 수 있도록 투표에 부치는 경우를 가리킨다. 헌법 주민발의 절차를 채택하고 있는 18개 주 가운데 16개 주가 직접 주민발의 헌법 개정 절차를 채택하고 있다. 이 절차와 관련하여 내놓는 제안은 헌법 직접주민발의안이라고 부른다.

헌법 간접 주민발의(indirect initiative amendment: IDA)

시민들이 서명을 수집하여 헌법개정안을 제안, 청구하지만, 유권자의 승인이나 거부를 위한 투표에 부치기 전에 그것을 먼저 의회의 심의에 부치는 경우를 가리킨다. 헌법 주민발의 절차를 채택하고 있는 18개 주 가운데 2개 주가 간접 주민발의 헌법 개정 절차를 채택하고 있다. 이 절차와 관련하여 내놓는 제안은 헌법 간접주민발의안이라고 부른다.

법률 주민발의(statutory initiative)

시민들이 서명을 수집하여 법률의 제정이나 개정과 관련된 제안을 청구하고, 유권자들이 그것을 채택하거나 거부할 수 있도록 투표에 부치는 경우를 가리킨다. 법률 관련 주민발의 절차는 미국의 21개 주가 채택하고 있으며, 이것을 다시 법률의 직접주민발와 법률의 간접주민발의로 나눌 수 있다. 역시 이 절차와 관련하여 내놓는 제안을 법률의 주민발의안, 법률의 직접주민발의안, 법률의 간접주민발의안이라고 부른다.

법률 직접 주민발의(direct statutory initiative)

시민들이 서명을 수집하여 법률안을 제안하여 청구하고, 또 직접 유권자가 그것을 채택하거나 거부할 수 있도록 투표에 부치는 경우를 가리킨다. 직접 주민발의 법률 제정이나 개정은 14개 주가 채택하고 있다.

법률 간접 주민발의(indirect statutory initiative)

시민들이 서명을 수집하여 법률 제정이나 개정안을 제안, 청구하지만, 유권자의 투표에 부치기 전에 그것을 먼저 의회의 심의에 부치는 경우를 가리킨다. 간접 주민발의 법률 제정은 미국의 9개 주가 채택하고 있다. 덧붙여 소개할 것은, 만약 의회가 주민발의 법률안을 심의하지 않거나 부결하면, 직접 주민발의 법률 제정이나 개정처럼 유권자 투표에 부쳐서 법률 제정이나 개정을 완결시킬 수 있다는 점이다.

주민투표(popular referendum)

의회가 제정한 법률에 대하여 시민들이 정해진 수의 서명을 수집하여 그 법률의 제정 여부를 유권자의 투표로써 결정하도록 청구하는 절차를 가리킨다. 주민투표는 시민의 서명활동, 찬·반 캠페인 활동, 투표 등 세 가지 핵심적 시민 참여 단계를 거치고 또 유권자 주민이 주체가 되어 투표에 부칠 것을 발의한다는 점에서 주민발의에 의한 주민투표라고 할 수 있다. 이렇게 주민투표에 부치기 위하여 내놓는 제안은 주민투표발의안이라고 부른다. 앞에서 '주민발의에 의한'이라고 한 것은, 주민발의를 "정해진 수의 시민들이 서명을 통한 청구로써 법률 제정이나 헌법 개정을 위한 제안, 해결이 필요한 문제에 관한 제안을 내어 유권자들이 그것을 채택하거나 거부할 수 있도록 투표에 부치는 경우"라고 정의한 것을 생각하면 이해될 것이다.

19세기 후반 미국에서 비일비재하게 외지 자본가의 하수인이자 계층적 지역정당의 보스(boss)에게 포섭된 의원들로 구성된 의회가 자본가와 보스의 이익을 위하여 주민 이익을 해치는 법률을 마구 제정하였던 거처럼, 유권자 시민들이 보기에 "의회가 제정한 법률이나 조례가 공익 또는 주민 이익을 해치는 내용으로 간주될 때, 이 법률이나 조례의 제정을 막는 것은 그들에게는 절실히 해결이 필요한 문제"이다. 이러한 심각한 문제를 해결하기 위하여 유권자들이 악법의 제정과 시행 여부를 유권자들의 투표에 부쳐서 결정하는 절차를 추진하려는 의지를 담은, 주민투표 발의를 위한 청구서를 정부의 담당기관에 접수하고, 담당기관은 청구서의 제출 절차나 내용을 검토하여 문제가 없으면 합당하다는 결정을 내린다. 그로부터 악법의 제정과 시행에 반대하는 쪽, 즉 주민투표를 발의하려는 유권자들은 법령에 미리 정해진 수만큼 유권자들의 서명을 수집해서 담당기관에 제출하고, 담당기관은 서명 내용을 확인한다. 이 검증이 완료되면 이른바 악법의 제정과 시행 여부를 유권자의 투표에 부치자는 제안이 성립된 것이고, 담당기관에서는 역시 이미 법령에 정해진 대로 성립된 제안에 일련 번호를 부여하고, 총선 등 이미 정해진 선거일 또는 임시 선거일을 정하여 투표를 공고하게 되는 바, 주민투표의 발의가 이루어진 것이다. 그 후의 절차는 악법에 의하여 피해를 본다고 생각하는 쪽과 혜택을 본다고 생각하는 쪽 간에 찬성과 반대를 위한 캠페인 단계를 거쳐 마침내 투표를 실시하게 된다. 이 일련의 절차가 주민발의에 의한 주민투표, 즉 popular referendum이다.

주민발의와 주민투표의 차이점을 밝히자면, 주민투표는 의회가 일단 제정한 법률의 최종 확정 및 시행을 저지하는 장치요, 잘못 제정된 법률이나 조례(악법)를 바로잡는 장치인데 반하여 주민발의(initiative)는 시민의 서명활동, 찬・반 캠페인 활동, 투표 등 세 가지 핵심적 시민 참여 단계를 거쳐, 의회가 제때 법률이나 조례를 제정해 주지 않거나 회피할 때, 시민이 직접 주체가 되어 법류이나 조례의 제정 과정을 처음부터 투표까지 주도하여 법률을 제정하는 장치라는 점에서 차이가 있다. 주민발의에 의한 주민투표는 미국의 24개 주가 채택하고 있다.

주민발의에 의한 주민투표(popular referendum)는 의회 발의에 의한 주민투표(legislative referendum)와 대비된다. 의회 발의에 의한 주민투표는 의회가 법률 제정 과정에서 해당 법안이나 조례안에 대하여 유권자의 승인이나 부결을 묻는 투표에 부치는 절차를 가리킨다. 이 경우에 의회가 주민투표에 부치기 위하여 내놓는 제안은 의회발의 주민투표발의안이다.

의회 발의에 의한 주민투표와 주민발의 주민투표의 차이점은 전자의 청구 주체가 의결기관이고, 후자는 서명에 참여한 일정한 수의 시민이다. 주민발의에 의한 주민투표는 미국에서 24개 주만 채택하고 있으나 '의회 발의에 의한 주민투표'는 모든 미국의 주와 지방정부에서 채택하여 사용하고 있다.

이 책에서는 주민발의만 미국을 중심으로 살펴보므로 주민투표는 핵심 주제는 아니지만, 주민발의・주민소환이라고 할지라도 최종적으로 '투표'라는 절차를 거치게 되므로, 읽는 이들이 혼동을 일으킬 수 있다고 생각된다. 실제로 우리나라에서는 주민발의와 주민투표를 같은 것으로 오해하는 사람들도 없지 않다. 그래서 핵심 용어의 정확한 이해가 필요하다. 주민발의, 주민투표, 주민소환의 공통점과 차이점에 관한 더 자세한 내용은 제2장 제2절에 서술하였다.

참고 문헌

국내 문헌

김선아(2009), "지방의회 입법 역량을 강화시키는 요인에 관한 연구: 광역지방의회를 중심으로," 전북대학교, 『사회과학연구』 32(2).

김영기(2003), "뉴잉글랜드 타운미팅에 관한 고찰," 한국지방자치학회, 『하계학술대회 발표논문집』.

———(2006), 『한국의 주민소환제』, 서울: 대영문화사.

———(2008), "미국과 스위스, 한국의 주민발의제도 비교 연구: 직접참여의 최적단계와 핵심 요소를 중심으로," 한국지방행정연구원, 『지방행정연구』 22(2).

김준석(2006), "2003 캘리포니아 부지사 소환선거 과정의 사례분석과 합의," 한국세계지역학회, 『세계지역연구논총』, 24(1).

김현(2006), "주민발의제도의 이해와 활용 방안," 『도시와 빈곤』 제81호.

김홍회 · 정성훈(2007), "주민발의와 주민투표제의 한 · 미 비교," 『국제지역연구』 11(1).

나성린 · 전영섭(1995), 『공공경제학』, 서울: 박영사.

Dahl, Robert A.(2001), 박상훈 · 박수형 역(2004), 『미국의 헌법과 민주주의』, 서울: 후마니타스.

Manin, Bernard(1997), 곽준혁 역(2004). 『선거는 민주적인가』, 서울: 후마니타스.

Mueller, Dennis C. (1979), 배득종 역(1992). 『공공선택론』, 서울: 나남.

소병희(2006), 『공공부문의 경제학』, 서울: 박영사.

안청시 · 정진영 엮음(2003), 『현대 정치경제학의 주요 이론가들』, 서울: 아카넷.

양영철(2007), 『주민투표제도론: 이론과 사례연구』, 서울: 대영문화사.

양홍석(2008), "잭슨시대 관직순환제 연구," 한국서양문화사학회, 『서양사학연구』 제19집.

———(2009), "Alexander Hamilton, James Madison, and John Jay, The Federalist Papers," 『서양사론』 제102호.

이경주(2005), 『유권자의 권리찾기, 국민소환제』, 서울: 책세상.

이극찬(1995), 『정치학』, 서울: 법문사.

이근식(2006), 『존 스튜어트 밀의 진보적 자유주의』, 서울: 에크리.

조경련(2009), "한국의 주민소환제 적용에 관한 연구: 강북구 · 하남시 · 함양군 3개 지역 비교연구," 경상대학교대학원 박사학위 논문.

조경련 · 김영기(2008), "우리나라 주민소환제 운용에 관한 연구," 한국지방정부학회, 『지방정부연구』 12(1).

조승래(2008), "공화국과 공화주의," 『역사학보』 제198집.

George, Henry(1879), 김윤상 역(2009), 『진보와 빈곤』, 서울: 비봉출판사.

주성수(2006), 『시민참여와 민주주의』, 서울: 아르케.

Zimmerman, Joseph F.(1997), 김영기 역(2002), 『미국의 주민소환제도』, 서울: 대영문화사.

최정욱(2009), "Democracy는 민주주의가 아니라 다수정이다: 공화주의와의 차이를 논하며," 『비교민주주의연구』 15(1).

최창수(2000), "기초자치단체장의 리더십과 정책과저에 관한 연구," 한국지방행정연구원 보고서.

최태욱(2010), "진보적 자유주의 구현을 위한 정치제도 조건: 합의제 민주주의," 『한국정치연구』 19(3).

하승수(2002), 함께하는 시민운동, 조례 제 · 개정운동 워크숍 자료.

하연섭(2002), 『재정학의 기초』, 서울: 다산출판사.

홍재우(2010), "합의제 민주주의는 다수제 민주주의보다 우월한가?," 『비교민주주의연구』 6(1).

국외 문헌

Baldassare, Mark & Cheryl Katz(2008), *The Coming Age of Direct Democracy: California's Recall and Beyond*, Lanham, Maryland: Rowman & Littlefield Publisher.

Blair, George S.(1986), *Government at the Grass Roots*, Pacific Palisades, California: Palisades Publishers.

Bowler, Shaun & Amihai Glazer(2008), *Direct Democracy's Impact on American Political Institutions*, New York, NY: Palgrave Macmillan.

Bowler, Shaun, Todd Donovan, & Caroline J. Tolbert, ed.(1998), *Citizens as*

Legislators: Direct Democracy in the United States, Columbus, Ohio: Ohio State University Press.

Butler, David & Austin Ranney(1994), *Referendums around The World: The Growing Use of Direct Democracy*, Washington D. C., The AEI Press.

Cronin, Thamas E.(1989), *Direct Democracy: The Politics of Initiative, Referendum, and Recall*, Cambridge, Massachusetts, Harvard University Press.

———(1999), *Direct Democracy: The Politics of Initiative, Referendum, and Recall*, Cambridge, Massachusetts, Harvard University Press.

Deploige, Simon(1898), *The Referendum in Switzerland*, New York: Cornell University Library Digital Collections.

Donovan, Todd & Shaun Bowler(2005). "Voters, Candidates, and Institutions: Can Voters Make Sense of Institutions." Can Candidates Make Sense of Voters?" David McCuan & Steve Stambough ed. *Initiative-Centenecl Politics: The New Politics of Direct Democracy*, Durham, North Carolina, Carolina Academic Press.

Dubois, Philip L. & Floyd Freeney(1998), *Lawmaking by Initiative: Issues, Options and Comparisons*, New York: Agathon Press.

Dye, Thomas R.(1985), *Politics in State and Communities*, Englewood Cliffs, New Jersey: Prentice-Hall.

Dye, Thomas R. & Susan A. MacManus(2009), *Politics in State and Communities*, Englewood Cliffs, New Jersey: Prentice-Hall,

Ellis, Richard J.(2002), *Democratic Delusions: The Initiative Process in America*, Kansas: The University Press of Kansas.

Garrett, Elizabeth & Elizabeth R. Gerber(2001). "Money in the Initiative and Referendum Process: Evidence of Its Effects and Prospects for Reform." M. Waters Dane ed.,(2001). *The Battle Over Citizen Lawmaking: A Collection of Essays*, Durham, North Carolina, Carolina Academic Press.

Garrett, Elizabeth & Mathew D. McCubbins(2007), "When Voters Build Cities: How Direct Democracy is Shaping and Reshaping the American Landscape," Symposium at The University of Southern California.

Gerber, Elisabeth R.(1999), *The Populist Paradox,* Princeton, New Jersey: Princeton University Press.

Gerber, Elisabeth R., Arthur Lupia, Mathew D. McCubbins, & D. Roderick

Kiewiet(2001), *Stealing the Initiative: How State Government Responds to Direct Democracy*, Upper Saddle River, New Jersey: Prentice Hall.

Goebel, Thomas(2002), *A Government by the People: Direct Democracy in America, 1890-1940*, Chapel Hill, NC: The University of North Carolina Press.

Goodwyn, Lawrence(1978), *The Populist Moment: A Shot History of the Agrarian Revolt in America*, New York, NY: Oxford University Press.

Gross, Andreas(2004), "The Design of Direct Democracy—A Basis for Assessing Sub-Optimal Procedures of Citizen Law-making," in Kaufmann, Bruno & M. Dane Waters ed.(2004). *Direct Democracy in Europe*, Durham, North Carolina: Carolina Academic Press.

Guterbock, Thomas M.(1980), *Machine Politics in Transition: Party and Community in Chicago*, Chicago, IL.: The University of Chicago Press.

Hahn, Harlan & Sheldon Kamieniecki(1987), *Referendum Voting: Social Status and Policy Preference*, New York: Greenwood Press.

Haskell, John(2001), *Direct Democracy or Representative Government? Dispelling the Populist Myth*, Boulder, Colorado: Westview.

Hofstadter, Richard(1955), *The Age of Reform*, New York: Vintage Books.

Jones, Bryan(1983), *Governing Urban America—A Policy Focus*, Boston, MA: Little, Brown & Company.

Kaufmann, Bruno & M. Dane Waters ed.(2004), *Direct Democracy in Europe: A Comprehensive Reference to the Initiative and Referendum Process in Europe*, Durham, North Carolina: Carolina Academic Press.

Kaufmann, Bruno, Rolf Büchi, & Nadja Braun(2007), *Guidebook to Direct Democracy in Switzerland and Beyond*, The Initiative & Referendum Institute Europe, Bern: Switzerland, Rub Graf-Lehmann AG.

Lancaster, Steve & Davis Roberts ed.(2004), *British Politics in Focus*, Ormskirk, Lancs: England, Causeway Press.

Lijphart, Arend(1999), *Patterns of Democracy: Government Forms and Performance in Thirty-Six Countries*, New Haven, CT: Yale University Press.

McLeon, Iain & Alistair McMillan ed.(2003), *Oxford Concise Dictionary of Politics*, New York: Oxford University Press.

Magleby, David B.(1984), *Direct Legislation: Voting on Ballot Propositions in the United States*, Baltimore, Maryland: Johns Hopkins University Press.

Malcom, Joyce Lee(2002), "The Novelty of James Madison's Constitutionalism," John Samples ed.(2002). *James Madison and the Future of Limited Government*, Washington D. C.: Cato Institute.

Mathews, Joe & Mark Paul(2010), *California Back Up: How Reform Broke the Golden State and How We Can Fix It*, Berkeley, California: University of California Press.

Matsusaka, John G.(2004), *For the Many of the Few: The Initiative, Public Policy, and American Democracy*, Chicago, Illinois: The University of Chicago Press.

McCuan, David & Steve Stambough(2005), *Initiative-Centered Politics: The New Politics of Direct Democracy*, Durham, North Carolina: Carolina Academic Press.

McGerr, Michael(2003), *A Fierce Discontent: The Rise and Fall of the Progressive Movement in America, 1870-1920*, New York: Oxford University Press.

National Economic League, Boston(1912), *The Initiative and Referendum: Arguments Pro and Con by a Special Committee of National Economic League*. Cornell University Library, Digital Collections.

North, Douglass C.(1990), *Institutions, Institutional Change and Economic Oerformance*, New York: Cambridge University Press.

Ostrom, Elinor(2005), *Understanding Institutional Diversity*, Princeton, New Jersey: Priceton University Press.

Piott, Steven L.(2003), *Giving Voters a Voice: The Origins of the Initiative and Referendum in America*, Columbia, Missouri: University of Missouri Press.

Pitkin, Hanna Fenichel(1967), *The Concept of Representation*, Berkeley, California: University of California Press.

Shaw, Randy(1996). *The Activist's Handbook*, Berkeley, Caligornia: University of California Press.

Schmidt, David D.(1989), *Citizen Lawmakers: The Ballot Initiative Revolution*, Philadelphia: Temple University Press.

Schrag, Peter(2008), *California: America's High-Stakes Experiment*, Berkeley, California: University of California Press.

Smith, Daniel A.(1998), *Tax Crusaders and the Politics of Direct Democracy*, New York: Routledge.

Smith, Daniel A. & Caroline J. Tolbert(2004), *Educated by Initiative: The Effects of Direct Democracy on Citizens and Political Organizations in the American States*, Ann Arbor, Michigan: The University of Michigan Press.

Sullivan, James William(1893), *Direct Legislation by the Citizenship through the Initiative and Referendum*, www.General-Books.net

Tallian, Laura(1977), *Direct Democracy: An Historical Anaysis of the Initiative, Referendum and Recall Process*, Los Angeles, California: People's Lobby.

Unger, Nancy C.(2000), *Fighting Bob La Follette: The Righteous Reformer*, The University of North Carolina Press.

Waters, M. Dane(2001), *The Battle Over Citizen Lawmaking: A Collection of Essays*, Durham, North Carolina: Carolina Academic Press.

———(2003), *Initiative and Referendum Almanac*, Durham, North Carolina: Carolina Academic Press.

Zimmerman, Joseph F.(1967), *The New England Town Meeting: The Tenacious Institution*, GSPA Monograph Series, SUNY-Albany.

———(1997), *The Recall: Tribunal of the People*, Westport, CT: Praeger Publishers.

———(1999), *The Initiative: Citizen Law-Making*, Westport, CT: Praeger Publishers.

http://en.Wikipedia.org
http://en.wikipedia.org/wiki/Arizona
http://en.wikipedia.org/wiki/Colorado
http://en.wikipedia.org/wiki/Muckraker
http://en.wikipedia.org/wiki/Oregon#During_U.S._westward_expansion
http://en.wikipedia.org/wiki/South_Dakota
http://en.wikipedia.org/wiki/Washington_(U.S._state)
http://en.wikipedia.org/wiki/William_Simon_U'Ren
http://legis.state.sd.us/statutes/index.aspx
http://www.iandrinstitute.org/New/201904-2000.pdf

http://en.wikipedia.org/wiki/North_Dakota
www.lofaber.com/albany/politics.html

찾아보기

ㄱ

가렛(Elizabeth Garrett) 46, 211
가브리엘(John H. Gabriel) 68, 70
가속기 33
가필드(James A. Garfield) 45, 97
간접민주주의 10, 11, 39
간접 주민발의 112
개혁을 위한 언론협회(Reform Press Association) 52
개혁주의 60, 109
개혁파 76
갠(Paul Gann) 210
거간조직 99
거버(Elisabeth R. Gerber) 32, 164, 167, 175, 205, 209, 211
건의안 118
게마인데(Gemeinde) 11
게이츠(Lee C. Gates) 65
고객정치 30
곡물담보제도 105
공공선택론 41
공론 기간 177
공익 33
공직자의 일탈행동 15
공화당(GOP) 74
공화정 12, 93
공화주의 10, 94
괴벨(Thomas Goebel) 105, 107
구터벅(Thomas M. Guterbock) 98
굿윈(Lawrence Goodwyn) 14, 59, 103, 106
귀토(Charles J. Guiteau) 97
『그랜드 포크스 헤럴드(*Grand Folks Herald*)』 76
그로스(Andreas Gross) 207
글레이저(Amihai Glazer) 36, 46, 96, 217
금주운동 67
기독교인 금주운동 여성연맹(WCTU) 78
기속적 대표자 40
기어(T. T. Geer) 56

ㄴ

Nights of Labor 51, 57
남북전쟁 103
남태평양철도(Southern Pacific Railroad) 61
납세자연맹(UOT) 210
내시(Harry W. Nash) 84
노동자연맹(State Federation of Labor) 87
노스(Douglass C. North) 37
농민보호연맹(Farmer's Protective Union) 106
농민연맹(Farmer's Alliance) 57

농민연맹(Grange) 106
농민클럽(Farmer's Club) 106

ㄷ

다수결 정치 30
다수독재 29
다수에 의한 지배 38
다수제 9
다수형 10
『다코타 농민들(*Dakota Ruralist*)』 52
다코타 농민연맹(Dakota Territorial Alliance) 106
단일세 17, 61
달(Robert A. Dahl) 13, 44, 92
담배노동자연맹(Cigarmakers) 57
대리인 13, 74
대안적 발의안 133
대응성 26
대평원(Great Plains) 49, 106
대표민주제 39, 41, 91
대표민주주의 10, 12
데이븐포트(James P. Davenport) 63
데일리(Richard J. Daley) 99
데플로지(Simon Deploige) 108
덴버 시 청소년 사법 체제(Denver's juvenile court system) 71
덴버연합상수도공사(Denver Union Water Company: DUWC) 71
덴버지방자치연맹(Municipal League of Denver) 69
덴버 트램웨이공사(Denver Tramway Company) 69
도노번(Todd Donovan) 30, 33, 96
도시정당(City Party) 89
도일-플오니하르 법안(Doyle-Ployhar Bill) 80
독립당(Independent Party) 52, 75, 77
등록유권자제도 173
딜런(Henry C. Dillon) 60

ㄹ

라 폴렛(La Follette) 110
러버스(H. L. Lubers) 71
러시(John A. Rush) 68, 70
『로키마운틴 뉴스(*Rocky Mountain News*)』 67, 69
룩스(Henry Loucks) 51, 52
루소(Jean-Jacques Rousseau) 40
리(Andrew E. Lee) 53
리웰링(Seth Lewelling) 57
리파트(Arend Lijphart) 9, 39
린제이(Ben Lindsey) 71
링스루드(A. O. Ringsrud) 53
링컨-루스벨트 공화당원 모임(League of Lincoln-Roosevelt Republican Clubs) 64

ㅁ

마넹(Bernard Manin) 11, 25, 42, 94
마일스(T. C. Miles) 89
매글비(David B. Magleby) 21, 24, 31, 211
매디슨(James Madison) 11, 13, 46, 92
매켄지(Alexander McKenzie) 74, 77, 79
매켄지파(stalwarts) 76
매쿠언(David McCuan) 23, 29, 198
매쿤(Charles Macune) 106
맥머레이(Thomas S. McMurray) 68, 69

머피(Nathan O. Murphy) 84
먼로(William Bennette Munro) 21
메이어스(Marvin Meyers) 92
모제스(Bernard Moses) 108
목공협회(Carpenters' Union) 57
몬탈보(Garci R. de Montalvo) 58
무대응성 26
무어(Walter Muir) 75, 77
무의사결정 13
미국여성참정권연맹(National American Woman's Suffrage Association) 63
미국여성참정권연맹(National Woman Suffrage Association) 107
민주정(民主政) 11, 94
민중주의 106
민회(meeting of the citizen body) 42
밀(John Stuart Mill) 41
밀스(J. Warner Mills) 67, 69
밀실세력 89

ㅂ

발다사르(Baldassare & Katz 96
발의 213
버크(Andrew Burke) 77
버크(John Burke) 79
번 2세(Jonathan Bourne, Jr.) 24
법률자문제도 209
법률 주민발의 112
베커(Carl Becker) 38
벤슨(Lars M. Benson) 54
벨라미(Edward Bellamy) 110
병렬적 의회 23
보댕(Jean Bodin) 40
보스(boss) 13, 25, 34, 45, 55, 74, 95, 98, 101
보웬(Albert E. Bowen) 76
볼러(Shaun Bowler) 30, 46, 96, 217
부실형 주민발의 215, 218
북부농민연맹(Northern Farmer's Alliance) 106
뷰캐넌(James M. Buchanan) 41
브라운(Matt Brown) 105
브레이크 33
블랙 힐(Black Hills) 49
블레어(Tony Blair) 98
블리스(William D. P. Bliss) 62
비례대표제 61
비민주적 정부(extralegal unpopular government) 13
비스비광업노조(Bisbee Miner's Union) 85
비정당제제연맹(Nonpartisan League) 76
빈센트(John Martin Vincent) 108

ㅅ

사이비 대표제 13, 14
산타페 철도회사(Santa Fe Railroad) 83
새프로스(John F. Shafroth) 68, 71
서덜랜드(George Sutherland) 26
『서부의 농민(*Western Rural*)』 50
선거구역장 98
설리번(James W. Sullivan) 17, 53, 57, 107
세네카 폴스(Seneca Falls) 106
세일스(C. H. Sheils) 80
셔먼 은 구매법(Sherman Silver Purchase Act) 66
소극적 결합 41

쇼트리지(Eli Shortidge) 75, 77
수(Sioux)족 48, 72
쉬블리(George H. Shibley) 80
슈라그(Peter Schrag) 46
슈미츠(Eugine Schmitz) 61
슈미트(David D. Schmidt) 24, 27, 30, 48, 51, 59, 104
스미스(Joe Smith) 23, 87, 211
스콧(Harvey W. Scott) 58
스키너(Onias C. Skinner) 72
스탬버(Steve Stambough) 23, 29, 198
스테픈스(Lincoln Steffens) 71
스피어(Robert W. Speer) 71
슬로언(Richard E. Sloan) 84
시민교육의 효과 25
시민입법(citizen law-making) 23
시에예스(Emmanuel J. Sieyes) 11
시청사에서 벌어진 전쟁(City Hall War) 69

ㅇ

IRI 21, 48, 165, 170, 194, 199, 204
아테네(Athens) 42
아파트소유자협회(Los Angeles Apartment Owners Association) 210
알래스카 금광회사(Alaskan Mining Company) 79
애덤스(John Adams) 93
애덤스(Samuel Adams) 93
애리조나 축산협회(Territorial Livestock Association) 84
애스터(John Jacob Aster) 55
앨런(Henry J. Allen) 82
양크타운(Yanktown) 49
엘리스(Richard J. Ellis) 95
여성권리회의(women's Rights Convention) 107
연방주의자 논설 94
연합상수도공사(Union Water Company) 69
연합태평양철도(Union Pacific Railroad) 66
엽관제 34, 45, 96
엽관제 공직 99
예산극대화론 42
오닐(W. O. O'Neill) 84
오리건 조세법원(Oregon Tax Court) 142
오마하(Omaha) 75
오먼(James B. Orman) 70
오즈델(A. L. Van Osdel) 53
오코넬(Dan O'Connell) 100
올버니(Albany) 100
완성형 주민발의 215, 218
요건 준비 단계 205
우드(F. B. Wood) 76
운영위원회 42
워터스(M. Dane Waters) 20, 30, 48, 51, 59, 112, 114, 169, 176, 194, 196, 204, 208, 210
웨이트(Davis H. Waite) 67-9
윈십(George B. Winship) 76, 78
윌슨(Woodrow Wilson) 101
윙(J. O. Wing) 87
유나이티드 베르데 구리광산회사(United Verde Copper Company) 82
유렌(Milton T. U'Ren) 64
유렌(William S. U'Ren) 57, 90
유엘랜드(Lars A. Ueland) 75, 77-80
은 본위파 공화당원 53

의회의 입법지원국 179
의회자문단(Legislative Counsel) 209
이익집단의 정치(Interest Group Politics) 30
인디언 게임운영 발의 211
인민당(People's Party) 58, 67, 106
인민의회(People's Legislature) 52
인민 주권 25
인쇄공협회(Typographical Union) 57
인적 통제장치 33
인텔(Intel) 55
1/3형 주민발의 215, 218
일반법 132
입법권 114
입법부 발의의 주민투표 31

ㅈ

자동 시행 133
자비스(Howard Jarvis) 208, 210
자치개혁연맹(Municipal Reform Association) 61
자치헌장 69
재량적 대표자 40
잭슨(Andrew Jackson) 45, 94, 96
잭슨식 민주주의(Jacksonian democracy) 94
적극적 결함 41
전국농민연맹(National Farmers Alliance and Cooperative Union) 60, 106
전국여성정당(National Women's Party) 107
『전위(*the Vidette*)』 56
정당조직을 통한 정치(machine politics) 45, 98
정부의 책임성 26
정책주도자 18
정치국(Political Bureau) 61
제도 9
제이콥스(Isidor Jacobs) 64
제퍼슨(Thomas Jefferson) 46, 93, 109
조례개폐 청구제도 22
조지(Henry George) 17, 57, 109
조지(Milton George) 50, 51, 106
존스(Bryan Jones) 208
존스(Marry "Mother" Jones) 104
존슨(Hiram Johnson) 64
존슨(Lewis J. Johnson) 102
좋은 정부운동(Good Government League) 79
좋은 지방정부 추진연맹(League for Better City Government) 61
주민감사청구 31
주민발의 164, 218
주민발의 13호(Proposition 13) 195
주민발의 15호(Proposition 15) 198
주민발의 및 주민투표 연맹(Initiative and Referendum League) 53
주민발의 청구안(prospective initiative petition) 180
주민발의의 기본 절차 176
주민발의의 문제점 27
주민발의의 장점 24
주민발의의 절차 164, 180, 203
주민발의의 주민투표 31
주민소송 31
주민소환제 26, 36
주민소환제의 아버지 62
주민총회(Open Town Meeting) 11, 31
주민투표 17

주의 심사위원회(State Canvassing Board) 118
주의 평등실천위원회 54
중앙태평양철도(Central Pacific Railroad) 66
직접민주제 39, 42
직접민주제의 삼각대 24
직접민주주의 10, 39
직접예선제도 61
직접 입법 23, 52
직접입법연맹(Direct Legislation League) 58, 60, 87
『진보와 빈곤』 109
직접 주민발의 112
짐머만(Joseph F. Zimmerman) 13, 21, 25, 28, 44, 102, 164, 209, 211

ㅊ

창업자적 정치 30
철도규제법 64
청구 213
청구의 발의 158
청구인 대표 177
초안 작성 단계 205
추첨 42

ㅋ

카우프만(W. H. Kaufmann) 14, 33, 53, 165
카운티 선거국장 183
카운티 평가관 100
캔턴(Canton) 11, 44, 209
캘리포니아 직접입법연맹(Direct Legislation League of California) 62
캠페인 단계 205
캠프(Edgar Camp) 62
케이스(Charles R. Case) 88, 90
케이터(Thomas V. Cator) 60
코닝 2세(Erastus Corning II) 100
콜로라도노동자연맹(Colorado State Federation of Labor: CSFL) 67, 70
쿠리어(Charles F. A. Currier) 102
쿡(James Cook) 55
쿡(Persifor M. Cooke) 67, 69
크로(L. C. Craw) 89
크로닌(Thomas E. Cronin) 21, 31, 44, 92, 101, 108, 211
크리지(Alfred D. Cridge) 56, 61
클라크(William C. Clark) 65, 82
키글리(C. B. Kegley) 87, 89
키드(Walter E. Kidd) 51
키팅(Edward Keating) 70
킹(Catherine King) 78
킹(Judson King) 82, 85

ㅌ

타운리(Arthur C. Townley) 76, 80
탐문 보고자(muckraker) 109
태프트(William Howard Taft) 84, 86
탤리안(Laura Tallian) 102
텀(Otto F. Thum) 67, 70
토레슨(Martin Thoreson) 80
톨버트(Caroline J. Tolbert) 23, 30, 211, 217
톰슨(David Thompson) 55
톰슨(William Hale Thompson) 99
통치기관 120
투표구역장 98

특수이익 33
특혜의 곳간 103

ㅍ

파머-월러 법안 54
파우덜리(Terence V. Powderly) 53
파이엇(Steven L. Piott) 20, 48, 50, 56, 59, 61, 65, 71, 73, 82, 86, 104, 108
파커(Walter Francis Xavier Parker) 61
패터슨(Thomas M. Patterson) 68
페티그루(Richard F. Pettigrew) 53
평등을 지향하는 사회(Society of Equity) 76, 80
평의회(council of 500) 42
포메로이(Eltwood Pomeroy) 60, 110
포트 아스토리아(Fort Astoria) 55
포틀랜드(Potland) 55
표극대화론 42
프로보스트(J. C. Provost) 85
피버디(James Peabody) 71

ㅎ

하퍼(Arther Harper) 63
합의제 9, 39
합의형 10
해결사 역할 99
해리슨(Carter H. Harrison) 99
해밀턴(Alexander Hamilton) 13, 46, 92
해스켈(John Haskell) 27
핵심 단계 212
핵심 요소 212
핸콕(John Hancock) 93
행정규칙 180
헌법개정운동 52, 68, 76
헌법제정회의(Constitutional Convention the Philadelphia Convention) 93
헌법 주민발의 112
헌장(charter) 61
헌트(George W. P. Hunt) 82, 84
헤린(William F. Herrin) 63
헤어 신부(Father Robert W. Haire) 51, 110
헤인스(John R. Haynes) 62, 64
헨리(Patrick Henry) 93
헬리아스타이(hēliastai) 43
호르(Christopher R. Horr) 88
혼성 민주주의 36, 46
홉스테더(Richard Hofstdter) 201
후보직선제법 64
힉스(H. A. Hicks) 71

저자 소개

김영기(金渶璂)

- 경상대학교 학사
- 부산대학교 행정학 석・박사
- 현 경상대학교 교수
- 현 행정안전부 인사정책 자문위원
- 현 사단법인 경남지역사회연구원 이사장 겸 원장
- 현 진주포럼 상임대표
- 뉴욕주립대(올버니) 객원교수(1993. 2. 16~1994. 8. 31), 지방정부 형태 연구
- 뉴욕주립대(올버니) 객원교수(2001. 2. 10~2002. 2. 28), Town Meeting 연구
- 뉴욕주립대(올버니) 객원교수(2009. 3. 10~2009. 9. 11), 직접민주주의 연구
- 뉴욕주립대(올버니) 객원교수(2011. 2. 27~2012. 2. 28), 직접민주주의 연구

〈저서〉

- 지방자치론(대영문화사, 1993)
- 행정학개론(공저, 박영사, 1993)
- 지방자치행정론(대영문화사, 1997)
- 지방자치제의 이해(대영문화사, 1999)
- 한국의 지역사회 인구변동(공저, 한울아카데미)
- 한국의 주민소환제(한국지방자치학회 학술상 수상, 2006)
- 진주의 이해: 문화행정의 기초(공저, 금정, 2006)
- 자치구역개편론: 경남을 중심으로(공저, 금정, 2006)
- 정부인사혁신론(대영문화사, 2008)
- 지방정부의 정책평가: 제도와 사례연구(공저, 브레인, 2010)

〈역서〉

• 신행정론(공역, 박영사, 1983)
• 정책집행론(공역, 법문사, 1985)
• 미국의 주민소환제도(대영문화사, 2002)

〈경력〉

• 행정고등고시, 지방고시 시험위원 역임
• 5급 특별승진시험 위원 역임
• 국가직 및 지방직 7급 시험위원 역임
• 경상대학교 사회대학장 겸 행정대학원장 역임
• 부산 · 경남 · 울산 · 제주 행정학회장 역임
• 부산 · 경남 지방자치학회장 역임
• 진주신문 창간준비위원장 및 대표 역임
• 경남일보, 경남도민일보 논설위원 역임
• 중앙일보 지역위원 역임

주민발의제도론

-미국의 주와 지방정부를 중심으로-

펴낸날 / 제1판 제1쇄 2011년 2월 15일
지은이 / 김영기
펴낸이 / 임춘환
펴낸곳 / 도서출판 대영문화사
주소 / 서울 용산구 청파동 1가 178-2 ㉾ 140-869
등록 / 1975년 12월 26일 제3-16호
전화 / (02)716-3883, (02)714-3062
팩시밀리 / (02)703-3839
우체국 온라인 / 011353-02-009106

© 김영기, 2011
ISBN 978-89-7644-357-1

〔값 12,000원〕

* 잘못된 책은 바꾸어 드립니다.
* 이 책의 내용은 저작권법의 보호를 받습니다.